Sigmar Gabriel

Zeitenwende in der Weltpolitik

Sigmar Gabriel

Zeitenwende in der Weltpolitik

Mehr Verantwortung in ungewissen Zeiten

Unter Mitarbeit von Richard Kiessler

HERDER

FREIBURG · BASEL · WIEN

MIX
Papier aus verantwortungsvollen Quellen
FSC® C083411
FSC
www.fsc.org

www.herder.de

Mit Dank an den Keyser-Verlag, München, für die Vermittlung des Buchprojekts

Satz: Daniel Förster, Belgern
Herstellung: CPI books GmbH, Leck

Printed in Germany

ISBN Print: 978-3-451-38328-1
ISBN E-Book: 978-3-451-81504-1

Inhalt

1.

Warum dieses Buch

Das britische Nachrichten-Magazin *The Economist,* vielleicht das beste der Welt, widmete vor nicht allzu langer Zeit eine ausführliche Titelgeschichte nur einem einzigen Thema: »*Cool Germany*«.[1]

Voller Respekt und Sympathie beschreiben die Autoren darin eine deutsche Gesellschaft, die in den vergangenen Jahren offener und vielfältiger geworden ist. Pluralistischer und entspannter. Eine Gesellschaft mit einer historisch niedrigen Arbeitslosigkeit auf dem Weg zur Vollbeschäftigung. Eine Gesellschaft, die von einer bärenstarken Wirtschaft profitiert und von Freunden umgeben ist. Nie in seiner Geschichte ging es unserem Land so gut.

Deutschland ist in jeder Hinsicht zu einem Sehnsuchtsort geworden. Für Zigtausende junge *party people,* die nach Berlin kommen, auf der Suche nach dem vielleicht besten Nachtleben der Welt. Aber auch für Hunderttausende Flüchtlinge und Migranten, die nach Deutschland kommen – auf der Suche nach Sicherheit und einem besseren Leben.

Hier endet die »coole« Komfortzone: Denn in der Analyse des *Economist* geht es auch um die unzureichende deutsche Flüchtlingspolitik: Sie steht stellvertretend für die Herausforderungen an Deutschland in einem neuen Zeitalter. Eine Epoche, in der die Grundfesten der (west-)deutschen Nachkriegsordnung massiv infrage gestellt werden.

Innenpolitisch angesichts eines Parteiensystems im Umbruch, in dem die großen Volksparteien SPD und Union, die Deutschlands Schicksal seit Jahrzehnten geprägt haben, dramatisch an Zustimmung und politischer Bindungskraft verlieren.

Wirtschaftlich angesichts eines furiosen technologischen Wandels, der sich mit einer nie gekannten Dynamik vollzieht. Das Megathema künstliche Intelligenz und die Neuerfindung des Autos durch Elektromobilität und autonomes Fahren haben für zusätzliche Beschleunigung gesorgt. Die Konsequenzen für den Industriestandort Deutschland, zumal für seine Vorzeigebranche Fahrzeugbau und den gesamten Automotive-Bereich, lassen sich kaum überschätzen.

Geostrategisch angesichts einer Weltordnung in Unordnung mit zunehmenden Kriegen und Konflikten auch in Europas Nachbarschaft. Gleichzeitig ist offen, wie die Europäische Union und das transatlantische Bündnis, ja der Westen überhaupt, als Eckpfeiler deutscher Außenpolitik, die jeweiligen Sinnkrisen überwinden sollen.

Sozial angesichts von Zuwanderung und demografischem Wandel. Vor allem aber angesichts einer Arbeitsgesellschaft, die sich rasant verändert und unser Verständnis von Bildung und Berufstätigkeit vor neue Herausforderungen stellt. Experten des Instituts für Arbeitsmarkt- und Berufsforschung etwa gehen davon aus, dass perspektivisch nicht weniger als 25 Prozent der Arbeitsplätze in Deutschland automatisierbar sind – und wir reden hier nicht nur von *Blue-Collar-Jobs*. Das Szenario, dass in naher Zukunft Roboter Roboter-Autos bauen, ist längst keine Science Fiction mehr.

Zum ersten Mal betrifft eine technische Revolution auch massiv Berufe, die bislang nicht nur als sicher galten, sondern von denen man eher einen Aufbau von Beschäftigung angenommen hatte: technische Angestellte, Betriebswirte, Kaufleute, Designer, Ingenieure und viele mehr. Führten in der Vergangenheit Rationalisierungsprozesse eher zum Verlust von Arbeitsplätzen mit geringeren

Qualifikationsanforderungen, so trifft die digitale Revolutionierung unserer Wirtschaft jetzt vor allem mittlere und gehobene Qualifikationen. Ganz unten und ganz oben in der Qualifizierungsdifferenzierung bleiben die Arbeitsverhältnisse eher konstant oder wachsen sogar, in der Mitte aber geraten die Beschäftigten massiv unter Druck. In dem gesellschaftlichen Segment also, das für die innere Stabilität unserer Demokratien so wichtig ist.

Vollzogen sich grundlegende technologische Veränderungen früher weitgehend im Takt der Generationen, so müssen Menschen heute mehrfach in ihrem Berufsleben mit dramatischen Änderungen ihres Qualifikationspotenzials rechnen. Hinter dem Schlagwort »Disruption« verbirgt sich also weit mehr als »nur« das Verschwinden klassischer Unternehmen und das Entstehen neuer. Es ist die Ungleichzeitigkeit von Generations- und technologischer Entwicklung, die zum erheblichen Stressfaktor nicht nur für jeden einzelnen Menschen, sondern vor allem für unsere demokratischen Gesellschaften insgesamt werden wird. Dieser Prozess vollzieht sich weltweit, sodass es schwieriger wird, auf Wachstumsmärkte außerhalb Deutschlands und Europas auszuweichen.

Immer klarer wird: Die großen Fragen nach Deutschlands Zukunft, nach seiner gesellschaftlichen Perspektive, seiner ökonomischen und sozialen Zukunft und nach seinem Platz in der Welt bleiben in fahrlässiger Weise unbeantwortet. Die Zentralmacht Europas ist orientierungslos: Wirtschafts-, Sicherheits- und Migrationskrisen drohen sich zu einem »perfekten Sturm« zu bündeln. Das Fatale ist: Deutschland hat den Ernst der Stunde noch nicht begriffen, wie der britische Historiker Timothy Garton Ash zu Recht meint.[2]

Wie begegnen wir also diesem Sturm? Um die Antworten ist in Deutschland längst ein politischer Kampf entbrannt. Ein Kampf zwischen denen, die den Rückzug aus der Welt und die Rückbesinnung auf das Nationale durchsetzen wollen, und denen, die sich in die risikoreiche neue Welt des 21. Jahrhunderts einmischen und sie gestalten wollen. Ohne sicher zu sein, dass uns das gelingt. Es ist auch ein Kampf um Deutschland und um die Seele der Deutschen. Weil ich davon überzeugt bin, dass wir nicht tatenlos abwarten können, sondern Verantwortung übernehmen müssen, habe ich dieses Buch geschrieben.

2.

Die Rückkehr der deutschen Frage

Deutschland, ein Sehnsuchtsort

In Deutschland leben mehr als 80 Millionen Menschen. Es ist mit einem Bruttoinlandsprodukt von 3,26 Billionen Euro vor Großbritannien mit 2,32 Billionen Euro die mit Abstand größte Volkswirtschaft Europas und nach den USA, China und Japan die viertstärkste Wirtschaftsnation der Welt. Wir gelten als einer der Motoren der Weltwirtschaft und als »Zugmaschine« Europas. Und auch der deutsche Anteil am Weltsozialprodukt ist mit 3,4 Prozent angesichts unseres weltweiten Bevölkerungsanteils von 1,1 Prozent durchaus bemerkenswert. International ist unser Land als friedliebend und demokratisch geachtet und bei vielen anderen Nationen sogar überaus beliebt.

Kein Wunder also, dass Deutschland zu einem Sehnsuchtsort geworden ist. Ein Ort, wie es die Vereinigten Staaten von Amerika an der Schwelle zum 19. und später zum 20. Jahrhundert waren. Für unser Land schafft die millionenfache Zuwanderung der letzten Jahre Herausforderungen und Probleme, die uns noch lange beschäftigen werden. Denn so verständlich die Hoffnung vieler Menschen ist, hier bei uns ein besseres Leben für sich und für ihre Kinder aufbauen zu können, so klar muss auch sein, dass wir nicht alle aufnehmen können. Uns fehlen, geografisch gesehen, die Weiten Amerikas und wohl auch die Mentalität dieses Landes, das jeden einlud, dort »*the pursuit of happiness*«, das Streben nach einem glücklichen Leben, für sich zu finden.

Und doch ist es wirklich ein Wunder, dass Deutschland, vor etwas mehr als einer Generation noch ein furchterregender Ort, der im Rest der Welt Angst und Schrecken verbreitete, heute dieser Sehnsuchtsort geworden ist. »Wir wollen ein Land der guten Nachbarn sein, im Innern und nach Außen«. Dieses Credo, das der erste sozialdemokratische Bundeskanzler Willy Brandt 1969 in seiner Regierungserklärung vor dem Deutschen Bundestag ausgab, ist Realität geworden.[3]

In meiner persönlichen Erinnerung war dies keineswegs immer selbstverständlich. Meine Kindheit verbrachte ich in einem Viertel meiner Heimatstadt Goslar, das für Flüchtlinge und Vertriebene aus den ehemaligen deutschen Ostgebieten neu gebaut worden war. Ich wuchs mitten unter Schlesiern, Ostpreußen und auch Balten auf, die als frühere Angehörige der Waffen-SS nicht mehr in die nunmehr von der Sowjetunion besetzte Heimat zurückkehren konnten. Am Ortseingang hing ein großes Plakat mit einer Deutschlandkarte in den Grenzen von 1937. Die Farben Schwarz, Rot und Gold standen für Westdeutschland, die »Ostzone« und die von Russland und Polen annektierten ehemaligen deutschen Ostgebiete. Darunter der Schriftzug: »Dreigeteilt? Niemals!«

Etwas weniger farbig, aber mit den gleichen Grenzmarkierungen waren die Landkarten für unseren Erdkundeunterricht bis zur 10. Klasse der Realschule ausgestattet. Die DDR wurde als »SBZ« – Sowjetische Besatzungszone – bezeichnet, Ostpreußen und Schlesien als »derzeit unter russischer beziehungsweise polnischer Verwaltung.« Die Anerkennung der Oder-Neiße-Grenze, wie sie erst viele Jahre später unter Willy Brandt und dann völkerrechtlich abschließend unter Helmut Kohl 1990 erfolgte, galt als »Landesverrat«.

Auch mein aus dem Riesengebirge in Schlesien stammender Vater diffamierte die Polen nur als »Polacken« und für meine Großmutter war Frankreich der »Erbfeind«.

Viele Jahre später holten mich diese Kindheitserinnerungen ein. Ich war inzwischen Ministerpräsident des Landes Niedersachsen und traf auf Herbert Hupka, damals bereits Ehrenvorsitzender der Landsmannschaft der Schlesier. Hupka war für viele Sozialdemokraten in Deutschland lange Jahre der Inbegriff eines »Revanchisten«. 1972 kehrte er als Bundestagsabgeordneter der SPD den Rücken, wechselte zur CDU und wollte helfen, Willy Brandt als Kanzler wegen dessen Ostpolitik zu stürzen.

Die schlesische Landsmannschaft bat im Jahr 2000 darum, ihre Treffen wieder in Hannover abhalten zu können. 1990 waren sie nach der Wahl von Gerhard Schröder als Ministerpräsident von Niedersachsen nach Nürnberg ausgewichen, weil der damals neu ernannte Minister für Bundes- und Europaangelegenheiten, Jürgen Trittin, der Landsmannschaft die Zuschüsse gestrichen hatte. Die Begründung für die Einstellung der Zuschüsse hatten jahrelange rechtsradikale Ausfälle auf den Schlesiertreffen und entsprechende Artikel im Verbandsorgan *Der Schlesier* geliefert. Ich stellte der Landsmannschaft eine erneute finanzielle Förderung für den Fall in Aussicht, dass sie derartige rechtsextreme Propaganda unterlasse. Die Vertreter der Schlesier versprachen hoch und heilig, diese Zeiten seien endgültig vorbei. Nur am Rande sei bemerkt, dass die Schlesier am Ende leider doch nicht nach Hannover zurückkehrten. Vermutlich zahlten die Bayern einach besser als wir Niedersachsen.

Als ich im weiteren Verlauf des Gesprächs mit Hupka über meine Besuche auf früheren Schlesiertreffen in meiner Kindheit erzählte und berichtete, dass ich dort sogar in einem Akkordeonorchester musiziert hätte, fragte mich Herbert Hupka vorsichtig, ob ich denn einen Walter Gabriel kennen würde. »So könnte man es ausdrücken«, antwortete ich, denn der sei mein Vater. Die schockierten Blicke der Vertreter der Landsmannschaft werde ich nie vergessen.

Denn dieser Walter Gabriel war ihnen natürlich gut bekannt: Als Autor rechtsradikaler und revanchistischer Propaganda in der Zeitung *Der Schlesier* und in deren Beilage *Die Bergwacht*. Ein Sozi mit einem Nazi zum Vater!

Die »Deutsche Frage« beschäftigte bis 1990 viele als Teil ihrer Familiengeschichte und der politischen Realität.Keineswegs musste das wie bei meinem Vater enden. Bemerkenswert war etwa die Haltung in der Familie meiner Mutter: Auch sie waren Flüchtlinge aus dem katholischen Ostpreußen. Vor allem die Frauen hatten auf der Flucht Fürchterliches erlebt, und manche waren davon für ihr Leben gezeichnet. Doch so sehr sie sich auch der verlorenen Heimat verbunden fühlte, so wenig spielten dort revanchistische Ideen eine Rolle. Im Gegenteil: Ich sehe meine Mutter und ihre Schwestern noch vor mir, wie sie Anfang der 1980er-Jahre Care-Pakete für die in ihrer alten Heimat lebenden Polen packten, die sie bei einer ihrer späteren Reisen dort kennengelernt hatten und die unter dem kommunistischen Regime jetzt in großer Not lebten. Vielleicht erinnerte sich meine Mutter daran, wie wenig die Bauern im kleinen Dorf in Ottbergen nahe Hildesheim nach 1945 bereit waren, der zwangseinquartierten Flüchtlingsfamilie aus der Nähe von Königsberg beim Überleben zu helfen. Hätte es im benachbarten Kloster nicht einen Mönch aus der Heimatstadt der Familie meiner Mutter gegeben, der sie ab und zu mit Nahrungsmitteln versorgte, ihre Lebensumstände wären noch dramatischer gewesen.

Aus diesem in sich zerrissenen und orientierungslosen Deutschland entstand erst die westdeutsche und dann die gesamtdeutsche Bundesrepublik. Ein friedliebendes und wohlhabendes Land. Es war die Frucht harter Arbeit vieler Millionen Frauen und Männer, unter ihnen auch die Vertriebenen, ohne deren Leistungswillen und Kraft unser Land diesen Aufstieg nicht geschafft hätte. Nicht zu vergessen diejenigen, die aus anderen Ländern zu uns kamen und die wir viel zu lange zu »Gastarbeitern« erklärten und die sich auch selbst viel zu lange so sahen.

Dieses neue Deutschland in der Mitte Europas konnte entstehen, weil unsere Nachbarn bereit waren, mit uns einen neuen Anfang zu wagen. Sie waren nämlich mit einer anderen »Deutschen Frage« beschäftigt: die friedliche Einbindung Deutschlands in Europa. In Frankreich, den Niederlanden, Belgien, Luxemburg und Italien waren es mutige Politikerinnen und Politiker, die nur wenige Jahre nach den Verheerungen des Zweiten Weltkrieges ausgerechnet uns Deutsche einluden, an den Tisch zivilisierter Völker zurückzukehren. Es dürfte für die Menschen in diesen Ländern nicht gerade populär gewesen sein, ausgerechnet auf die Deutschen zuzugehen, die doch erst wenige Jahre zuvor brandschatzend und mordend durch ihre Heimatstaaten gezogen waren.

Nicht zuletzt haben wir den Vereinigten Staaten von Amerika zu danken. Der Aufbauplan für Europa, der berühmte »Marshall-Plan« des früheren Generals George C. Marshall, war durchaus kein karitativer Akt, sondern eine weitsichtige strategische Leistung, um den alten Kontinent nicht abermals in reaktionäre und nationalistische Zeiten zurückfallen zu lassen. Nicht noch ein drittes Mal innerhalb eines Jahrhunderts wollten die Amerikaner ihre Söhne und Töchter in einen Krieg nach Europa entsenden müssen. Deshalb musste Deutschland eingebunden und ein erneuter deutscher Sonderweg verhindert werden.

Wenn der heutige US-Präsident Donald Trump Europa für eine antiamerikanische konspirative Vereinigung hält, kann man ihm nur empfehlen, den »Marshall-Raum« des Weißen Hauses besuchen würde. Gleich hinter der Tür kann er an der Wand die kurze Rede dieses Mannes mit seiner großen strategischen Weitsicht lesen. Für George C. Marshall war ein geeintes Europa keine Gefahr, sondern ein Interesse der Vereinigten Staaten.

Für mich ist das europäische Projekt heute auch deshalb noch ein Wunder, weil es mit der Europäischen Union gelungen ist, in nur etwas mehr als einer Generation aus erbitterten Feinden erst Partner und dann sogar Freunde werden zu lassen. Meine Großmutter und mein Vater hätten sich nicht vorstellen können, dass Frankreich eines Tages unser wichtigster Verbündeter werden und Polen gemeinsam mit uns der Europäischen Union angehören würde. Noch als Jugendlicher, daran erinnere ich mich, stießen wir auf einer Konfirmandenfreizeit in den Niederlanden auf erhebliche Ressentiments gegenüber uns Deutschen. Wer damals prophezeit hätte, dass die niederländische Regierung wenige Jahrzehnte später einen Teil ihrer Streitkräfte unter deutsches Kommando stellen würde, wäre ins Reich der Fantasie verwiesen worden.

Während sich die »Deutsche Frage« innerhalb Deutschlands immer auf die Überwindung der deutschen Teilung bezog, stand sie bei unseren Partnern und Alliierten also für eine Strategie, die Deutschland unauflöslich mit seinen früheren Feinden verbinden sollte. Geschichte und Geografie Deutschlands sollten in neu geschmiedeten Allianzen ein Gegengewicht und der jahrhundertlange Konflikt zwischen Zentrum und Peripherie Europas ein Ende finden. Die Antwort auf diese »Deutsche Frage« war die Einbindung in die westlichen Bündnissysteme. Sie waren und sind bis heute der Garant, dass das große Deutschland auch nach seiner Wiedervereinigung nie wieder zu einer Gefahr für seine Nachbarstaaten werden kann.

Alles gut also? Deutschland, der sanfte Hegemon Europas? Ein Land, vor dem niemand mehr Angst haben muss? Es stimmt, dass die Bundesrepublik ein friedfertiges Land geworden ist. Wir sind keine militärische Bedrohung für unsere Nachbarn und wollen es auch nicht sein. Und es gibt keinen ersichtlichen Grund, warum sich daran etwas ändern sollte.

Doch die »Deutsche Frage« ist zurückgekehrt – allerdings mit umgekehrten Vorzeichen. Wir halten uns raus, wo unsere Partner und Nachbarn sich mehr Einmischung wünschen. Der deutsche Sonderweg heute könnte darin bestehen, uns von der Verantwortung für Europa und seine Rolle in der Welt fernzuhalten. Nicht militärische Dominanz, sondern die Dominanz des Nicht-Handelns ist heute die Gefahr, die von Deutschland ausgeht. Wir können jedoch nicht den Wunschtraum mancher erfüllen wollen, eine »größere Schweiz« zu sein. Deutschland ist schlicht zu groß, um sich raushalten zu können. Weder bei der Stabilisierung der Währungsunion noch bei der Bekämpfung sozialer Ungleichheit, weder bei der Wettbewerbsfähigkeit Europas noch in der Sicherheits- und Verteidigungspolitik kann Deutschland einfach abwarten. Das gegenwärtige Kurzpassspiel der deutschen Politik riskiert Europas Zukunftsfähigkeit und politische Durchschlagskraft.

In vielen Ländern Europas verstärkt dies den Eindruck, dass die Idee eines geeinten Europa nur noch eine hohle Phrase von Berufseuropäern geworden ist. Oder wie es der ehemalige Präsident des Europäischen Parlaments, der Sozialdemokrat Martin Schulz, formuliert: »Wir haben die großartige Idee eines geeinten Europas in die Hände der Bürokraten gegeben. Und jetzt verwechseln die Bürger die Technokraten mit der Idee.«

Deutschland wird also lernen müssen, seiner Rolle auf eine neue Art gerecht zu werden. Nicht als Hegemon, aber auch nicht als politischer Abstinenzler. Sind wir auf unsere neue Rolle vorbereitet? Offenbar nur unzureichend. Anders lässt sich nicht erklären, warum wir Deutsche die dramatischen Veränderungen in der Welt und in Europa nicht endlich zum Anlass nehmen, mindestens so viel Mut aufzubringen wie die Gründungsväter des europäischen Projektes nach dem Zweiten Weltkrieg. Damals ging es um Leben und Tod. Was für ein Glück wir doch haben, dass es heute nur meist noch ums Geld geht.

Neue deutsche Sonderwege

Wie aber kann Deutschland sich ändern? Wir Deutsche sind oft damit zufrieden, uns im Reich des Wünschbaren aufzuhalten. Wir fühlen uns dabei anderen überlegen, die im schnöden Hier und Jetzt verhaftet zu sein scheinen. Dies ist keine neue deutsche Eigenschaft. Schon Heinrich Heine machte sich darüber in seinem »Wintermärchen« lustig:

»Franzosen und Russen gehört das Land,
Das Meer gehört den Briten,
Wir aber besitzen im Luftreich des Traums
Die Herrschaft unbestritten.
Hier üben wir die Hegemonie,
Hier sind wir unzerstückelt;
Die andern Völker haben sich
Auf platter Erde entwickelt.«

Nun werden viele einwenden, dass Deutschland in den letzten Jahren doch viel Verantwortung übernommen habe und neben seiner Rolle als wirtschaftliche Führungsnation längst auch die politische Führungsposition behaupte. Das gelte mindestens bis zur Präsidentschaft von Emmanuel Macron in Frankreich. Seither erlebten wir allerdings einen »Wachwechsel« in Europa von Merkel zu Macron.

Dieser Einwand mag bezüglich der Wirtschafts- und Finanzpolitik berechtigt sein. Hier hört in Deutschland der Spaß auf. In keinem anderen Politikfeld verteidigt Deutschland seine ökonomischen Interessen derart hart und kompromisslos. So sehr wir etwa in der Außen- und Sicherheitspolitik hin- und her gerissen erscheinen mögen, so klar ist die deutsche Haltung, wenn es um Bewahrung der wirtschaftlichen Dominanz geht. Europa wird in Deutschland oft mit Wirtschaft und Finanzen gleichgesetzt. Einer der Gründe, warum selbst überzeugte Europäer wie Wolfgang Schäuble und gewiss auch Angela Merkel derart vehement für die Einhaltung der finanzpolitischen Regeln in der Europäischen Währungsunion gestritten haben, war ihre Sorge um das Vertrauen der Deutschen in Europa. Beide sind gewiss auch überzeugt von der europäischen Schuldenbremse und davon, dass niemand zulasten anderer Mitgliedsstaaten unkontrolliert seine Schulden vergrößern darf. Vor allem aber glaubten die beiden Christdemokraten, dass ein Vertrauensverlust der deutschen Bevölkerung in die Seriösität und die Stabilität der Währungsunion gleichbedeutend mit der Abkehr vom gesamten europäischen Projekt verbunden gewesen wäre. Ehe die Deutschen den Wert ihrer Währung aufs Spiel setzen, würden sie sagen: Dann lieber allein. Das ist der tiefere Sinn des Satzes von Angela Merkel: »Scheitert der Euro, scheitert Europa«.

Diese Bereitschaft, in Europa die eigenen deutschen Interessen in der Wirtschafts- und Finanzpolitik durchzusetzen, passt zur Tendenz, sich an anderer Stelle aus der Suche nach einigenden europäischen Strategien und Lösungen herauszuhalten. Als Mitglied der Bundesregierung, als Vorsitzender der SPD und als Vertreter Deutschlands auf internationalem Feld habe ich erlebt: Unsere Nachbarn nehmen ein Deutschland wahr, das so sehr an seine gute Mission glaubt, dass es dabei die anderen um sich herum nicht mehr versteht, ja sogar missachtet und auf sie herabschaut. Ein Land, das sich damit zufriedengibt, sich im Recht zu fühlen und oft gar nicht bemerkt, wie sehr sich unsere europäischen Nachbarn von uns entfernen, wie unverständig und am Ende ablehnend sie reagieren. Ich nenne mit Energiewende, Freihandelsabkommen und Flüchtlingskrise drei Beispiele, die meine Beobachtungen verdeutlichen.

Beispiel Energiewende

Nach Jahrzehnten einer harten und unversöhnlichen inneren Auseinandersetzung war sich Deutschland spätestens nach dem Reaktorunglück im japanischen Atomkraftwerk Fukushima im Jahr 2011 einig, dass ein Ausstieg aus dieser Technologie bei gleichzeitigem verstärkten Ausbau erneuerbarer Energien unabdingbar geworden war.

Doch die deutschen Nachbarländer haben damals völlig irritiert auf uns geblickt. Kurz vor dem Reaktorunglück hatte die Bundeskanzlerin Angela Merkel in ihrer Regierungskoalition von

CDU/CSU und FDP nämlich verkündet, die alten Kernkraftwerke in Deutschland – entgegen den früheren Ausstiegsbeschlüssen der Regierung von SPD und Bündnis 90/Die Grünen unter Kanzler Gerhard Schröder – rückgängig machen zu wollen. Statt ab 2020 aus der Atomenergie zur Stromerzeugung auszusteigen, wollte die neue Regierung nun sogar auch die älteren Kernkraftwerke um zwölf bis vierzehn Jahre länger nutzen als geplant. Der Jubel unter den Kraftwerksbetreibern war entsprechend.

Dann die plötzliche Kehrtwende innerhalb nur weniger Monate. Wegen eines Reaktorunglücks im viele tausend Kilometer entfernten Japan galten ab sofort all die Atomkraftwerke in Deutschland als zu risikoreich, für deren sicherheitstechnische Spitzentechnologie die Kanzlerin und ihrer Regierungskoalition eben noch so vehement eingetreten waren. Die drohende Wahlniederlage von Union und FDP im Kernkraftwerksland Baden-Württemberg vor Augen, sollte nun schneller als unter SPD und Grünen aus der Atomenergie ausgestiegen werden. Vor allem die deutsche Wirtschaft sah sich in kurzer Zeit zwei diametral entgegengesetzten energiepolitischen Grundsatzentscheidungen gegenüber. Nur eine sehr starke Volkswirtschaft wie die deutsche konnte dieses waghalsige Wendemanöver überstehen. Oder anders ausgedrückt: Den Wechsel von Diagnose und Therapie mitten in der energiepolitischen Operation am offen Herzen der deutschen Volkswirtschaft überstand der Patient nicht wegen der Fähigkeiten der Chefärzte, sondern nur aufgrund seiner robusten Gesundheit.

In der Folge aber wuchsen natürlich die Treibhausgasmengen, die Deutschland aufgrund seines Ausstiegs aus der $C0_2$-freien Nukleartechnologie mit seinen Kohle- und Gaskraftwerken produzierte. Die in Europa vereinbarten Klimaziele, die in unserer nationalen Diskussion bereits als zu schwach kritisiert wurden, erforderten nach dem Ausstieg aus der Atomenergie nun noch dringlicher auch den Ausstieg aus der Stein- und Braunkohle zur Stromerzeugung und einen schnelleren Ausbau der erneuerbaren Energien.

Spätestens jetzt wäre eine Diskussion über die deutsche Energiewende und ihre Konsequenzen für Europa dringend erforderlich gewesen. Eben diese erfolgte aber nicht. Deutschland war viel zu sehr mit sich selbst beschäftigt, um sich europäischen Fragen zu stellen. Endlich schien der innerdeutsche Konflikt gelöst, der Jahrzehnte Menschen in großen Demonstrationen auf die Straße getrieben und im geplanten Atommüll-Endlager Gorleben zum Teil bürgerkriegsähnliche Verhältnisse erzeugt hatte. Endlich waren wir auf der richtigen Seite der Geschichte, konnten auf den internationalen Umwelt- und Klimakonferenzen unsere erfolgversprechenden Strategien und Ausbauziele für klimafreundliche Technologien vorführen. Endlich hatte das Gute gesiegt. Der deutschen Politik waren die Unebenheiten und Fahrbahnverengungen auf diesem Weg, zumindest in Teilen, durchaus bewusst. Dennoch gab es keinen Versuch, sich mit den europäischen Nachbarn über die Energiepolitik zu verständigen. Zum einen bestand die Sorge, dass die anderen Europäer unangenehme Fragen und Anforderungen an Deutschland stellen würden. Zum anderen wurde das europäische Recht schlicht über Jahre vor allem in der Regierungsperiode von CDU/CSU und FDP zwischen 2009 und 2013 ignoriert, um die deutschen Wirtschaft von den Kosten zu befreien, die mit der Förderung der erneuerbaren Energien über die Abgaben an den Strompreis verbunden waren. Vieles davon war nach europäischem Wettbewerbsrecht schlicht eine verbotene staatliche Beihilfe für die deutsche Wirtschaft.

Das Hauptproblem aber war aber noch ein anderes: Weil es für einen schnellen Kapazitätsausbau aus Wind- und Sonnenenergie gar nicht genug Stromleitungen in Deutschland gab, wurde der Strom in die benachbarten Stromnetze europäischer Mitgliedsstaaten gedrückt. Der dort verfügbare und in Deutschland subventionierte Strom der erneuerbaren Energien zwang vor allem unseren Nachbarn Polen dazu, die eigenen Kraftwerke herunterzufahren – mit entsprechenden negativen wirtschaftlichen Folgen beispielsweise für die polnische Energiewirtschaft.

Aber auch in Deutschland hatte die fehlende europäische Einbindung des Ausbaus erneuerbarer Energie teure Folgen: Die Stromkunden mussten und müssen auch heute noch oftmals ihren Strom aufgrund fehlender Leitungen zweimal bezahlen – einmal zum Preis an der Strombörse und ein zweites Mal über eine Umlage für den Fall, dass der Strom aufgrund fehlender Leitungen nicht geliefert werden konnte. Dann nämlich sprangen andere Kraftwerksbetreiber ein – natürlich gegen erneute Bezahlung. Selbst alte österreichische Ölkraftwerke mit einem immensen Ausstoß von Treibhausgasen kamen so noch einmal ans Netz. Dass sie einmal die deutsche Energiewende und den deutschen »Klimaschutz« absichern würden, damit hatten die Betreiber in Österreich gewiss nicht gerechnet und kamen vermutlich vor Lachen nicht in den Schlaf. Eine Milliarde Euro mussten allein die Stromkunden des Netzbetreibers Tennet 2017 auf diese Weise aufbringen.

Vor allem bei den osteuropäischen Nachbarstaaten stieß dieses Gebaren der Deutschen auf erheblichen Unmut. Während wir uns in Deutschland auf dem einzig richtigen Weg zur Rettung künftiger Generationen, der Umwelt und des Klimas wähnten, interpretierten unsere osteuropäischen Nachbarn das ganz anders: Die technologisch überlegenen Deutschen würden die europäischen Klimaziele nur zu verstärken versuchen, um anderen europäischen Mitgliedsstaaten ihre Technologien im Bereich der erneuerbaren Energien zu verkaufen. Deutschland setzte seine wirtschaftlichen Interessen unter dem Deckmäntelchen des Klima- und Umweltschutzes gegen seine Nachbarn durch. Aus Polen mit seiner stark kohlebasierten Stromversorgung kam der Vorwurf, »wieder einmal« der Verlierer zu sein.

Erst in der letzten Legislaturperiode gelang es, diesen europäischen Fehlstart der deutschen Energiewende wieder gut zu machen. Dass dies gelang, ist vor allem dem Wirken des Staatssekretärs im Bundesministerium für Wirtschaft und Energie, Rainer Baake, zu verdanken. Als Mitglied der Grünen hatte er es weder in seiner eigenen Partei noch bei den Sozialdemokraten leicht, auf europäischen

Realismus, auf die Abstimmung mit unseren Nachbarn und vor allem auf marktwirtschaftliche Lösungen beim Ausbau der erneuerbaren Energien zu drängen. Auch die Ministerpräsidenten einiger Bundesländer, die selbst nicht in der Lage waren, Stromleitungen zu bauen, aber wirtschaftliche Interessen vor allem am Ausbau der Windenergie hatten, wären lieber weiter dem Motto »je schneller, je besser« gefolgt, statt auf wirtschaftliche Effizienz und einen systematischen Ausbau zu setzen. Das über Jahre gewachsene Ressentiment vor allem unserer osteuropäischen Nachbarn, dass wir Deutsche nicht etwa das Richtige, sondern vor allem das für uns Lohnende im Auge hatten, ist dabei leider nicht so schnell auszuräumen.

Beispiel Freihandelsabkommen

Fast die gesamte letzte Legislaturperiode stritt Deutschland – und hier vor allem die Sozialdemokratie, die Linkspartei, die Grünen, die Gewerkschaften, die Umwelt- und Verbraucherverbände und nicht zuletzt die Kirchen – über und vor allem gegen den Abschluss neuer Freihandelsabkommen. Im Mittelpunkt standen die Verhandlungen mit Kanada über das sogenannte Umfassende Wirtschafts- und Handelsabkommen CETA (*Comprehensive Economic and Trade Agreement*) und mit den USA über das Transatlantische Freihandelsabkommen TTIP (*Transatlantic Trade and Investment Partnership*). Beide Verträge – so der Vorwurf ihrer Gegner – seien nichts anderes als ein Türöffner für internationale Konzerne, die deutschen und europäischen Umwelt-, Sozial- und Gesundheitsstandards zu unterlaufen, erneute Privatisierungen öffentlicher Dienstleistungen zu erzwingen und die Interessen der Bürgerinnen und Bürger denen des Kapitals zu unterwerfen.

In Wahrheit kam mit Kanada ein Abkommen zustande, dass all diese Standards sicherte und deren Ausbau förderte. Dies nicht zuletzt, weil sich Kanada mit der progressiven Regierung von Justin Trudeau eine faire und gerechte Globalisierung zum Ziel gesetzt hatte. Das nördliche Nachbarland der USA ist geistig europäischer als mancher europäische Mitgliedsstaat. Trotzdem blieb das Abkommen CETA im Grunde bis zur Wahl Donald Trumps zum US-Präsidenten für viele Deutsche reines »Teufelszeug«. Das schlagendste Argument der Debatte war: »CETA ist böse«. Nachdem sich Europa vor allem wegen Deutschland und einer der belgischen Region Wallonien vollständig verausgabt hatte, um wenigstens das Abkommen mit Kanada unter Dach und Fach zu bringen, fehlten für einen TTIP-Abschluss mit den USA unter dem scheidenden Präsidenten Obama Kraft und Zeit.

Angesichts der dramatischen Folgen einer nationalistischen und protektionistischen Handelspolitik der Regierung Trump sollten wir uns heute wünschen, wir hätten wenigstens einen Teil der mit Kanada vereinbarten Handelsbeziehungen auch mit den USA verbindlich regeln können. Erst jetzt wächst offenbar auch in Deutschland die Einsicht, dass ein so exportabhängiges Land wie unseres, in dem Millionen industrielle Arbeitsplätze vom Außenhandel abhängen, existenziell auf freien und geregelten Austausch von Gütern und Dienstleistungen angewiesen ist. Selbst wenn diese Regeln nicht perfekt sind, so zeigt uns Trump gerade, wie zerstörerisch es ist, wenn es diese nicht gibt.

Mir geht es nicht um die Erkenntnis, dass wir Deutsche es uns gelegentlich unnötig schwer machen, sondern um etwas anderes: Niemand außerhalb Deutschlands hat diese deutsche Debatte über die Freihandelsabkommen verstanden – vom Regionalparlament der Wallonie, das aber eher innerbelgische Gründe für seinen Widerstand hatte, abgesehen –, denn der Blick Deutschlands war ausschließlich nach innen gerichtet, sodass wir unser Handeln unseren europäischen Partnern nicht erklärten. Ganz Europa schüttelte den Kopf ob unserer deutschen Unnachgiebigkeit und Härte, mit der die Gegner dieser Freihandelsabkommen diese Auseinandersetzung führten. Im Europäischen Rat der Wirtschafts- und Handelsminister ist mir die Bemerkung eines Ministerkollegen besonders in Erinnerung geblieben, die deutlich macht, wie sehr unsere Nachbarn auf unser Treiben mit wachsender Verärgerung reagierten: »Wenn ihr eurer Wirtschaft schaden wollt, dann ist das eure Sache. Ihr seid so reich, ihr könnt euch das vielleicht leisten. Wir nicht.« Wo wir Deutschen dachten, wir würden um das Gute und Richtige streiten, sahen unsere Nachbarn nur deutsche Egozentrik.

Beispiel Flüchtlingspolitik

Das dritte und wohl einschneidendste Beispiel ist die Flüchtlingspolitik. Als die überwältigende Mehrheit der Deutschen im Herbst 2015 dachte, wir würden mit einer großen Geste unsere inzwischen erreichte Humanität unter Beweis stellen, fühlten sich die meisten anderen europäischen Mitgliedsstaaten von uns erpresst.

Ich muss vorbehaltlos eingestehen, dass ich das damals auch nicht gesehen habe. Als mich Angela Merkel am Freitag, dem 4. September 2015 gegen 21 Uhr anrief, sprachen wir von etwa vier- bis sechstausend Flüchtlingen, die seit Tagen unter unhaltbaren Zuständen auf dem Bahnhof der ungarischen Hauptstadt Budapest festsaßen. Nach geltendem europäischen Recht und der Genfer Flüchtlingskonvention hätte Ungarn diese Menschen aufnehmen und in einem geordneten rechtsstaatlichen Verfahren prüfen müssen, ob ein Anspruch auf Asyl als Verfolgte oder auf eine Duldung als Flüchtling vorlag. Gemeinsam mit dem damaligen Bundesaußenminister Frank-Walter Steinmeier stimmte ich an diesem Freitagabend dem Vorschlag der Kanzlerin zu, die Flüchtlinge aus Budapest nach Deutschland zu holen und die Verfahren hier zu betreiben, da Ungarn ganz offensichtlich dazu nicht bereit war. Die deutsche Bundeskanzlerin hatte zuvor auch mit ihrem österreichischen Amtskollegen Werner Faymann über die explosive Lage in Ungarn gesprochen. Bundeskanzler Faymann, Sozialdemokrat und einer meiner wirklich engen Freunde, war ebenso wie die Christdemokratin Merkel der Überzeugung, dass diesen Menschen geholfen werden müsse.

Unmittelbar nach Bekanntgabe, die Flüchtlinge vom Budapester Bahnhof zu übernehmen, meldete sich der CSU-Vorsitzende und damalige bayerische Ministerpräsident Horst Seehofer zu Wort und kritisierte die Entscheidung. Er war entweder von der CDU-Vorsitzenden nicht vorher gefragt worden, weil Angela Merkel seine Antwort ahnte, oder er ließ sich von ihr telefonisch nicht erreichen, weil er die Frage der Kanzlerin kannte. Auf Verlangen des Koalitionspartners CSU tagte dann aber am darauffolgenden Sonntag, dem 6. September 2015, der Koalitionsausschuss von CDU, SPD und CSU im Bundeskanzleramt. Im Beschluss dieses Gremiums heißt es: »Die am Wochenende getroffene Aufnahmeentscheidung von Deutschland und Österreich soll eine Ausnahme bleiben.« Der Rest ist bekannt: Dieser Beschluss erwies sich als pure Illusion.

Aus den vier- bis sechstausend Flüchtlingen wurden im Verlaufe des Wochenendes bereits 20000. Täglich strömten jetzt Tausende Menschen über die deutschen Grenzen. Unkontrolliert und ohne dass wir darauf in irgendeiner Weise vorbereitet gewesen waren. Die überbordende Hilfsbereitschaft in Deutschland, war für viele von uns in der Regierung eine große Überraschung. Auch ich war anfangs von der Willkommenskultur überwältigt. Endlich konnten wir mit diesem unübersehbaren Beispiel unsere neue deutsche Mitmenschlichkeit und Hilfsbereitschaft beweisen. Es war das Gefühl, der Welt belegen zu können, dass von dem nationalistischen und unmenschlichen Deutschland nichts mehr übrig war. Für mich schien der Nachweis erbracht, dass nicht nur die Alliierten damals Nazi-Deutschland besiegten, sondern wir es auch selbst geschafft hatten.

So sehr, wie wir uns und unsere Moral feierten, so heftig schüttelten unsere Nachbarn den Kopf. »Die Deutschen sind verrückt geworden«, lautete das Urteil nicht nur in Osteuropa über uns. Der völlige Kontrollverlust über unsere Grenzen machte Europa sprachlos. Wir schienen erhebliche Sicherheitsrisiken in Kauf zu nehmen, wir ließen es vor allem an jeder Absprache mit unseren europäischen Nachbarn fehlen. Neben dem offiziellen Lob der Vertreterinnen und Vertreter europäischer Institutionen wuchs schnell die Kritik an unserem Handeln. Und spätestens seit der Idee, die zu uns strömenden Flüchtlinge in Europa nach Quoten in andere Länder zu verteilen, spaltete sich die Europäische Union wie nie zuvor.

Der bulgarische Intellektuelle Ivan Krastev sieht in den Auseinandersetzungen um die Öffnung der Grenzen im Jahr 2015 einen Schock, der für die europäischen Gesellschaften mit der Wirkung der Attentate des 11. September 2001 auf die Twin Towers in New York vergleichbar sei: »Seit einem Jahrzehnt – seit die Lehman-Pleite eine weltweite Rezession einleitete – vollführt die EU einen Tanz mit ihren eigenen Krisen: der Eurozone, dem Brexit, der Revolution (und möglichen Konterrevolution) in der Ukraine. Ich behaupte jedoch, die Flüchtlingskrise kann als primus inter pares der aktuellen Krisen und als der ›Tanzpartner‹ gelten, den die EU letztlich heimführen wird. Als einzige wirklich gesamteuropäische Krise stellt sie das politische, ökonomische und soziale Modell Europas infrage. Die Flüchtlingskrise hat die Lage in Europa grundlegend verändert. Sie lässt sich nicht einfach durch den Zustrom von Flüchtlingen oder Arbeitsmigranten erklären. Wir erleben unter anderem auch eine Migration der Argumente, Emotionen, politischen Identitäten und Wählerstimmen. Die Flüchtlingskrise erweist sich als Europas 11. September.«[4]

Nicht nur Ungarn und Polen lehnten Flüchtlings-Quoten als »Diktat aus Brüssel« ab. Ich denke noch an die Mitteilung des sozialistischen Ministerpräsidenten Manuel Valls in der französischen Nationalversammlung, dass Frankreich nach einem ersten kleinen handverlesenen Kontingent keine weiteren Flüchtlinge aufnehmen werde. Wie sehr sich Deutschland von wesentlichen Teilen Europas entfernt hatte, merkte ich spätestens am 18. September 2015 bei einem Treffen mit Valls, dem österreichischen Kanzler Faymann und dem schwedischen Premierminister Stefan Löfven in Wien. Valls fragte mich damals sichtlich erregt: »Dass ihr Deutschen Europa wirtschaftlich führt, wissen wir. Dass ihr es seit einiger Zeit auch politisch führen wollt, haben wir lernen müssen. Aber sag mal, wollt ihr uns jetzt auch moralisch führen?«

Schlagartig war klar: Nicht die »zurückgebliebenen und unmodernen« Osteuropäer mit ihrer Weigerung der Flüchtlingsaufnahme brachten Europa Probleme, sondern wir Deutschen hatten das zu verantworten. Was bei uns einem humanitären Impuls folgte, wurde in großen Teilen Europas als deutsche Arroganz verstanden. »Erst ladet ihr die Flüchtlinge ein, ohne uns zu fragen, und dann sollen wir sie euch abnehmen«, so lautete der Vorwurf meiner europäischen Kollegen, wenn kein Mikrofon eingeschaltet war und keine Kamera lief.

Ivan Krastev erklärte in einem *Spiegel*-Interview dazu: »Die eigene Verletzlichkeit in einer globalisierten Welt wurde erkannt. Diese Umdeutung ließ reaktionäre Kräfte erstarken und führte letztlich auch zu der Polarisierung, die wir heute im Trump-Amerika beobachten können.«[5] Anders ausgedrückt: Die in jeder Gesellschaft schlummernden Dämonen wurden wachgerüttelt, und überall schauen wir jetzt ihren hässlichen Fratzen ins Gesicht. »Auf diese Weise hat die Migrationskrise nicht nur das Links-rechts-Gleichgewicht in der europäischen Politik verschoben und den liberalen Konsens unterminiert, der jahrzehntelang in Europa herrschte, sondern zudem auf der Linken wie der Rechten eine Identitätskrise ausgelöst (...)«, meint der Bulgare Krastev.[6] Auch in Deutschland haben wir seitdem unsere äußere Liberalität mit dem Verlust innerer Liberalität bezahlt. Rückblickend kann man sagen, dass wir bereit sein mussten, diesen Preis für gelebte Humanität zu zahlen. Damals aber waren wir uns darüber nicht im Klaren. Unser Regierungshandeln erscheint eher intuitiv als politisch überlegt.

Es soll an dieser Stelle nicht um die Frage gehen, ob es eine Alternative zur Grenzöffnung gegeben hätte. Für mich ist die Antwort auf diese Frage ohnehin eindeutig: Nein, die gab es nicht. Die Öffnung der Grenzen war auch rückwirkend betrachtet ohne wirklich vertretbare Alternative. Weder wir noch andere hätten Tausende Menschen an den europäischen Grenzen von heute auf morgen aufhalten können. Ich werde nie eine Situation vergessen, in der mich die deutsche Bundeskanzlerin nach einer Nacht voller Diskussionen über den Umgang mit der großen Zahl an Flüchtlingen im Koalitionsausschuss beim Herausgehen aus dem Kanzleramt morgens gegen 4 Uhr zur Seite nahm und mir sagte: »Aber eines versprechen Sie mir, Herr Gabriel, wir beide bauen keine Zäune.« Zuvor hatten Experten der Innenpolitik solche Empfehlungen abgegeben. Mein Respekt gegenüber Angela Merkel und meine Zugewandheit ihr gegenüber ist jedenfalls in dieser Nacht sehr gewachsen. Denn diese Nacht zeigte, dass mir da eben nicht die kühle Taktiererin der Macht gegenüber stand, die sie ohne Zweifel auch sein kann. Sondern eine demokratische Führerin unseres Landes mit tief verankerten christlichen und humanitären Überzeugungen. Und auch wenn später andere diese Zäune an den Außengrenzen Europas bauten und gerade wir Deutschen durch diese sogenannte »Schließung der Balkanroute« entlastet wurden, wirkt mein wegen dieses einen nächtlichen Satzes gewachsener Respekt und meine Zugewandtheit zu Angela Merkel bei mir fort. Die Alternative wäre damals eine bis an die Zähne bewaffnete Grenzpolizei gewesen, die in Italien, Österreich oder Deutschland die tausenden erschöpften Frauen, Kindern und Familien die Aufnahme unter Androhung von Gewalt versagt hätte. Der Aufschrei der Empörung in der Weltöffentlichkeit wäre mehr als berechtigt gewesen und nicht einmal die Kritiker aus der CSU hätten das auch nur wenige Tage lang durchgehalten.

Mir geht es auch nicht um eine Aufarbeitung der berechtigten Fragen, welche Fehler nach der Entscheidung zur Aufnahme von mehr als einer Million Flüchtlingen gemacht wurden. Ja, es gab jede Menge Fehler. Die Naivität, mit der wir in der Politik, große Teile unserer Gesellschaft und die Medien damals an die Aufnahme so vieler Flüchtender herangingen, hatte etwas Jugendhaftes, Inspirierendes und Hoffnungsvolles. Aber es war eben auch unpolitisch, weil die möglichen Wechselbeziehungen in unserer eigenen Gesellschaft vor allem aber zu unseren Nachbarstaaten nicht mit bedacht wurden.

Mehr noch: wer die damit verbundenen Fragen zu stellen wagte, geriet schnell in öffentliche Kritik, weil er »nicht die richtige Haltung« an den Tag legte. Wenn politisches Handeln aber auf die »richtige Haltung« reduziert wird, kann daraus leicht eine gewagte Wette werden: eine Wette zugleich auf die innere Liberalität derjenigen, die kommen und derjenigen, die bereits bei uns leben. Diese Wette ist zumindest in Teilen unserer Gesellschaft schief gegangen und hat Europa tief gespalten. Da Kriege, Bürgerkriege, Not und Armut immer mehr Menschen auf die Flucht treiben, werden wir in unserem Handeln klüger und abgestimmter vorgehen müssen. Nationale Alleingänge jedenfalls, egal ob zur Aufnahme von Flüchtlingen oder zur Begrenzung der Zuwanderung, sind keine tragfähige Lösung.

Es geht mir darum, deutlich zu machen, dass unser moralischer Impuls von unseren Nachbarn gänzlich anders verstanden wurde.

Dies als Deutsche zu verstehen ist wichtig, um Wege aus der anhaltenden Krise zu finden und die Fehler nicht zu wiederholen. Wir dürfen nicht glauben, Europa würde am besseren und guten deutschen Wesen genesen. Vor allem werden wir uns künftig mehr Mühe geben müssen, andere zu verstehen, bevor wir selbst handeln und uns ihnen moralisch überlegen fühlen. Die Erwartung, dass unsere Sicht auf die Welt für unsere europäischen Partner logisch und intuitiv nachvollziehbar ist, hat sich derweil wiederholt als Trugschluss erwiesen.

Runter vom hohen Ross

Alle drei aufgeführten Beispiele zeugen symptomatisch von der Rolle Deutschlands in Europa in den vergangenen Jahren: Wir sind überzeugt vom richtigen Weg und vor allem von der Werthaltigkeit unseres Handelns. Wir meinen, wir verfolgen keine deutschen Interessen, sondern im Interesse Europas zu handeln. Und dann reagieren wir nicht selten verärgert, wenn andere das anders sehen. Und sind irritiert, wenn andere uns kritisieren, weil wir uns vorher nicht mit ihnen abgestimmt haben.

Man darf davon ausgehen, dass keine Bundesregierung zuvor, kein Kanzler von Adenauer über Brandt bis Schröder, so wenig Rücksprache mit unseren europäischen Nachbarn gehalten hätte. Sie waren sich über die Einbindung Deutschlands in die Europäische Union ungleich bewusster als wir es heute sind. Wir fühlen uns wirtschaftlich und politisch stark und vor allem fühlen wir uns im Recht. Gut ist am Ende aber nur, was auch gute Ergebnisse bringt. Die deutsche Entscheidung zur Öffnung der deutschen und damit auch der europäischen Grenzen jedenfalls hatte auch ganz gravierende Konsequenzen, deren politische Weiterungen im Land und innerhalb der EU bis heute reichen.

Wir hätten in der Flüchtlingskrise wesentlich schneller und intensiver mit unseren europäischen Nachbarn reden müssen: Über die gemeinsame Sicherung der EU-Außengrenzen, über die Absprachen mit der Türkei, mit Jordanien und dem Libanon bis hin zur verstärkten Hilfe für die Flüchtlingslager außerhalb Syriens. Vieles hätte gemeinsam in Gang gesetzt werden können, wie es in der Vergangenheit in nächtelangen Gipfeln und Sitzungen auch möglich war. Und so sehr man das Verhalten Ungarns gegenüber den Flüchtlingen im eigenen Land kritisieren darf und auch muss, so sehr ist es nicht zu kritisieren, dass Ungarn seiner Verpflichtung nachgekommen ist und die Außengrenze des Schengen-Raums gesichert hat. Erst seit der Schließung der Balkanroute und dem Flüchtlingsabkommen mit der Türkei hat die Zahl der ankommenden Menschen eine beherrschbare Größenordnung angenommen. Kamen 2015/2016 noch 2,6 Millionen Flüchtlinge nach Europa und 1,2 Millionen nach Deutschland, waren es 2017 noch 650 000 in Europa ankommende Flüchtlinge und 173 000, die in Deutschland Aufnahme fanden.

Ungarns Premier ist ein radikaler Scharfmacher, der sich nicht scheut, mit seiner hartherzigen und menschenverachtenden Propaganda Ressentiments und Vorurteile zu schüren. Er verletzt ganz wesentliche Grundsätze europäischer Rechtsstaatlichkeit und ist mitverantwortlich für die Spaltung Europas. Aber zur unbequemen Wahrheit gehört, dass uns erst die Zäune von Viktor Orban Luft verschafft haben. Wenn heute auf einmal alle einen gemeinsamen europäischen Grenzschutz fordern, dann darf man sich keine Illusionen darüber machen, dass das nichts anderes ist, als der ungarische Premier an den Grenzen Ungarns zum außereuropäischen Ausland umgesetzt hat. Der eigentliche Unterschied zu Orban und seinen Anhängern besteht nicht im robusten Schutz der EU-Außengrenzen. Sondern darin, dass er niemanden ins Land und in die EU hineinlassen will. Wir hingegen treten für legale und geregelte Flüchtlingsaufnahmen und eine faire Verteilung innerhalb Europas ein. Die Voraussetzung für geregelte und legale Zuwanderung ist allerdings die kompromisslose Bekämpfung der illegalen Zuwanderung. Das eine ist nicht ohne das andere zu haben.

Meine drei Beispiele haben eines gemeinsam: Zum einen erschien uns Deutschen unser eigenes Handeln quasi interessenlos. Unsere Nachbarn sahen das allerdings ganz anders. Wir glaubten, wir handelten nicht, weil wir deutsche Interessen verfolgten, sondern in der Überzeugung, etwas für die Menschheit an sich zu tun. Für das Gute, Humane, das Richtige. Und wir meinten, im Interesse Europas zu handeln – allerdings ohne die Europäer nach ihrer Meinung zu fragen. Deutschland handelte dabei nicht wie eine imperiale Macht, die sich über internationale Normen hinwegsetzt. Wir handelten als Staat, der überzeugt ist, das Richtige zu tun.

Selbst die Schweden, die ein deutlich ausgeprägteres moralisches Sendungsbewusstsein haben als wir Deutsche, reagierten nüchterner auf die Flüchtlingsströme. In Stockholm stoppte eine Regierung aus Sozialdemokraten und Grünen vollständig den Familiennachzug von Personen, die nicht Opfer von Verfolgung, Krieg oder Bürgerkrieg waren. In Deutschland streiten wir dagegen darüber, ob man nicht auch die Familien derjenigen nachziehen lassen soll, die zu den terroristischen Gefährdern zählen. Fast ist man geneigt zu sagen, diese Entscheidungen waren im Grund unpolitisch, ihre Folgen allerdings nicht. Wir spalteten damit Europa in einem bis dahin nicht gekannten Ausmaß.

Es gibt also auch nicht-aggressive deutsche Sonderwege, die Europa in Unruhe versetzen oder sogar spalten können. Es gibt einen gefährlichen Chauvinismus und Nationalismus von rechts, aber es gibt auch einen dummen von links. Und es gibt nicht nur einen rechten Nationalismus, sondern auch einen linken. Der rechte Nationalismus stellt die Interessen des eigenen Landes über die seiner Nachbarn und führt zum Krieg. Der linke Nationalismus verhindert die Einigung Europas, weil er nicht bereit ist zu akzeptieren, dass unsere Nachbarn andere historische und aktuelle Perspektiven auf die Welt haben als wir. Der bereits zitierte linke Intellektuelle Ivan Krastev drückte das in einem Gespräch mit mir fast zynisch mit dem Satz aus: »Es ist ganz gut, dass ihr jetzt die AfD habt, dann versteht Ihr Osteuropa vielleicht besser.«

In der Vergangenheit haben deutsche Sonderwege zu zwei Weltkriegen, Völkermord und unfassbarem Leid in Europa und darüber hinaus geführt. Diese Gefahr ist gebannt. Die Selbstbindung an die Europäische Union und die NATO haben unser Land nach 1945 davor bewahrt, erneut auf solche Sonderwege zu geraten. Es war das große Verdienst des ersten Bundeskanzlers Konrad Adenauer, diese Einbindung in den Westen durchzusetzen. Adenauer war bewusst, dass die deutsche Teilung der Preis dafür war. Die Alternative zur Westbindung und einer schnelleren Wiedervereinigung wäre nicht die seinerzeit debattierte »Neutralität« Deutschlands gewesen, sondern ein massiver Einfluss der Sowjetunion unter Josef Stalin auf Gesamtdeutschland oder die Gefahr eines erneuten Sonderweges.

In dieser Situation war es der ehemalige Kommunist und aufrichtige Streiter für die Wiedervereinigung, Herbert Wehner, der erst im Jahr 1960 im deutschen Bundestag in einer großen und historischen Rede diese Entscheidung Adenauers zur Westbindung als richtig und dauerhaft anerkannt hat. Wehner wusste, dass Stalin ein wiedervereinigtes Deutschland niemals hätte »neutral« sein lassen. Deutschland wäre vielleicht wiedervereinigt, gewiss aber nicht frei geworden. Mit der Einbindung in die westlichen Bündnisse wurde die »deutsche Frage« für unsere Partner beantwortet. Nur innerhalb Deutschlands dachten wir, es ginge dabei um die Überwindung der deutschen Teilung. Außerhalb unseres Landes ging es darum, wie man dieses große Land in der Mitte Europas daran hindern konnte, in reaktionäre Zeiten und in einen Nationalismus zurückzufallen, der andere Staaten bedrohte und erneut zum Krieg führen konnte. Mit der Bindung an Frankreich und die USA hatten wir zwei maßgebliche »Aufpasser« an unserer Seite. Und dies hat uns und allen unseren Nachbarn gutgetan.

Jetzt müssen wir Deutschen lernen, ohne diese »Ordner« auszukommen. Wir müssen selbst auf uns aufpassen. Unsere Lehren aus dem Zweiten Weltkrieg können dabei auch in Zukunft hilfreich sein. Die erste lautet: Nie wieder! Nie wieder Krieg, Völkermord, Rassismus und Unterdrückung. Und die zweite Lehre besagt: Nie wieder allein! Nie wieder ein deutscher Sonderweg! Die erste Lehre ist in unsere Verfassung eingegangen, in die politische Genetik aller demokratischen Parteien in Deutschland und vor allem in die Köpfe und Herzen der weit überwiegenden Zahl unserer Bürgerinnen und Bürger.

Die zweite Lehre haben wir nur militärisch im Geleitzug mit unseren Verbündeten verinnerlicht. Politisch haben wir uns in den letzten Jahren mit unserer wirtschaftlichen Stärke und der politischen Stabilität unseres Landes oft dazu verleiten lassen, auf die anderen um uns herum nicht wirklich zu achten. Oder haben etwa nicht die wirtschaftlichen, politischen und medialen Eliten auf die angeblich »faulen Griechen« oder die »unfähigen Italiener« herabgesehen? Wie arrogant war unser über lange Jahre fast schon verachtender Blick auf das wirtschaftlich schwache Frankreich unter den Präsidenten Nicolas Sarkozy und François Hollande?

In meinem Gedächtnis ist mir der Satz des Fraktionsvorsitzenden der CDU/CSU-Bundestagsfraktion Volker Kauder auf dem CDU-Bundesparteitag am 15. November 2011 in Leipzig geblieben: »Jetzt auf einmal wird in Europa Deutsch gesprochen«. Kauder, der des Nationalismus völlig unverdächtig ist, rutschte dieser Satz heraus, weil natürlich auch er der Überzeugung war, dass der deutsche Weg in der Finanz- und Währungspolitik der einzig erfolgversprechende in Europa sei. Auch er sah sich auf der Seite des Guten und Richtigen.

Nicht anders gebärden sich die Vertreterinnen und Vertreter des linken und grünen Mainstreams in der deutschen Politik. Ihre Auffassungen zur Klimapolitik, zu Freihandel, zur Migration oder zur Gleichstellung sind auch Ausdruck ihrer festen Überzeugung, damit das Richtige für alle zu vertreten. Wer anders denkt oder fühlt, wird dagegen als rückständig und unmodern hingestellt. Manche Osteuropäer meinen, es sei ganz gut, dass es in Deutschland jetzt die AfD gebe, denn jetzt verstünden die Deutschen die Osteuropäer und ihre eigenen ostdeutschen Landsleute vielleicht besser. Das mag zugespitzt klingen. Aber es stimmt ja durchaus, dass wir sehr in unserem eigenen liberalen Denken verhaftet sind und davon abweichende Haltungen schnell und gern ausgrenzen.

Wer Europa zusammenhalten will, muss sich immer in die Schuhe des politisch und ökonomisch Schwächeren stellen. In der Sicherheitspolitik in die der Balten und der Polen; in der Wirtschafts- und Finanzpolitik in die des europäischen Südens und in der Migrationspolitik in die der Italiener und Griechen (und inzwischen auch der Spanier, seitdem sich die Fluchtrouten ins westliche Mittelmeer verschoben haben) – und gelegentlich auch in die zu engen Schuhe der Osteuropäer. Man muss deren Position nicht einfach übernehmen. Aber es hilft zu verstehen, warum andere Partner in Europa anders denken als wir. Wir Deutsche haben uns politisch zu lange nur in unseren eigenen Schuhen bewegt. Dieser Blick auf die europäischen Nachbarn war zu Zeiten der »Bonner Republik« immer einer auf Augenhöhe – gerade auch gegenüber den kleineren Mitgliedsstaaten. Dass Deutschland vor allem wirtschaftlich Führungsaufgaben wahrzunehmen hatte, ergab sich fast zwangsläufig. Eine politische oder gar moralische Führung Europas hätte sich die »Bonner Republik« nie angemaßt. Und selbst die ökonomische wurde eher mit unsichtbarer Hand vorangetrieben als lautstark und fordernd.

Die »Berliner Republik« muss diesen Bonner Blick wieder lernen. Vielleicht ist es ganz gut, dass wir im aktuellen Handelsstreit mit den USA jetzt lernen, wie es sich anfühlt, schwach und auf die Solidarität anderer angewiesen zu sein. Denn auf diesem Feld ist Deutschland aufgrund seiner Exportstärke am verwundbarsten. Gerade ein starkes Land wie Deutschland muss sich dieser Mühe des Perspektivwechsels zur Sichtweise des Schwächeren unterziehen. Sonst betreten wir einen neuen Sonderweg, der uns von dem entfernt, was für unsere Rolle in der Welt so zentral werden wird: ein geeintes und handlungsfähiges Europa. Ohne ein geeintes Europa werden wir in der Welt des 21. Jahrhunderts verloren gehen. Diese Welt verändert sich so rasant und dramatisch, so viel sicher Geglaubtes ist in Frage gestellt und so viel Ungewohntes fordert uns heraus. Dem werden wir Europäer nur gemeinsam begegnen können. Allein auf sich gestellt wird selbst das scheinbar so starke Deutschland in dieser veränderten Welt keine kraftvolle Stimme mehr besitzen. Europa braucht es, damit unsere Kinder und Enkel eine Stimme in der Welt haben. Nur als gemeinsame europäische Stimme werden sie gehört werden. Jeder für sich allein wird in der Welt von morgen überhört und übersehen werden. Selbst das große Deutschland ist in der Welt von heute und erst recht von morgen ein kleines Land.

Noch fühlen wir uns sicher. Wirtschaftlich sind wir obenauf, und trotz auch bei uns vorhandener sozialer Spannungen sind wir verglichen mit vielen anderen Ländern ein gelassenes Land. Das verführt dazu, sich viel mit der Gegenwart und wenig mit der Zukunft zu befassen. Wir investieren sehr viel in unser Leben heute und viel zu wenig in das Leben von morgen. Vor allem verführt es dazu, den bequemen Weg fortzusetzen, den wir in den letzten Jahrzehnten gehen konnten, weil andere für die unbequemen Aufgaben zuständig waren. Genau das aber ändert sich gerade. Mit einiger Zeitverzögerung geht auch für uns das 20. Jahrhundert zu Ende: Die Nachkriegsordnung des Zweiten Weltkrieges verschwindet. Die neue Weltordnung ist noch nicht in Sicht. Wir befinden uns in einer Phase des Übergangs und sollten uns mehr damit beschäftigen, selbst Einfluss auf die Gestaltung dieses Übergangs zu nehmen. Sonst werden wir von anderen gestaltet.

3.

Auf dem Weg in eine neue Welt

Mir geht es vermutlich wie vielen Menschen, wenn sie abends mit wachsender Besorgnis die Nachrichten im Fernsehen, die Bilder aus immer neuen Konfliktregionen betrachten, ohnmächtig die offenbar täglich wachsende Lust an der Konfrontation mächtiger Staatenlenker verfolgen oder tagsüber atemlos die sich ständig wechselnde und widersprüchliche Nachrichtenlage zur verstehen versuchen. Man möchte am liebsten abschalten. Als Vater von drei Töchtern frage ich mich immer häufiger, wie meine Kinder wohl leben werden, wenn sie so alt sind wie ich. Ob meine drei Töchter in ihrem späteren Leben noch die gleiche Sicherheit empfinden wie ich, der sich trotz der nahen »Zonengrenze« zum damaligen Machtbereich der Sowjetunion nie wirklich Sorgen um den Frieden machte. Werden sie als Erwachsene – wie ich es konnte – sicher, frei und weitgehend ohne existenzielle Ängste ihr Leben gestalten können oder nach etwas mehr als zwei Generationen wieder die Angst ihrer Großeltern vor Nationalismus, Rassenhass und Krieg kennenlernen? Als meine inzwischen erwachsene Tochter geboren wurde, hätte ich nie vermutet, dass ich mir eines Tages solche Fragen stellen würde. Die Welt aber gibt Anlass dazu. Vieles an sicher Geglaubtem ist unsicher geworden. Die Welt und damit auch Europa und Deutschland sind in Bewegung geraten. Noch ist unklar, wohin sie uns führen wird.

Ein schwarzer Juni für den Westen

Drei Ereignisse im Juni des Jahres 2018 haben deutlich gemacht, dass wir in einem Gezeitenwechsel leben. Am 8. und 9. Juni 2018 fand im kanadischen La Malbaie der sogenannte G7-Gipfel statt, also das Treffen der Staats- und Regierungschefs der westlichen und demokratischen Industrienationen Deutschland, Frankreich, Italien, Japan, Kanada, Vereinigte Staaten, Vereinigtes Königreich zusammen mit der Europäischen Union. Es war das 44. Gipfeltreffen dieser Art und das wohl spektakulärste seiner Geschichte. Denn der amerikanische Präsident Donald Trump, der nur auf Druck seiner engsten Berater angereist war und das Treffen ursprünglich ignorieren wollte, sprengte unser westliches Bündnis mit einem einzigen Tweet, abgesetzt aus seiner Air Force Number One, in die Luft. Er kündigte die ohnehin schon schwachen Ergebnisse des Treffens auf, weil ihm auf der Abschlusspressekonferenz eine kritische Stellungnahme des kanadischen Gastgebers Justin Trudeau zu den Handelskonflikten mit den USA nicht passte. Nach der Kündigung des Atomabkommens mit dem Iran gegen den erklärten Willen der Europäer und nach den Handelssanktionen auf Stahl und Aluminium gegen alle bisherigen Verbündeten der USA, zeigte der US-Präsident erneut, was er von der seit rund 70 Jahren existierenden westlichen Allianz hält: nichts. Sie ist ihm bei der Durchsetzung seiner Interessen schlicht egal. Der Zusammenhalt der Wertegemeinschaft wurde durch die Differenzen in den wirtschaftlichen Interessen gesprengt. 70 Jahre Nachkriegsgeschichte fanden ihr vorläufiges Ende.

Während die G7-Staaten in Kanada also durch Trumps Gebaren einigemaßen düpiert zurückblieben, demonstrierte China als Gastgeber des zeitgleich stattfindenden Treffens der Shanghaier Organisation für Zusammenarbeit (SCO) in Qingdao – an dem auch Russland teilnahm – Harmonie und Aufbruchsstimmung.

Zwischen den USA und seinen ehemals engsten Verbündeten bleibt die NATO das bislang letzte Bindeglied. Wie wackelig dieses Bündnis inzwischen aber ist, kündigte sich indirekt bereits wenige Tage nach dem G7-Gipfel an. Am 12. Juni 2018 traf sich der US-Präsident Donald Trump in Singapur mit dem nordkoreanischen Diktator Kim Jong-un. Noch kein amerikanischer Präsident hatte je zuvor einem Machthaber aus Pjöngjang die Ehre eines Treffens gegeben. Im Iran wird man diese Begegnung aufmerksam beobachtet haben, lässt sie doch einen verhängnisvollen Schluss zu: Man muss sich zuerst in den Besitz von Atomwaffen bringen, damit ein US-Präsident zu direkten Gesprächen bereit ist. Ein vertraglicher Verzicht auf nukleare Waffen dagegen schützt offenbar weit weniger vor Sanktionen und dem Versuch der USA, einen Regimewechsel zu erzwingen. Trump gab dem kommunistischen Führer Kim Jong-un für den Verzicht auf sein Atomwaffenprogramm sogar eine Bestandsgarantie seiner Diktatur. Zeitgleich forderte Trump die Deutschen auf, Angela Merkel aus dem Amt zu jagen und einen Regierungswechsel herbeizuführen. Der US-Präsident stellt die uns bekannte Welt auf den Kopf.

Fast unbemerkt blieb in Singapur aber eine Botschaft, die auch die NATO infrage stellt: Bei seinem Treffen mit dem nordkoreanischen Machthaber erklärte Trump die bisherigen Militärmanöver mit Südkorea für beendet – ohne den demokratisch gewählten Präsidenten Südkoreas vorher zu informieren. Diese Manöver – so Trump – seien einfach zu teuer. Dieser schroffe Umgang mit einem engen jahrzehntelangen Verbündeten der USA hat in der NATO eine erhebliche Verunsicherung und Irritation ausgelöst: Wenn gemeinsame Werte- und Verteidigungsbündnisse, wie es die NATO nach ihrem eigenen Anspruch ist, zu einem Dienstleistungsunternehmen degenerieren, das man in Anspruch nehmen kann, wenn es nicht zu viel kostet oder man nur bezahlt, wenn man es braucht, kommt das dem Endpunkt des westlichen Bündnisses gleich.

Polen etwa dürfte sehr verunsichert über diese Haltung sein, hatte es sich doch bisher auf die amerikanischen Sicherheitsgarantien weit mehr verlassen als auf die europäischen Bündnispartner. Neben den Sanktionen der USA gegen polnischen Stahl ist dies eine weitere erhebliche Verunsicherung nicht nur für dieses Land.

Diese Juni-Ereignisse – die beiden Gipfel-Treffen in La Malbaie und Quingdao sowie das Treffen von Donald Trump und Kim Jong-un in Singapur zeigten innerhalb von nur einer Woche, was sich in der Welt fundamental geändert hat. Der völlig verkorkste NATO-Gipfel Mitte Juli in Brüssel verstärkte die Einsicht, dass sich die Welt fundamental geändert hat. Kaum noch etwas von dem bleibt, auf das wir Deutsche und Europäer uns seit dem Ende des Zweiten Weltkrieges verlassen konnten.

Der Unterschied zwischen dem »guten, alten Westen« und der neuen, ruppigen Atmosphäre unter den ehemaligen Verbündeten ist mir schon beim ersten Auftritt von Donald Trump auf dem NATO-Gipfel am 25. Mai 2017 in Brüssel aufgefallen. Zwar hatte ich zuvor mehrfach George W. Bush erlebt, insbesondere im Rahmen internationaler Klimaschutzkonferenzen in Wahington, bei denen er nur mit Mühe seine Skepsis gegenüber eines von Menschen verursachten Klimawandels verbergen konnte. Auf einer dieser Konferenzen hatte ich seine Rede mit dem ersten Schritt von Neil Amstrong auf den Mond verglichen: Amstrong hatte dabei seinen berühmten Satz gesagt: »Ein kleiner Schritt für mich, aber ein großer für die Menschheit«. Bei Bushs Klimareden sei es umgekehrt. Dieser Vergleich führte umgehend zu einer offiziellen Protestnote der US-Regierung an die deutsche Bundesregierung, der ich damals als Minister für Umwelt, Naturschutz und Reaktorsicherheit angehörte. Mit Barack Obama im Weißen Haus war dieser Spuk vorbei. Endlich empfanden wir wieder Respekt für die Führungspersönlichkeit der westlichen Welt in Washington.

Der erste Auftritt Donald Trumps bei der NATO allerdings machte mir dann schlagartig klar, dass eine neue Zeitrechnung begonnen hatte und George W. Bush gegen diesen Präsidenten wie eine berechenbare und ausgeglichene Persönlichkeit gelten konnte. Der Mann, der da die Bühne betrat und den Finger am roten

Knopf des Atomarsenals seines Landes hatte, wollte nicht Partner sein, sondern befehlen. Mit ihm werden die USA vom Architekten und Garanten der liberalen Weltordnung zu deren Abrissunternehmer. Aus diesem Land kommt jetzt der Anführer der Konterrevolution gegen eben diesen liberalen Multilateralismus.

Im Umgang mit Europa will der amerikanische Präsident keine Partnerschaft, sondern Gefolgschaft und die müssen wir Europäer ihm verweigern! Seine unverholene Drohung, die Beistandsverpflichtung des NATO-Vertrages zu relativieren, gepaart mit seinem egozentrisches Auftreten waren so unverschämt, dass ich einmal mehr die Ruhe und Gelassenheit der deutschen Bundeskanzlerin bewunderte. »America first« meinte dieser Präsident offenbar wörtlich, als er den vor ihm stehenden Premierminister Montenegros buchstäblich zur Seite drängte. Besser hätte man die Zeitenwende nicht für die Theaterbühne inszenieren können.

Die weltpolitischen Spielregeln des 20. Jahrhunderts

Ein Blick zurück in die Geschichte transatlantischer Bündnispolitik zeigt, wie groß der Bruch ist, den wir zurzeit erleben. Der Chefredakteur der *Neuen Zürcher Zeitung*, Eric Gujer, unterscheidet die westliche Außenpolitik seit 1945 danach, ob sie eher interessen- oder wertegeleitet ist.[7] Werte und Interessen stehen in aufgeklärten und demokratischen Gesellschaften immer in einem Spannungsverhältnis und müssen ausgehandelt werden. Insofern ist ihre Gegenüberstellung ein schematisches Hilfskonstrukt, das aber die Tendenz politischer Entscheidungen gut abbildet: Eine interessengeleitete demokratische Politik kennt natürlich auch Werte, gewichtet sie aber nach nationalen Interessen. Das nennt man gemeinhin »Realpolitik«. Umgekehrt kennt auch die wertegeleitete Politik durchaus Interessen, ist aber bereit, sie im Zweifel zurück zu stellen.

Nach einer Zeit stärker interessengeleiteter Außenpolitik als Konsequenz der Blockbildung nach 1945 folgte nach Gujer mit dem Fall des Eisernen Vorhangs eine fast dreißigjährige Periode eher idealistischer Werteorientierung der westlichen Welt. Er bezeichnet beiden Phasen auch als »Weltordnung 1.0« und »Weltordnung 2.0«.

Der Aufwind autoritärer Regime und die veränderte Haltung der USA führen aktuell wieder in eine weitaus stärker interessenorientierte Außenpolitik, die allerdings nicht die Rückkehr zur »Weltordnung 1.0« bedeutet. Wir stehen an einer historischen Wegmarke, vergleichbar mit 1919, 1945 oder 1989. Wir befinden uns am Übergang zu einer Weltordnung 3.0, deren Konturen noch nicht deutlich sind. Eine neue Bipolarität – in diesem Fall zwischen China und den USA – ist ebenso möglich wie eine Periode der Unübersichtlichkeit oder Multipolarität auf der Grundlage internationaler Regeln.

Weltordnung 1.0

Die Welt nach dem Zweiten Weltkriegs war gekennzeichnet von zum Teil hermetisch geschlossenen Grenzen, die den europäischen Kontinent in eine westliche und eine östliche Hälfte spalteten. Ich selbst bin im Harz an der einstigen Demarkationslinie aufgewachsen, die Europa teilte. Goethes mythischen Berg, den Brocken, immer im Blick, dachte ich damals, dass ich niemals Gelegenheit haben würde, ihn zu besteigen. Er lag auf dem Gebiet der damaligen DDR und war außerdem ein Horchposten der Roten Armee. Die Schutzgarantie des westlichen Bündnisses ließ bei uns keinerlei Zweifel aufkommen, dass wir trotz der Nähe zum Herrschaftsbereich des Warschauer Paktes in großer Sicherheit lebten.

Die NATO, das militärische Bündnis des Westens, sah sich zwar demokratischen und freiheitlichen Werten verpflichtet, duldete aber in ihren Reihen auch Militärdiktaturen, die ihren strategischen Einfluss gegen den kommunistischen Machtbereich sichern sollten. So gehören die Türkei und Griechenland seit 1952 der NATO an. In

Ankara putschte das türkische Militär 1960, 1971 und 1980, ein weiterer Putschversuch scheiterte 2016. In Griechenland herrschte das »Regime der Obristen« oder »die Junta« von 1967 bis 1974. An den Rändern des Kalten Krieges zwischen NATO und Warschauer Pakt wurden die westlichen demokratischen Werte den gegen den »Ostblock« gerichteten Interessen untergeordnet.

Militärische Interventionen in dieser Weltordnung 1.0 waren häufig eher postkoloniale Alleingänge, in denen sich frühere Kolonialmächte schmerzhaft von ihren Einflusszonen trennten wie etwa Frankreich von Vietnam und Algerien. Oder es ging um militärische Alleingänge, die nichts mit humanitären Zielen, sondern ausschließlich mit Machtpolitik in den eigenen Einflusszonen zu tun hatten. Davon kündeten die Interventionen der USA etwa in Kuba, Chile, Nicaragua oder Grenada.

Politische und wirtschaftliche Macht lagen in dieser Weltordnung weitgehend in einer Hand. Der Westen dominierte die Regeln des Welthandels ebenso wie die internationalen Finanzinstitutionen. Nicht Freihandel oder faire Handelsbeziehungen standen im Vordergrund, sondern nüchternes wirtschaftliches Kalkül, um westliche Interessen gegenüber dem sowjetischen Antagonisten und seinen Bündnispartnern durchzusetzen. Die damalige Außenpolitik war auf die Existenzsicherung der westlichen Welt ausgerichtet.

Weltordnung 2.0

Mit dem Fall der Mauer, der Auflösung der Sowjetunion und dem Ende des Eisernen Vorhangs war die Existenz der in den westlichen Bündnissystemen verbundenen Staaten nicht mehr prinzipiell infrage gestellt. Die Ereignisse des Jahres 1989 waren der vorläufige Höhepunkt eines Fortschrittsglaubens, der sich in der Tradition der Aufklärung sah und in der 1992 von Francis Fukuyama propagierten Idee vom »Ende der Geschichte« gipfelte. Seine Vorstellungen, die vom Westen für universell gehaltenen Werte hätten sich nunmehr in Form des demokratischen Kapitalismus durchgesetzt, und Marktwirtschaft und Teilhabe aller am Wohlstand würden die liberale Weltordnung bestimmen, erwiesen sich als Irrglaube. Und falsch war auch die Annahme, wirtschaftlich erfolgreiche demokratische Gesellschaften würden weit weniger an Kriegen interessiert sein als autoritäre Regime, weshalb sich die Welt weitgehend friedlich entwickeln würde. Zugespitzt formuliert: So wie marxistische Ideologen einst den weltweiten Sieg des Kommunismus naturgesetzlich vorhergesagt hatten, taten dies mit umgekehrten Vorzeichen nun die liberal-demokratischen Kräfte.

Nicht nur in Deutschland wurden in der Folge erhebliche Summen im Verteidigungsetat eingespart, die als »Friedensdividende« für andere gesellschaftliche Aufgaben umgewidmet wurden. So schrumpfte die Personalstärke der Bundeswehr von 495 000 Soldaten im Jahr 1988 auf 294 000 im Jahr 2002 und auf 178 000 im Jahr 2017. Die Bundeswehrreform des damaligen Verteidigungsministers Karl Theodor zu Guttenberg (CSU) sollte in der veränderten Auftragslage weg von der territorial orientierten Landesverteidigung hin zu einer Armee im »out of area-Einsatz« führen und damit fünf Milliarden Euro pro Jahr einsparen. Der aktuell so häufig beklagte Zustand der Bundeswehr als »bedingt einsatzbereit« hat in dieser gescheiterten Reform einen wichtigen Grund.

Der Zusammenbruch der Sowjetunion leitete eine »wertegeleitete Außenpolitik« ein. Die Weltordnung 2.0 war von einer weitgehend durch die USA dominierten unipolaren Welt geprägt. Russlands außen- und militärpolitische Bedeutung ging in dieser Phase drastisch zurück, was den ehemaligen US-Präsidenten Barack Obama zu seiner abschätzigen Bemerkung von der »Regionalmacht« veranlasste. Es verlor fast alle seine alten Einflussgebiete in Europa, Afrika, Asien und Lateinamerika. Der Fall des Eisernen Vorhangs beflügelte zugleich den Welthandel. Der liberale Kapitalismus trat seinen bis heute unaufhaltsamen Siegeszug an. Der globale Warenexport stieg zwischen 1990 und 2000 um knapp 90 Prozent. Zugleich nahmen dabei auch die Migrationsbewegungen zu. Die Vereinten Nationen registrierten 1990 über 154 Millionen Menschen als Migranten, im Jahr 2000 waren es bereits 175 Millionen, 2013 lag die Zahl bei 232 Millionen Menschen.

War es während des Kalten Krieges die Gegnerschaft zum kommunistischen Sowjetimperium, der die freie Welt zusammenhielt, wurden nun die Werte des Westens zum einigenden Band. Die Wahrung der Menschenrechte und die Verbreitung der Demokratie erhielten einen völlig neuen Stellenwert. Gaben bis dahin machtpolitische Motive den Ausschlag für eine militärische Intervention, wurden nun idealistische und universelle Ziele zur Rechtfertigung der Besetzung eines Landes mit militärischer Gewalt formuliert: der Aufbau einer besseren Ordnung und die Durchsetzung der Menschenrechte. In den USA dominierte diese moralisch-idealistische geprägte Außenpolitik in der liberalen Variante unter Bill Clinton ebenso wie in der konservativen unter George W. Bush. Dessen Vater, George Bush Senior, war als US-Präsident im ersten Irakkrieg zur Befreiung Kuweits noch vorsichtiger und verzichtete trotz militärischer Erfolge gegen Saddam Hussein auf einem Regimewechsel in Bagdad.

Das *Nation Building* war in dieser Phase kein Deckname für in Wahrheit weiterhin machtpolitisch motivierte Interventionen, sondern entsprach einem verbreiteten Bedürfnis, großflächigen Gewaltakten nicht einfach tatenlos zuzusehen. Die humanitäre Intervention in Somalia 1992, die Beendigung der Balkankriege um Bosnien-Herzegowina im gleichen Jahr, die friedenserhaltende Mission in Ruanda 1993 und selbst der Einsatz in Afghanistan 2001 und im zweiten Irakkrieg 2003 folgten diesen scheinbar idealistischen Zielsetzungen. Doch die Intervention gegen die Basis islamistischen Terrors entsprach auch einer Selbstbehauptungslogik der USA und ihrer Koalitionspartner als Reaktion auf die Terroranschläge am 11. September 2001 in New York. In keinem der anderen oben genannten Länder fanden sich gewichtige machtpolitische Gründe zur Intervention, sondern im Wesentlichen idealistische.

Die in diesen Einsätzen erlittenen Fehlschläge, etwa in Somalia und Ruanda, bei denen die UNO-Blauhelme dem Massenmord tatenlos zusehen mussten, weil ihr Mandat nicht zur Intervention berechtigte, führten schließlich zur »*Responsibility to Protect*«, der Schutzverantwortung der Internationalen Gemeinschaft. Damit wurde eine völkerrechtliche Grundlage für »robuste« militärische Eingriffe in Konflikten geschaffen, die von schwerwiegenden Menschenrechtsverletzungen geprägt wurden.

Auf dieser Basis autorisierte der Sicherheitsrat der Vereinten Nationen in der Diskussion um ein militärisches Eingreifen der Staatenwelt in Libyen 2011 erstmals ein militärisches Eingreifen in einen inneren Konflikt. Damit konnte eine Flugverbotszone zum Schutz der Zivilbevölkerung in Libyen eingerichtet werden, mit der die Luftwaffe des libyschen Diktators Muhammar al Gaddafi gehindert wurde, die regierungsfeindlichen Rebellen zu bekämpfen.

Die insgesamt gemischten Erfahrungen mit all diesen Einsätzen führten am Beginn des syrischen Bürgerkriegs dazu, dass sich der Westen nicht zu einer Beteiligung – etwa durch eine Flugverbotszone – bereit fand. Das heutige Ergebnis zeigt: Beides, Interventionen und Nicht-Interventionen können sich als Fehlentscheidungen erweisen, deren moralische und materielle Kosten enorm sind. Rückblickend wäre die frühzeitige Durchsetzung einer Flugverbotszone im syrischen Krieg sicher besser gewesen.

Der neue Multilateralismus à la carte

Die Vereinigten Staaten verlassen die von ihnen selbst geschaffene internationale Architektur der liberalen Weltordnung. Sie folgen einem rigorosen Kosten-Nutzen-Kalkül, bei dem sie erstmals nach dem Zweiten Weltkrieg die Vorteile, die für sie aus der Aufrechterhaltung ihrer internationalen Rolle erwachsen, nicht mehr als ausreichend ansehen, um die damit verbundenen Kosten zu rechtfertigen.

Der damals neu berufene US-Außenminister Rex Tillerson hatte das in einem Vier-Augen-Gespräch am Rande des G7-Gipfels im italienischen Lucca im April 2017 kurz und bündig auf den Punkt gebracht. Auf meine Frage, ob es denn zur Lösung der Ukraine-Krise neue amerikanische Initiativen geben werde, antwortete er: »Das ist euer Problem. Das müsst ihr alleine lösen.« Zwar hat sich diese Haltung der neuen US-Administration im Laufe des folgenden Jahres wieder gewandelt, zeigt aber schlaglichtartig, dass sich die Vereinigten Staaten nicht mehr zwangsläufig als berechenbarer Partner ihrer europäischen Verbündeten sehen. Es hat mich deshalb auch nicht überrascht, dass US-Präsident Trump ohne jede vorherige Rücksprache mit seinen Verbündeten auf dem G7-Gipfel in Kanada die Rückkehr zum G8-Format unter Einschluss Russlands öffentlich vorschlug.

Das hat gewaltige Konsequenzen für Europa, denn damit droht auseinanderzubrechen, was wir bislang den »Westen« genannt haben: Im Kern ein Bündnis zwischen Europa und den USA, zu dem auch Länder wie Kanada, Australien und Japan gehören. Was wir über Jahrzehnte für selbstverständlich hielten, ist ungewiss geworden. Die neue wirtschaftliche und auch militärische Präsenz Chinas, das Gefühl eines *imperial overstrech* in den USA, die Rückkehr Russlands als internationaler Akteur und auch die negativen Auswirkungen der Globalisierung relativierte in den letzten Jahren die stark wertegeleitete Außenpolitik des Westens. Nicht die Rückkehr in die frühere Politik der Einflusszonen aus der Weltordnung 1.0, aber doch eine realistischere Betrachtung der eigenen Möglichkeiten und Prioritäten ist die Folge. Heute leben wir auch in den westlichen Bündnisstaaten wieder in einer Phase vorwiegend interessegeleiteter Außenpolitik.

Die Euphorie und der Optimismus des »Arabischen Frühlings« sind verschwunden. Wo man den Sturz des ägyptischen Machthabers Hosni Mubarak noch bejubelt hatte, wird heute das autoritäre Regime des neuen ägyptischen Präsidenten geduldet und sogar gefördert, um die Region nicht noch mehr zu destabilisieren. Vor allem das europäische und amerikanische Interesse daran, eine Annäherung Ägyptens an Russland zu verhindern und keine neue und große Quelle für ungesteuerte Migration zu produzieren ist hier entscheidend. In meiner ersten Begegnung mit dem ägyptischen Präsidenten Abd al-Fattah as-Sisi in Deutschland im Jahr 2016 ging es natürlich auch um das Thema Menschenrechte. Nachdem er geduldig meine Klage über die Missachtung grundlegender Freiheits- und Menschenrechte in Ägypten angehört hatte, antwortete er in sehr freundlichem und ruhigem Ton: »Wissen Sie, eigentlich solltet ihr Europäer froh sein, dass ich euch die Arbeit abnehme und diese Leute einsperre. Ohne mich müsstet ihr das selber machen. Und wenn ihr mich nicht stützt: Wie viele Millionen zusätzliche Flüchtlinge möchtet ihr in Europa noch bekommen? Ich schicke ihnen so viele Sie wollen.« Ich war über so viel Offenheit nicht nur verblüfft, sondern muss zugeben, dass sein Hinweis durchaus eine tragische Logik entfaltete.

Und auch in Syrien wollen die westlichen Verbündeten zwar die Terrormiliz des sogenannten Islamischen Staates (IS) bekämpfen, streben aber nicht mehr länger zwangsläufig einen Regimewechsel an. In Nordkorea bieten die USA sogar eine Garantie für das kommunistische System an, falls das Regime in Pjöngjang die Entwicklung eigener Nuklearwaffen stoppt. Und mit Blick auf den Iran hält zumindest Europa an seiner Strategie der Eindämmung (*Containment*) fest und betont keine fundamentale Gegnerschaft zum bestehenden Regime.

Es ist kein Zufall, wenn Historiker in dieser neuen Phase der außenpolitischen Neuorientierung auf die Beispiele des Westfälischen Friedens (1648) und des Wiener Kongresses (1815) verweisen. In beiden Fällen standen die europäischen Ordnungen wegen der extremen politischen und religiösen Auseinandersetzungen beziehungsweise wegen der Napoleonischen Kriege nach der Französischen Revolution vor der Zerstörung. Beide Male wurde das Chaos verhindert, weil sich die Nationalstaaten auf ihre Souveränität und den Grundsatz der Nichteinmischung beriefen. Eine neue Ordnung überwölbte die divergierenden europäischen Politiken. Nicht die Werte bestimmten diese Ordnung, sondern das gemeinsame Interesse, den Frieden aufrechtzuerhalten und die alten Herrschaftsverhältnisse zu restaurieren.

Die Europäische Union ist nach zwei Weltkriegen ein weiterer Versuch, unterschiedliche Interessen zu überwinden und gemeinsam den Frieden zu sichern und wohlhabende und sozial gesicherte Gesellschaften aufzubauen. Allerdings sind die Unterschiede zu heute evident, denn es handelt sich nicht mehr um innereuropäische Angelegenheiten. Eine neue globale Ordnung wird nur dann entstehen, wenn Länder wie China, Russland, aber auch Indien darin ihren angemessenen Platz finden. Zugleich muss sich die Weltgemeinschaft einig werden, wie sie mit Regelverstößen gegen diese Ordnung umgehen will. Andererseits bieten heute die Nutzungsmöglichkeiten von Big Data auch nicht-staatlichen Akteuren große Einflussmöglichkeiten auf nationale und internationale Ordnungen.

China und Russland eint, dass sie anders als die bisherige westliche Welt keinerlei Bindungen an Rechtsstaatlichkeit oder bestimmte Werte von ihren Partnern erwarten. Sie verfolgen mit ihren Partnerschaften zu anderen Ländern und Regionen ihre nationalen Interessen. Im Gegensatz zu Russland verbindet China dabei keine konfrontative Strategie. Dafür setzt das Land die eigene geoökonomische Macht inzwischen sehr gezielt und zentral ein. Beide Staaten streben einen »Multilateralismus à la carte« an: So viele internationale Regeln wie zur Absicherung eigener Interessen nötig, so viel Regelungebundenheit wie möglich, um die eigene Handlungsfreiheit hoch zu halten. Europa und die USA verlieren jedenfalls angesichts des Aufstiegs Chinas und sicher bald auch Indiens zwangsläufig an Einfluss und Bedeutung. Erst langsam bildet sich in unseren Gesellschaften ein Bewusstsein über diese epochale tektonische Machtverschiebung heraus.

Bemerkenswert und besorgniserregend ist dabei die Nähe russischer und chinesischer Konzepte zu der neuen Nationalen Sicherheitsstrategie der USA unter Präsident Trump: Diese fordert starke Nationalstaaten, die untereinander verbindliche Verabredungen miteinander treffen – »*bilateral Deals*« – statt internationale verbindliche Regeln. Die bisherigen von den USA geprägten Weltordnungen 1.0 und 2.0 standen für eine regelbasierte Ordnung (*liberal order*), an der alle Staaten ihr Handeln ausrichten sollten.

Besonders dramatisch ist auch die Missachtung grundlegender Regeln der internationalen Politik durch die gegenwärtige US-Administration. Der amerikanische Präsident hat einen Rechtsgrundsatz infrage gestellt, der jedoch als zentrale Grundlage dienen muss, um in den internationalen Beziehungen Vertrauen zu schaffen: *Pacta sunt servanda.* Alle Staaten halten sich an einmal geschlossene Verträge. Diese werden schließlich nicht nicht von Parteien geschlossen, sondern von Regierungen. Eben dieses Prinzip hat Trump mit seiner einseitigen Kündigung des Atomabkommens mit dem Iran gebrochen. Der Hintergrund ist leicht zu erkennen: Sein Interesse ist ausschließlich die Innenpolitik, es geht um den Beifall der eigenen Wählerschaft, nicht um internationale politische Stabilität.

Wie wenig es um das Atomabkommen selbst geht und wie sehr die innenpolitischen Verletzungen und Erinnerungen der USA im Verhältnis zum schiitischen Nachfolgestaat des einstigen Persiens dominieren, zeigte die Kontroverse zwischen US-Außenminister Rex Tillerson und seinem iranischen Counterpart Mohammed Javad Zarif.

Am Rande der UN-Vollversammlung in New York im September 2017 traf sich der JCPOA (*The Joint Comprehensive Plan of Action*). Teilnehmer dieses gemeinsamen umfassenden Aktionsplanes waren die Verhandlungspartner des Atomabkommens China, Russland, Großbritannien, Frankreich, Deutschland, die EU sowie die USA und der Iran. Die Außenminister dieser Staaten sprachen in einem kleinen Raum des UN-Hauptgebäudes über die Zukunft des Abkommens. Präsident Trump hatte zuvor mehrfach mit der einseitigen Kündigung durch die USA gedroht.

Erstmals traf der welterfahrene ehemalige Exxon-Manager Tillerson auf einen staatlichen Repräsentanten des Iran. Es dauerte nicht lange, da brach es aus dem sonst sehr ruhigen Tillerson heraus: Er könne sich noch gut an die Besetzung der US-Botschaft in Teheran im Jahre 1979 erinnern und vermutlich müsse erst eine neue Generation kommen, die in der Lage sei, das zu vergessen und mit dem Iran ein besseres Verhältnis zu entwickeln. Zarif antwortete höflich, aber bestimmt: Er und alle anderen im Iran hätten nicht vergessen, dass die USA und ihre westlichen Verbündeten stillschweigend den Giftgaseinsatz des Irak unter Saddam Hussein gegen den Iran im Jahr 1988 geduldet hätten. In den Debatten über das JCPOA ging und geht es um weit mehr als um ein Abkommen zur Verhinderung einer Nuklearwaffenfähigkeit. Zwischen den USA und dem Iran steht noch immer »das Reich des Bösen«, zu dem sich beide Staaten gegenseitig seit der iranischen Revolution 1979 erklärt haben. Diese nationalen Erzählungen bestimmen die gegenseitige Wahrnehmung. Und für Trump war diese Betrachtungsweise Teil seiner innenpolitischen Inszenierung vor und nach seinem Präsidentschaftswahlkampf.

Die Einhaltung internationaler Verträge darf nicht von Wahlen abhängen. Die Berechenbarkeit von Staaten ist für die internationale Politik, die Beseitigung von Konflikten und für die Sicherung des Friedens wichtiger als alles andere. In Europa brachen neue Kriege nach dem Westfälischen Frieden, dem Wiener Kongress und nach dem Ersten Weltkrieg immer dann aus, wenn sich ein Land allein für so stark hielt, dass es keine Rücksicht mehr auf einst geschlossene Verabredungen mehr nehmen zu müssen glaubte. Oft genug hat Deutschland so unverantwortlich gehandelt. Deshalb galten nach dem Zweiten Weltkrieg für uns Deutsche das »Nie wieder« und vor allem das »Nie wieder allein«. Die internationale Ordnung sollte auf die Stärke des Rechts und nicht auf das Recht des Stärkeren setzen. Das war die universelle Botschaft des Westens mit seiner Führungsmacht USA.

Für den heutigen US-Präsidenten ist das offenbar nicht mehr gültig. Das macht die Politik der Supermacht USA zum ersten Mal unberechenbar. Unsere Welt ist deshalb unsicherer und instabiler geworden. Warum soll jetzt der nordkoreanische Diktator einen Vertrag mit den USA über die atomare Abrüstung schließen, wenn er nicht sicher sein kann, ob sich eine US-Regierung morgen noch daran hält? Hoffentlich, weil China ihm klar macht, dass er sich auf Dauer ohne chinesische Unterstützung nicht wird halten können. Der Welt droht ein neues und unkontrolliertes nukleares Wettrüsten, gegen das der Kalte Krieg zwischen Ost und West wie ein hoch rationales und berechenbares Planspiel erscheinen muss.

Die Frage nach der künftigen Weltordnung stellt sich vor allem, weil Amerikas Macht und Ressourcen relativ geschrumpft sind, während andere Mächte wie Russland, China oder der Iran ihre Ziele konsequent verfolgen und sich weiterentwickelt haben. Vor allem für Europa bringt diese Entwicklung Probleme mit sich. Während die USA in der noch nicht wieder geordneten Welt auf absehbare Zeit die stärkste Kraft bleiben, verliert Europa abseits der eigenen Identitätskrise, der ungelösten inneren Differenzen und des drohenden Brexit seine Sonderstellung. Gerade Westeuropa profitierte über Jahrzehnte nicht nur von der amerikanischen Sicherheitsgarantie, sondern auch von der wirtschaftlichen Prosperität und den Ressourcen der Vereinigten Staaten.

Russlands aggressive Haltung und der ungelöste Konflikt mit der Ukraine, Afrika als demografische Zeitbombe, die Konflikte in der Türkei, im Nahen Osten und der Krieg um Syrien sind Alarmsignale: An allen außenpolitischen Fronten sieht sich Europa derzeit bedroht. Es zeigt sich, dass auch in Zeiten der Globalisierung und der Digitalisierung die Geografie das Schicksal bestimmt – im Guten wie im Schwierigen.

Die Welt im Krisenmodus

Auf der Suche nach einer neuen globalen Ordnung beherrschen Unsicherheit und Chaos die internationale Szene, wächst das Risiko innerstaatlicher und zwischenstaatlicher Konflikte, bedrohen terroristische Akteure die rechtsstaatlichen Garantien demokratischer Staaten. Die liberale Staatenwelt des Westens ist mit autoritären Gegenkräften konfrontiert und in der Defensive. Jürgen Habermas hat bereits vor über 30 Jahren von einer »neuen deutschen Unübersichtlichkeit« gesprochen. Jetzt ist sie global. Wir sind Zeugen einer geschichtlichen Regression, wir erleben einen neuen, von Populisten und Isolationisten geschürten Nationalismus und wir stoßen auf Abschottungsversuche beim freien Austausch von Waren und Gütern.

Verschärft wird dieser Prozess durch Gegenbewegungen zu den Trends der Globalisierung und Demokratisierung, die lange dominierten. Bewährte Prinzipien und Grundlagen der internationalen Beziehungen wie der Multilateralismus, das Völkerrecht und die universelle Gültigkeit der Menschenrechte werden infrage gestellt – von manchen Staaten eher unbekümmert, von anderen eher unverfroren. So werden die Grundlagen von Sicherheit und Wohlstand riskiert, die Gefahr von Handelskriegen, Rüstungswettläufen und bewaffneten Konflikten steigt. Die demografische Diskrepanz zwischen dem schrumpfenden Norden und dem wachsenden Süden sowie die Folgen des Klimawandels geben allen Anlass zur Sorge. Die Migrations- und Fluchtbewegungen beherrschen das Kalkül der westlichen Staaten und prägen das politische Bewusstsein.

Das weltpolitische Umfeld verändert sich derart schnell und gravierend, dass selbst eine weitaus einigere Europäische Union es nicht leicht hätte, darin zu bestehen.

Zwar ist die Bevölkerungsanzahl der EU-28 zwischen 1960 und 2015 von knapp 407 Millionen auf 508 Millionen Menschen gestiegen, der globale Anteil ist jedoch gesunken: 1960 machten die Europäer noch 13,5 Prozent der Weltbevölkerung aus, 2015 hingegen nur noch 6,9 Prozent. Staaten wie Indien, Pakistan, Nigeria und Brasilien haben ihre Bevölkerungsanzahl hingegen binnen weniger Jahrzehnte vervielfacht.

Mit dieser demografischen Entwicklung ging für Europa auch eine bedenkliche volkswirtschaftliche Tendenz einher – ein schrumpfender Anteil der globalen Wertschöpfung. 1970 generierten die 28 heutigen EU-Staaten noch 37,8 Prozent des weltweiten Bruttoinlandsprodukts, 2015 war der Anteil auf 26,3 Prozent gesunken. Zugleich erlebte die Welt den fulminanten Aufstieg Chinas: 1970 war es weniger als ein Prozent des globalen Bruttoinlandsprodukts, 2015 bereits ein Zehntel.

Über Jahrzehnte haben wir insbesondere China als Absatzmarkt für unsere Waren gesehen, als preiswerte Produktionsstätte und verlängerte Werkbank. Heute ist die größte Handelsmacht und aktuell zweitgrößte Volkswirtschaft der Erde ein Technologieexporteur. Asiatische Staaten sind nicht nur Handelspartner, sie sind längst Mitbewerber auf den Weltmärkten. Und sie wollen unsere globalisierte Welt auch politisch mitgestalten.

Die Entwicklung einer globalen und Daten getriebenen Ökonomie setzt die klassischen industriellen Erfolgsmodelle Europas – und hier insbesondere Deutschlands – in einem bislang nie gekannten Ausmaß unter massiven Wettbewerbsdruck. Was sich hier hinter Begriffen wie »disruptiv«, »Digitalisierung der Arbeitswelt« oder »künstliche Intelligenz« verbirgt, meint nicht weniger als den Abschied von allen bei uns bislang dominierenden wirtschaftlichen Erfolgsfaktoren. Die zersplitterte europäische Forschungs- und Investitionslandschaft behindert uns massiv, bei dieser veränderten globalen Wirtschaftsdynamik mitzuhalten.

Wir beobachten derzeit immer weniger zwischenstaatliche bewaffnete Konflikte. Stattdessen bestimmen innerstaatliche bewaffnete Auseinandersetzungen und terroristische Anschläge unterschiedlicher Akteure, zum Beispiel die Bürgerkriege in Syrien, im Jemen, im Kongo und in Mali das Bild. Oder aber hybride und asymmetrische Kriege wie in der Ostukraine, die unerklärt bleiben und als schwelende Konflikte fortwirken, ohne die Perspektive einer Lösung zu eröffnen. Und schließlich die computergesteuerten Konflikte, die unter dem Namen *Cyber War* figurieren: In einer Mischung aus technologischen, medialen und geheimdienstlichen Mitteln, mit gezielten Desinformationen und *Fake News* lassen sich Wahlen beeinflussen oder ganze Gesellschaften destabilisieren – etwa bei einem der ständig wachsenden Hacker-Angriffe auf Firmen oder auf staatliche Versorgungssysteme. In einem Schattenreich der Globalisierung trägt die rapide wachsende internationale Kriminalität zur Fragmentierung der Sicherheitsarchitektur bei und verursacht damit Schäden, die Interpol auf jährlich bis zu 4,8 Billionen US-Dollar beziffert.

Auch den Terrorismus haben wir nicht besiegt. Dieser Kampf lässt sich nicht allein mit militärischen Mitteln und Repression gewinnen. Langfristig werden wir nur erfolgreich sein, wenn wir vielen jungen Leuten in unserer südlichen Nachbarschaft Bildungs- und Zukunftschancen eröffnen – zum Beispiel in Afrika. Nur mit mehr Schulen, Berufsausbildung und Hochschulen lassen sich dort jene »Fluchtursachen« bekämpfen, die manche Politiker gern im Mund führen, wenn sie über den Exodus aus Afrika klagen. Die Welt ist weit davon entfernt, für alle Menschen nur das Überleben zu sichern. 1,4 Millionen Kinder sind akut vom Hungertod bedroht. Allein die Zahl zeigt, dass wir zu wenig tun und die Ansätze unserer Entwicklungspolitik weitgehend versagt haben.

Im Zentrum des Orkans herrscht Windstille. So kommt man sich in Deutschland derzeit vor. Da beschäftigt sich die Bundesregierung mit der richtigen Formulierung für das »dritte Geschlecht«, macht aus dem Bundeshaushalt einen Selbstbedienungsladen für die Länderhaushalte und überlässt Europa dem französischen Präsidenten. In Wahrheit toben außerhalb Europas Stürme und Orkane. Die Selbstbezogenheit unserer Politik wird sich nicht dauerhaft im windstillen Zentrum der Weltpolitik verstecken können. Eher besteht die

Gefahr, dass wir in die Peripherie dieses globalen Sturms geraten und mitgerissen werden.

Der Erosionsprozess, der die gegenwärtige Weltunordnung begleitet und das Gefühl vermittelt, in einem permanenten Ausnahmezustand zu leben, schafft ein Vakuum, das neue, aufstrebende Mächte zu füllen suchen. Allen voran China. Sichtbares Symbol ist die »Neue Seidenstraße«. Aber auch andere Mächte drängen in das Vakuum, das die USA und mit ihnen der Westen hinterlassen. Russland, Iran und die Türkei zeigen gerade in Syrien, dass wir Europäer – mal abgesehen von Nebenrollen der beiden Sicherheitsratsmitglieder Frankreich und Großbritannien – zu vernachlässigende Akteure sind, wenn es um die Neuordnung dieses Landes geht. Auch in den anderen Brandherden des Nahen Ostens spielen wir Europäer keine oder nur eine Nebenrolle: Im Konflikt Saudi-Arabiens mit dem Iran, im Konflikt am Golf, im Jemen und leider auch im Israel-Palästina-Konflikt, stehen wir an der Seitenlinie. Wir Europäer und insbesondere wir Deutsche halten stattdessen Vorträge, beklagen die Lage und fordern die Achtung des Völkerrechts ein, während andere die Machtachsen der Region entschlossen verschieben.

Afrika etwa wird in absehbarer Zeit seine Bevölkerung auf drei Milliarden Menschen verdoppelt haben. In dieser unmittelbaren Nachbarschaft schwindet der europäische Einfluss aber eher, als dass er wächst. Hier investiert China seit Jahren in Infrastruktur, Rohstoffvorkommen und auch in Bildung. Während wir Europäer in Afrika vorwiegend die Probleme sehen und unser Engagement dort vor allem als Bollwerk gegen eine wachsende Flutwelle von Flüchtlingen interpretieren, erreicht kein einziger afrikanischer Flüchtling China.

Lange hat der permanente Krisenmodus vor allem Staunen erweckt. Mittlerweile lassen sich Muster erkennen, die besorgniserregend sind. Der Zerfall von Staaten in unserer Nachbarschaft lässt grenzüberschreitende Konflikte, die ganze Regionen destabilisieren, drastisch anwachsen. Das Zerbröseln der staatlichen Strukturen (*failed states*), etwa in Libyen oder im Jemen, zerstört dort die gesellschaftliche Integrität und die moralische Ordnung. Gleichzeitig agieren aufstrebende Staaten wie China oder Indien, aber auch die Autokratien in Russland, der Türkei, Saudi-Arabien und Iran derart, dass tradierte Strukturen und regionale Machtgefüge ins Rutschen geraten. Die gewaltsamen Konflikte provozieren weitere zahlreiche Krisen, sie lösen Flüchtlingsströme aus.

Wir werden lernen müssen, in »Krisenlandschaften« zu denken, rät Volker Perthes, der Direktor der Stiftung Wissenschaft und Politik, und wir müssen uns in Deutschland wieder als Teil solcher Krisenlandschaften verstehen.[8] So ist der Krieg in Syrien keine nur außen- und sicherheitspolitische Bürde. Dieser Konflikt ist längst über die nationalen Grenzen hinausgewachsen und berührt unsere Beziehungen zu Russland oder Iran genauso wie zu Israel und den USA. Und er ist ebenso wie unser seit 17 Jahren währender militärischer Einsatz in Afghanistan eine erhebliche Herausforderung für unsere innere Sicherheit und die europäische Integration.

Eine riesige Gefahr in dieser aus den Fugen geratenen Welt ist die wachsende nukleare Bedrohung. Immer mehr Staaten verfügen über Atomwaffen – oder streben dies an. Die ungelösten Konflikte um das iranische Atomprogramm und der Streit um die Denuklearisierung der koreanischen Halbinsel bergen alle Risiken einer kriegerischen Auseinandersetzung, solange keine diplomatischen Lösungen gefunden wurden.

Abrüstung und Rüstungskontrolle stehen nicht mehr auf der internationalen Agenda, im Gegenteil: Die Atommächte forcieren ihre nuklearen Rüstungsprogramme. Mit der »*Nuclear Posture Review*« (NPR) überprüfen und modernisieren die USA ihre Kernwaffen. Ihre Militärstrategen versuchen allen Ernstes »einsetzbare« Optionen zu schaffen. Parallel dazu baut Amerika sein weltweites Raketenabwehrsystem weiter aus, das aus Moskauer Sicht die russische Zweitschlagkapazität auszuschalten droht. Als Konsequenz rüstet Russland sein strategisches nukleares Arsenal mit völlig neuen

Waffensystemen aus. Beide Seiten setzen auf Kapazitäten, die der jeweils anderen Seite überlegen sein sollen.

Wenn wir die Summe der Veränderungen in der Welt wirklich verstehen wollen, müssen wir zunächst unsere eigenen Messinstrumente justieren. Denn diese sind zu großen Teilen noch auf Wunschdenken geeicht und nicht auf die Wirklichkeit. Wir müssen erkennen, dass die tektonischen Verschiebungen nicht automatisch Europa, den alten Kontinent, als Gewinner aus diesen globalen Entwicklungen hervorgehen lassen. »Globale Herausforderungen erfordern globale Lösungen« – das war das Mantra der Nullerjahre, als der Transnationalismus seinen Höhenflug erlebte. Allerdings nur in der westlichen Welt.

China und Russland beispielsweise dachten schon damals in den Kategorien nationaler Stärke. Ihre jeweiligen Plädoyers für einen Multilateralismus »à la chine« oder »à la russe« sollte ihre autoritären Gesellschafts- und Ordnungsvorstellungen rechtfertigen und richtete sich damit vor allem gegen westliche Werte. Diese westlichen Werte beinhalten ja gerade keine geografisch auf die westliche Welt beschränkte Vorstellung von Freiheit, Demokratie und Menschenrechten, sondern erheben einen universellen Anspruch. Während der westliche Begriff von Multilateralismus also vor allem darauf abhob, für alle verbindliche Regeln zu schaffen, friedliche Konfliktbeilegung zu ermöglichen und gemeinsame Grundlagen für die internationale Politik zu schaffen, diente der gleiche Begriff in den autoritären Staaten der Abwehr der westlichen Vorstellungen von universellen Werten. Nur das Wort ist gleich, nicht der Inhalt.

Das eigentlich Verstörende ist, dass sich auch die USA als Führungsnation von der westlichen Idee des Multilateralismus zu verabschieden scheinen. Und wenn Amerika sich davon entfernt, kann man von den konkurrierenden Staaten kaum verlangen, dass sie sich unsere Vorstellung von Multilateralismus zu Eigen machen. »*Take Back Control*« und »*Make America Great Again*« gibt es jetzt auch in den Varianten »*Make Russia Great Again*«, »*Make China Great*

Again« oder »*Make Turkey Great Again*«. Das sind die Schlachtrufe unserer Zeit. Als wäre eine »Internationale der Autokraten« am Werk.

Die Kehrseite der Globalisierung

Die Rückbesinnung auf die Grenzen und auf die vermeintliche Stärke des Nationalstaats verheißt mit wohlfeilem Pathos einfache Lösungen. Diese Sehnsucht wird auch innenpolitisch benutzt. Dort wird für die wachsende Kluft zwischen Arm und Reich pauschal die Globalisierung verantwortlich gemacht und der wohlige Nationalstaat als Heilmittel angepriesen.

In der Tat, die Globalisierung bedeutet nicht für jeden eine Verbesserung seiner Lebensumstände. Das Versprechen der Globalisierung – mehr Wohlstand für alle durch mehr Handel und Vernetzung – hat sich für zu viele Menschen nicht erfüllt. Gleichzeitig hängt die Bedrohung des Welthandelssystems, wie wir es kannten, eng mit der Verschiebung der politischen Kräfte in der Welt zusammen. Die Bruchlinien der Weltwirtschaftsordnung sind kein Zufallsprodukt. Larry Summers, der frühere Chefökonom der Weltbank, verlangt deshalb einen »verantwortlichen Nationalismus« und stärkere Gewerkschaften im digitalen Zeitalter.[9]

Für Paul Krugman, den klugen amerikanischen Ökonomen und Nobelpreisträger, ist Globalisierung ebenfalls mitverantwortlich für die wachsende soziale Ungleichheit. Sie habe längst die Mittelschichten erreicht. Denn die verschärfe zwischenstaatliche wie innergesellschaftliche Konkurrenz gefährde den Zusammenhalt und verdränge die Solidarität. Die entgrenzte Globalisierung sei verantwortlich für die wachsende Kluft bei den Vermögensverhältnissen, bei der weitgehend unkontrollierten Rolle der Finanzmärkte, bei der neoliberalen Wende, dem Kontrollverlust staatlicher Institutionen und der Freisetzung wutbürgerlicher Kräfte.

Der Ökonom Branko Milanović verdeutlicht in seiner Forschung vor allem die Krise der westlichen Mittelschicht auf eindrückliche Art und Weise. Milanović fand heraus, dass zwischen den Jahren 1988 und 2008 weltweit Reallöhne vor allem in Schwellenländern um bis zu 80 Prozent gestiegen sind, in der westlichen Mittelschicht jedoch nahezu stagnierten – das oberste Prozent der Welt konnte sein Einkommen hingegen um knapp 70 Prozent erhöhen, die Ärmsten der Welt nur geringe Einkommenszuwächse verbuchen.[10] Während die Globalisierung Millionen Menschen aus der Armut hievte, erhöhten sich zugleich die innerstaatlichen Ungleichheiten, und die Mittelschicht Westeuropas und Nordamerikas erlebte keinen finanziellen Fortschritt.

Gepaart mit der jahrzehntelangen Weltanschauung der Postmoderne, deren Credo »*Anything goes*« ist, ist es kaum verwunderlich, dass bei vielen Menschen die Sehnsucht nach staatlicher Ordnung, Klarheit, Hierarchie und Verantwortung wächst. Selbst in bislang gefestigten Gesellschaften greifen autoritäre Tendenzen um sich. Wir treffen vielerorts auf eine »Faszination des Autoritären«. Vielfalt und Individualität, Gleichstellung und Inklusion werden von den Rattenfängern populistischer Parteien als Ausdruck übertriebener »politischer Korrektheit« diffamiert und in Frage gestellt. Die Wirkung ihrer perfiden Kampfansagen reicht bis tief ins bürgerliche Spektrum.

Die liberalen Eliten der westlichen Demokratien laufen Gefahr, in ihren oft selbstbezogenen Diskursen dieses gesellschaftliche Bedürfnis nach Klarheit und Ordnung zu unterschätzen. Man muss nicht nur den sozialdemokratischen Parteien mehr Materialismus und weniger postmodernen Idealismus empfehlen.

EXKURS: Die Attraktivität der Autoritären

Der alte Kontinent sieht sich im Wettstreit mit autoritären oder populistischen Regierungsformen und »illiberalen Demokratien«

konfrontiert, die nur scheinbar schneller und effizienter auf die Probleme der Globalisierung reagieren. Immer häufiger werden wir gefragt, ob denn eigentlich unser demokratisches System noch wettbewerbsfähig sei mit den aufstrebenden autoritären Modellen. Dort werde schneller entschieden, schneller gebaut, schneller und vor allem größer gedacht, geplant und realisiert. »Bevor Ihr bei uns auch nur einen Radweg gebaut hättet, wird China unser ganzes Land mit Straßen, Schienen und Häfen entwickelt haben«, beklagte ein afrikanischer Staatschef 2017 beim Deutschen Afrika-Gipfel die Langsamkeit Europas. Und auch bei uns fragen Wirtschaftsvertreter hinter vorgehaltener Hand, ob denn die Chinesen nicht wirklich effizienter seien als wir Deutschen. Die Output-Orientierung wirkt attraktiver als unsere Input-Orientierung, bei der wir Demokratie, Freiheit und Liberalität als Voraussetzung für dauerhaften wirtschaftlichen Erfolg hochhalten.

Abgesehen davon, dass die Gesundheits- und Umweltschäden Chinas ebenso viele Widerstände auslösen wie die massive Korruption, die große Teile des wirtschaftlichen Wachstums wieder zerstört, darf man vor der wachsenden Anziehungskraft autoritärer Modelle nicht die Augen verschließen. Wir müssen schlicht besser werden. Die Schienenverkehrsverbindung von Belgrad nach Budapest wird von China gebaut, weil wir Europäer dazu nicht in angemessenen Zeiträumen und ausreichender Finanzierung in der Lage sind.

Die Attraktivität der Autoritären hat aber noch andere, tiefer liegende Gründe. Wer die Lage in Europa nüchtern analysiert, wird schnell merken: Es sind nicht neuer Nationalismus oder Populismus, die Europa bedrohen, sondern unsere eigene Unfähigkeit, angemessene Antworten auf die Herausforderungen unserer Zeit zu geben. Erst dieses politische Vakuum ermöglicht es Populisten und neuen Nationalisten, ihre Propaganda-Phrasen in Europas Gesellschaften zu verankern.

Die nationalen und populistischen Bewegungen erhalten sogar Zulauf dort, wo die wirtschaftliche und soziale Lage wie in Deutschland relativ gut und stabil ist. Es muss etwas anderes sein, was die Wählerinnen und Wähler den Populisten in die Arme treibt. Etwas, was sogar dann noch wirkt, wenn diese Populisten wie in den USA eine Politik realisieren, die den materiellen Interessen ihrer Wählerinnen und Wähler entgegen läuft. Denn die weitgehende Entkernung der Gesundheitsreform von Barack Obama durch Donald Trump trifft ja zuerst die wütende und enttäuschte Arbeiterschaft des »*Rust Belts*«, die ihm zuvor zu seiner Mehrheit verholfen hat. Und auch in Europa verhindert der ökonomische Zweckrationalismus nicht mehr, dass große Teile der europäischen Gesellschaften von der Idee der Europäischen Union Abschied nehmen wollen. Was ist es also, was Menschen motiviert, den Nationalisten und Populisten zu folgen?

Der Aufstieg des rechten wie linken Populismus wird oft als Reaktion auf die Errungenschaften der Moderne begriffen, gewissermaßen als antimoderne Auflehnung gegen den Status quo. Ich wage eine Gegenthese, die auf den ersten Blick kurios wirken mag: Der Rechtspopulismus ist keine Gegenbewegung zur klassischen Moderne, sondern Ausdruck einer Sehnsucht nach dieser Moderne. Mithin ist er eher eine Gegenbewegung zur Postmoderne, die Ende des letzten Jahrhunderts entstand.

Der moderne National- und Wohlfahrtsstaat geriet bereits seit den 1990er-Jahren unter Druck. Bereits in den Jahren zuvor verloren die Familie und die bis dahin gesellschaftlich dominante Ordnung der Geschlechterverhältnisse durch Individualisierung und Emanzipation an Kraft und Relevanz. An meiner eigenen Familiengeschichte habe ich erfahren, wie befreiend das wirkte. Aber auch diese Freiheit war eine doppelte: Es verschwanden nicht nur die Autoritären, sondern auch die Autoritäten. Von Lehrern bis zu Polizisten, von Unternehmern bis zu Gewerkschaftsvorsitzenden, vom Sport über die Medien bis zur Kirche. Der Schlachtruf der Postmoderne »*Anything goes*« egalisierte nicht nur, er entzog auch Sicherheit und Orientierung. Die Ablösung dieser nach dem Zweiten Weltkrieg entstandenen Moderne durch die Postmoderne geschah auf breiter Front, und mit einer Dynamik, die ihren französischen Vordenkern niemals in den Sinn gekommen wäre. Sie vollzog sich im Gleichtakt mit einer radikalen Liberalisierung der Wirtschafts- und Lebensverhältnisse, die die letzten 30 Jahre charakterisiert hat. Der Keynesianismus verlor gegenüber dem Neoliberalismus an Boden. So löste der »*Shareholder Value*« in Deutschland den »rheinischen Kapitalismus« ab. Verbindlichkeit und Verbindendes galt auf einmal als Hindernis für die Entfaltung der für den globalen Wettbewerb notwendigen Flexibilität und Mobilität.

Die eigentliche Moderne dagegen hatte sich nach dem Zweiten Weltkrieg vor allem durch klare soziale Spielregeln, in Deutschland etwa durch die soziale Marktwirtschaft, ausgezeichnet. Das sozialdemokratische Aufstiegsversprechen war eines der wichtigsten Kennzeichen dieser Moderne überall auf der Welt, vor allem aber hier in Europa. Und in der Tat war es ja möglich geworden, nationale Bedingungen zu schaffen, die den Kapitalismus zähmten und ihm eine Gemeinwohlorientierung aufzwangen. In eben diese Zeit wünschen sich zunehmend mehr Menschen zurück. Kurioserweise also in eine Zeit, die vor allem durch die Sozialdemokratie und ihre nationalen Erfolge geprägt war. Wären da nicht die rassistischen und antieuropäischen Ausfälle rechter Populisten, könnte man ironisch zugespitzt sagen: Die Anti-Postmoderne sehnt sich nach der guten alten sozialdemokratischen Zeit zurück.

Es ist aber immer weniger möglich, mit nationaler Gesetzgebung den globalen Kapitalismus zu zähmen. Er erpresst die Nationalstaaten mit seiner Daten und Kapital getriebenen Flexibilität. Er sucht sich immer neue preiswerte Standorte mit niedrigen Löhnen, niedrigen Steuern und schwacher Sozial- und Umweltgesetzgebung. Und notfalls weicht er in Steueroasen aus, die in Wahrheit Gerechtigkeitswüsten sind. So gesehen ist der Aufstieg des Rechtspopulismus eine späte Revolte gegen einen Neoliberalismus, der als übersteigert und gefährlich für die Gemeinschaft wahrgenommen wird. Deshalb ist er auch für die Anhänger der Progressiven und Sozialdemokraten so verführerisch. Die Antwort darauf kann deshalb nur darin bestehen, den globalen Kapitalismus im ersten Schritt europäisch und im zweiten auch international zu zähmen. Doch die internationale Zähmung kann nur dann erfolgreich sein, wenn wir die europäische beherzt und schnell anpacken.

Der Zerfall von Familien, Vereinen und anderen Gemeinschaften durch die Atomisierung von Arbeits- und Lebenswelten wird in einem nicht geringen Teil unserer Gesellschaft als traumatischer Abschied von der Moderne begriffen, nicht als ihre Vollendung, wie es manche Vordenker der Grünen und Liberalen sehen. Die offenen Grenzen von 2015 stehen in Deutschland für nicht wenige Menschen deshalb als Sinnbild für die Extremform von »Multikulti«, Diversität und den Verlust jeglicher Ordnung. Sie waren in einem entscheidenden Moment Überforderung von Staat und Gesellschaft gleichermaßen und deshalb ein tiefer Einschnitt in unsere nationale Signatur und Identität. Davon hat sich unser Land noch nicht erhohlt – das zeigen die anhaltenden Debatten der letzten Monate. Wir haben dabei auch lernen müssen, dass es in jeder noch so aufgeklärten Gesellschaft schlafende Dämonen gibt, die wir damit geweckt haben. Wir dürfen diesen Dämonen nicht nachgeben, aber wir dürfen sie auch nicht ignorieren oder unterschätzen. Sie verschwinden nicht von allein. Gewiss sind wir nicht wehrlos und müssen uns auch nicht mit ihren hässlichen Fratzen abfinden, in die wir derzeit täglich blicken müssen. Nur, so zu tun, als gäbe es sie nicht, oder uns mit dem Gefühl moralischer Überlegenheit zufrieden zu geben, wird nicht ausreichen.

Unter den Sympathisanten der Neuen Rechten finden sich viele vormals sozialdemokratische Wählerinnen und Wähler. Diversität, Inklusion, Gleichstellung, Political Correctness – all das sind jetzt Zielscheiben der Neuen Rechten. Sie sind im Kern kein Produkt der klassischen Moderne, sondern einer Postmoderne, die zur radikalen Dekonstruktion der Moderne angetreten war, dabei erstaunliche

Erfolge feierte und jetzt Opfer ihres eigenen Erfolgs wird. Auch die Moderne versprach den Menschen Individualität, Vielfalt, Freiheit und Wohlstand, aber geregelt und in Maßen. Das Übermaß und die Radikalität der Postmoderne sind es, die das Unbehagen nähern.

In der Vergangenheit haben alle liberalen und sozialdemokratischen Parteien Europas bei ihren Antworten auf den globalen Postmodernismus ähnliche Fehler begangen. Auch wir in Deutschland. Wir haben uns eher in unseren nationalen Wirtschaftsdebatten an den Wettbewerbsdruck dieser postmodernen Globalisierung angepasst. Wettbewerbsfähigkeit war uns wichtiger als Löhne und Renten, mit denen man nicht nur leben, sondern gut leben kann, auch wenn die SPD in der letzten Legislaturperiode vieles ins Werk gesetzt hat, um dieser Entwicklung entgegenzuwirken. Hinzu kommt: Auch wir haben uns kulturell als Sozialdemokraten und Progressive oft wohlgefühlt in postmodernen liberalen Debatten. Umwelt- und Klimaschutz war uns manchmal wichtiger als der Erhalt unserer Industriearbeitsplätze, Datenschutz war wichtiger als innere Sicherheit. Und die »Ehe für alle« haben wir in Deutschland fast zum größten sozialdemokratischen Erfolg der letzten Legislaturperiode gekürt.

Weniger emphatisch haben Sozialdemokraten die von ihnen durchgesetzten Mindestlöhne, Rentenerhöhungen oder die Sicherung von Tausenden fair bezahlten Arbeitsplätzen bei einer der großen Einzelhandelsketten als Erfolg gepriesen. Ein Blick auf die Entwicklung der Demokraten in den USA zeigt, wie gefährlich diese Konzentration auf die Themen der Postmoderne sein kann. Wer die Arbeiter des »*Rust Belt*« verliert, dem werden die »Hipster« in Kalifornien auch nicht mehr helfen.

Der sprichwörtliche Stammtisch hat heute ein (scheinbar) linkes Pendant gefunden: Er trägt in den urbanen Zentren keine Knobelbecher und Lodenjacken, sondern im Zweifel einen Hipster-Bart, Jeans und bekämpft den Dieselmotor. Dies ist eine neue Art Stammtisch, den man »die Wohlgesinnten« nennen kann. Sie halten sich für die Inkarnation des Guten, für die Supermänner und -frauen der

Aufklärung. Sie haben die Wahrheit gepachtet, wissen alles über Klima, Geschlechterrollen, russische Geheimdienste und halten Fahrradfahren für eine antikapitalistische Bewegung. Linke Intellektuelle und aufgeklärtes Bürgertum haben in diesem Milieu den gesellschaftskritischen Verstand abgelegt. Alles dreht sich oft nur noch um sich selbst oder ihr Kiez-Kollektiv. Sie ziehen das Gefühl der subjektiven moralischen Größe und Überlegenheit aus ihrer Manufaktum-Kultur und schweben – trunken von sich und ihrer ökologisch einwandfreien Haltung – über den Alltagsdingen. Auf diese Dinge aber kommt es an, wenn man sich ein Urteil erlauben will. Entwickelt man indes eine Haltung ohne Fakten, entsteht daraus sehr schnell eine Gesinnung. Und wir wissen, wohin das führt. Eine Form von Stammtisch ist das insofern auch, als sich hier eine mittlerweile durchaus mehrheitsfähige Geisteshaltung breit gemacht hat, die wirkmächtig ist über ihre kosmopolitischen Milieus hinaus.

Ich weiß, das ist alles sehr holzschnittartig und provokativ. Und ich weiß vor allem, wie zentral Umwelt- und Klimaschutz, Datenschutz und vor allem gleiche Rechte für jedwede Art von Lebensentwürfen sind. Trotzdem müssen wir uns in den sozialdemokratischen und progressiven Bewegungen fragen, ob wir kulturell noch nah genug an den Teilen unserer Gesellschaft dran sind, die mit dem Schlachtruf der Postmoderne »*Anything goes*« weder einverstanden sind noch ihre prekären Lebens- und arbeitslagen berührt sehen. Die sich unwohl, oft nicht mehr heimisch und manchmal auch gefährdet fühlen. Es gibt immer noch weit mehr »*Somewheres*« in unseren europäischen Gesellschaften als die »*Anywheres*«, auf die wir im politischen und medialen Alltag viel zu häufig treffen.

Nach der Unübersichtlichkeit, die uns die Globalisierung auch gebracht hat, leben wir jetzt in einer Zeit der Suche nach Orientierung und Identität. Es ist kein Zufall, dass sich die Vordenker der Rechtsextremen in Europa häufig als »Identitäre Bewegung« bezeichnen. Denn es geht um Identität und Identifizierung. Auch hier hat der britische Historiker Timothy Garton Ash recht, wenn er sagt: »Wir haben das Bedürfnis der Menschen nach Gemeinschaft und Identität vernachlässigt, das sieht man in der Migrations- und Islamdebatte. Und wir haben Solidarität und Gleichheit vernachlässigt, und zwar nicht nur wirtschaftliche Gleichheit, sondern auch die Gleichheit der Aufmerksamkeit und der Chancen. Der Teil unserer Gesellschaften, der zur Uni gegangen ist, fühlt sich gut in einer offenen kosmopolitischen Welt, aber der andere Teil fühlt sich vernachlässigt, marginalisiert, ignoriert, verachtet. Und das ist ein Fehler der liberalen Eliten. (…) Liberale dürfen Begriffe wie Heimat, Heimatliebe, Patriotismus nicht den Rechten und Populisten überlassen, wir müssen sie für uns besetzen. Es gibt auch einen liberalen Patriotismus.«[11]

Die traditionellen demokratischen Parteien werden derzeit jedenfalls eher mit einem unidentifizierbaren Postmodernismus gleichgesetzt. Auch weil es uns bislang nicht gelungen ist, die Errungenschaften der Moderne – soziale Sicherheit, Teilhabe, Solidarität – auch in Zeiten der Globalisierung nachhaltig und im Alltag für alle erlebbar durchzusetzen. Immer noch führen wir in Europa im Wesentlichen nationale Wahlkämpfe, immer noch sind uns nationale Termine wichtiger als internationale Treffen, immer noch lassen wir uns von der Macht des Finanzkapitalismus bei unserer Steuergesetzgebung zu sehr erpressen.

Im Kern müssen sich linke und progressive Parteien in Europa ganz anders aufstellen. Das bedeutet vor allem, die Europäisierung und Internationalisierung unserer politischen Konzepte voranzutreiben. Zusammen mit unseren ganz traditionellen Werten von Freiheit, Solidarität, Gleichheit und Gerechtigkeit können damit erkennbare Differenzen zu allen anderen politischen Wettbewerbern deutlich gemacht werden. Wir brauchen mehr internationale Zusammenarbeit, mehr europäische Zusammenarbeit. Nur so werden wir das zentrale Versprechen der Sozialdemokratie wieder einlösen, nämlich den Kapitalismus zu zähmen und soziale und auf Solidarität ausgerichtete Marktwirtschaften zu erzeugen. Das ist uns Sozialdemokraten im letzten Jahrhundert auf nationaler Ebene gelungen. Jetzt muss es uns in Europa und wenn möglich darüber hinaus gelingen. Dass dieser Weg anstrengend ist, wissen die Sozialdemokraten besser als jede andere Partei in Deutschland. Aber wir wissen auch: Ein besseres Land in einem besseren Europa kommt nicht von allein. Es braucht Kraft, Mut und zielgerichtete Entschlossenheit.

G0-Welt? Modelle einer neuen Ordnung

Welche neue Ordnung unsere Welt finden wird, welche Arbeits- und Lebenswelt wir ansteuern, ist noch nicht zu erkennen. Vieles ist im Fluss, und auch die meisten Akteure tasten sich, um eine chinesische Redensart zu bemühen, in diesem Fluss von Stein zu Stein.

Der amerikanische Politikwissenschaftler Ian Bremmer sieht drei Möglichkeiten für ein neues globales System.[12]

Die G0-Welt ist eine Welt, in der die Macht so breit neu verteilt wird, dass keine eindeutige Führungsrolle mehr zu vergeben ist. Bremmer beschreibt sie so: »Die etablierten Mächte verfügen nicht mehr über die politische und wirtschaftliche Macht, Regeln einzuführen und ihre Einhaltung durchzusetzen oder die Realisierung einer globalen Agenda voranzutreiben.«[13] Man kann das auch eine »Westfälische Ordnung 2.0« nennen, eine Neuauflage des Ringens souveräner Staaten um »Hegemonie und Gleichgewicht«, wie sie die Zeit vom Ende des Dreißigjährigen Kriegs bis nach dem Zweiten Weltkrieg geprägt hat. Für eine Handels- und Mittelmacht wie Deutschland ist ein solches freies Spiel der Kräfte brandgefährlich. Der Schritt in die Regellosigkeit mag manchem gewissermaßen als die Fortsetzung der Individualisierung in den internationalen Beziehungen erscheinen. In Wahrheit würde das die Grundlagen unserer Sicherheit und unseres Wohlstands gefährden.

Die G2-Welt wäre eine Variante neuer bipolarer Ordnung, geprägt durch den Wettstreit zweier Supermächte. An die Stelle der Sowjetunion des Kalten Krieges träte das aufstrebende China. Das

Land stützt sich dabei auf sein aus der Geschichte abgeleitetes Selbstverständnis als Reich der Mitte. Es sieht sich angesichts der Turbulenzen in den USA und Europa bestätigt, das eigene Modell für überlegen zu halten. Angesichts der Wohlstandsversprechen des chinesischen Modells überrascht es nicht, dass sich viele Schwellenländer an China ausrichten.

Die Gx-Welt hätte viele Pole, allerdings wären es weniger als die uns vertraute G20 und wohl auch anders als die kleinen Formate der G7 oder G8. Der entscheidende Unterschied zur G0-Welt wäre die Existenz verbindlicher Regeln und Strukturen, die das Zusammenwirken der Pole eben nicht der jeweiligen Machtbalance und der Kunstfertigkeiten der Metternichs oder Palmerstons des 21. Jahrhunderts zu verdanken hätte. Eine »Mehrpoligkeit« bei gleichzeitiger Ordnungsverbindlichkeit wäre das Markenzeichen dieses Systems.

Europa und Deutschland sollten allerdings nicht zusehen, wie andere die neue Struktur in der Welt entwickeln, sondern ihre eigenen Ideen einbringen und Bündnispartner suchen. Der Ort dafür wird weder die kleine exklusive Welt der führenden Industriestaaten sein noch allein der große Verhandlungsmarktplatz der UNO. So wünschenswert die Vereinten Nationen als Ort des friedlichen Interessenausgleichs und der Regelsetzung auch wären: Die Selbstblockade des Sicherheitsrates und die Schwerfälligkeit des UN-Systems sprechen dagegen.

Die G20 könnten ein neuer Ordnungsfaktor werden. Das jährliche Treffen der 19 großen Wirtschaftsnationen plus der Europäischen Union repräsentiert fast zwei Drittel der Weltbevölkerung, vier Fünftel des weltweiten Bruttoinlandsprodukts und drei Viertel des Welthandels. Und übrigens auch 80 Prozent der weltweiten Treibhausgase.

Allerdings sollten wir das G20-Format nicht in seiner bisherigen technokratischen Form bestehen lassen, bei dem Beamte monatelang Kommuniqués für einen Verhandlungsmarathon vorbereiten, in denen jeder Konflikt glattgeschliffen wird. In der Regel bleiben diese Gipfeltreffen völlig folgenlos. Sie produzieren eine Scheinrealität und einen Scheinkonsens. Am Ende hinterlässt der gewaltige Aufmarsch der Staats- und Regierungschefs den Eindruck, als träfen sich bei G20 die globalen Oligarchen. Als einzige gute Nachricht bleibt, dass man sich überhaupt getroffen hat. Die derzeitige Form eines »Clubs der Mächtigen« befördert eher Verschwörungstheorien und Ohnmachtsgefühle bei den Menschen. Das ist Wasser auf die Mühlen der Nationalisten und Populisten in aller Welt.

Die G20 sind aber auch anders vorstellbar: Als »Parlament des Multilateralismus«. Als »zweite Kammer« neben den Vereinten Nationen. Der UN-Generalsekretär könnte sogar als Unterhändler der nicht vertretenen Staaten und Völker agieren. Tagungsort sollten nicht paramilitärisch bewachte Gastgeberstädte sein, sondern der Sitz der Vereinten Nationen in New York. Ein oder besser zwei Treffen pro Jahr mit offener Diskussion sollte es geben, transparent und nachvollziehbar für die Öffentlichkeit. Die G20 sollten Interessenkonflikte nicht mehr verkleistern, sondern einen offenen multilateralen Dialog über Armut und Fluchtursachen, Rüstungskontrolle, Abrüstung, Klimaschutz, Handel und Digitalisierung ermöglichen. Ein erster Schritt sollte eine Selbstverpflichtung der Staats- und Regierungschefs sein, über die verabredeten Maßnahmen Rechenschaft abzulegen.

Meine Ideen mögen angesichts der verkrusteten Strukturen, der Rituale und der erlebten Folgenlosigkeit der Gipfelbeschlüsse naiv erscheinen. Doch noch naiver ist die Vorstellung, dass sich diese Konflikte von selbst auflösen. Natürlich ist eine realpolitische Skepsis angebracht: Warum sollten die neuen und alten Autoritäten ausgerechnet bei G20-Treffen fortschrittliche Positionen vertreten? Warum sollten die, die Beschlüsse des Sicherheitsrates blockieren, nicht auch bei G20 auf die Bremse treten? Die Antwort finden wir in unserer Tradition der Aufklärung: Weil die Erfahrung zeigt, dass nur öffentlicher Druck Bewegung in starre Fronten bringt. Und weil eine G20-Weltordnung für uns Deutsche und Europäer mehr Einflussmöglichkeiten bietet als die sich derzeit entwickelnde ungeordnete G0-Welt oder eine exklusive G2-Welt, in der China und die USA ihre Interessen absichern und alle anderen ausgrenzen.

Es ist schon beängstigend, wie tatenlos in den letzten Monaten gerade wir Deutschen diesen Verhandlungen der beiden großen Rivalen zusehen. Während diese über eine Reduktion des chinesischen Handelsbilanzüberschusses gegenüber den USA um 200 Milliarden (!) US-Dollar bis 2020 verhandeln, scheint Deutschland ernsthaft zu glauben, von dieser Diskussion verschont zu werden. Bei den aktuellen Verhandlungen zwischen China und den USA geht es um weit mehr als um Handelsbilanzen. Es geht um die wirtschaftliche, politische und militärische Machtbalance der kommenden 50 Jahre.

Comeback der alten Imperien

Die Konkurrenz schläft nicht. Außerhalb der Gipfelformate sind die revisionistischen Mächte bestrebt, sich mit Blick auf die noch unfertige künftige Weltordnung in Stellung zu bringen. Als der russische Präsident in Sotschi den syrischen Machthaber und dann die Staatschefs der Türkei und des Iran empfing, feierte Putin den militärischen Sieg in Syrien, den die Anwesenden aus unterschiedlichen Motiven bereits für gesichert hielten. Die am Schwarzen Meer versammelten regionalen Mächte sind keine Freunde, aber sie haben einige gemeinsame Interessen. Sie berufen sich nach innen und außen auf ihre historische Größe. Und sie setzen einiges Kapital dafür ein, um dem Westen ihre Ansprüche zu demonstrieren.

Diese Akteure sind bereit, eine Art »Großmachtsteuer« für ihren Status zu entrichten. Wirtschaftliche Einbußen, diplomatische Ächtungen, finanzielle Bestrafungen werden in Kauf genommen, um den regionalen – und im Fall von Russland auch internationalen – Führungsanspruch und die nationale Souveränität zu dokumentieren.

Wir sehen das am Verhalten Russlands gegenüber der Ukraine. Wir registrieren, dass der Iran mit beachtlichen Ressourcen terroristische Milizen in der Region unterstützt, um Nachbarstaaten zu kontrollieren. Wir kritisieren zu Recht, dass die Türkei unter Erdoğan nicht vor Militäreinsätzen und Konfrontationen mit den USA zurückschreckt, um ihre Interessen gegenüber kurdischen Nationalbestrebungen durchzusetzen.

Syrien ist der bisherige Höhepunkt des Vormarschs der drei alten Imperien. Das müssen wir durchaus selbstkritisch betrachten: Der Westen hat in den vergangenen sieben Jahren zu keiner Zeit eine vernünftige Relation seiner sehr ambitionierten Forderungen und der dafür eingesetzten Ressourcen zustandegebracht. »*Speak softly and carry a big stick*«, hat Theodore Roosevelt empfohlen. Die westliche Syrien-Politik verfuhr eher nach dem gegenteiligen Motto: »Sprich laut, aber trage einen kleinen Knüppel.« Ich erinnere mich noch an einen frühen Besuch in einem Flüchtlingslager an der Grenze der Türkei zu Syrien. Dort traf ich auf empörte Männer aus Aleppo, die mir schwere Vorwürfe über die Untätigkeit des Westens angesichts der Luftangriffe und Bombardements des Assad-Regimes gegen seine eigene Bevölkerung machten. Die Türkei war gerade in der NATO mit ihrem Vorschlag gescheitert, wenigstens eine Flugverbotszone in Syrien durchzusetzen, um die Zivilbevölkerung besser schützen zu können.

Es fiel mir sichtlich schwer, den erhobenen Vorwürfen etwas entgegenzusetzen, sodass sich die Männer – allesamt Sunniten – irgendwann mit der Bemerkung abwandten, wir Europäer würden uns einfach nicht für das Schicksal von Muslimen interessieren, sie seien uns egal. Jahre später versuchten gerade wir Deutsche dann durch die Aufnahme von Hunderttausenden muslimischer Flüchtlinge das Gegenteil zu beweisen. Da aber lagen Aleppo und viele andere Städte bereits in Schutt und Asche.

Das Beispiel aus der Region kann meine Vorstellungen von einer klaren Definition europäischer Interessen und deren Durchsetzung illustrieren. Der regionale Ordnungsrahmen dort war seit dem Zweiten Weltkrieg überwiegend durch die Ölinteressen der USA vorgegeben. Nicht erst seit 2017 sehen wir auf einen nachlassenden Gestaltungswillen der USA im Nahen und Mittleren Osten. Schon unter Barack Obama begann der Rückzug aus dem Nahen Osten. Die USA wollen oder können mit ihrer Nahostpolitik nur noch eingeschränkt staatlichen Zerfallstendenzen entgegenwirken. Ob dies durch einen bewussten Rückzug oder durch einen Mangel an Kraft verursacht wird, ist unerheblich. Entscheidend ist, dass die USA ein Vakuum zurücklassen.

In Syrien brachte sich Russland entschlossen in Stellung. Seine Militärintervention im Jahr 2015 hat die Dynamik des syrischen Bürgerkriegs Schritt für Schritt gedreht, und – zusammen mit dem Iran – das Assad-Regime militärisch und politisch stabilisiert. Am Stellvertreterkrieg in Syrien ist aber auch deutlich geworden, dass Krisen nicht mehr lokal oder regional begrenzt sind, dass sie Kontinente queren und ohne ein absehbares Ende fortdauern. Friedenslösungen, Waffenstillstände oder wenigstens die Sicherstellung humanitärer Versorgung erleiden fortlaufend Rückschläge. Es gelingt allenfalls, die gröbsten Schäden einzuhegen. Der Politikwissenschaftler Herfried Münkler hat eine zutreffende Analogie zum Blutvergießen in Syrien gefunden: »Der Typus ›Dreißigjähriger Krieg‹ ist dadurch gekennzeichnet, dass er von außen nur schwer zu beenden ist und ein militärisches Eingreifen zumeist das Gegenteil dessen bewirkt, was offiziell beabsichtigt ist.«[14]

Der Westen zwischen Tatenlosigkeit und Misstrauen

Wir sind in Syrien Zeugen geworden, wie schnell dieser scheinbar regionale Konflikt zu einer weltweiten Krise wurde, die unterschiedliche lokale, regionale Akteure, aber auch große Mächte auf den

Schauplatz rief. Die befürchtete direkte Konfrontation zwischen den USA und Russland auf diesem Kriegsschauplatz ist glücklicherweise ausgeblieben. Ein gemeinsamer Militärschlag der USA, Frankreichs und des Vereinigten Königreichs traf militärische Ziele des Assad-Regimes und keine Einrichtungen seiner Verbündeten Russland und Iran. Was immer an schrillen öffentlichen Stellungnahmen aus Washington und Moskau vor und nach dieser Militäraktion gegen einen abermals vermuteten Einsatz chemischer Waffen zu hören war – die *back channels*, also die geheimen Kontakte zwischen Großmächten, haben einmal mehr funktioniert. Beide achteten darauf, sich nicht zu nah zu kommen. Das war ebenso wichtig wie das klare Signal der drei westlichen Verbündeten, den wiederholten Einsatz chemischer Massenvernichtungswaffen nicht einfach hinzunehmen.

Unter internationalen Beobachtern besteht kein Zweifel, dass das Assad-Regime in seinem Kampf gegen jedwede Gegner – seien es der Islamische Staat, Rebellen oder die eigene Bevölkerung – chemische Waffen einsetzt. Zu wünschen wäre allerdings, die dafür existierenden Beweisketten auch öffentlich und transparent zu dokumentieren. Denn spätestens seit den Propagandalügen der USA und Großbritanniens in den Jahren 2002 und 2003 über den angeblichen Besitz von Massenvernichtungswaffen des irakischen Machthabers Saddam Hussein sitzt das Misstrauen gerade in der westlichen Welt tief. Als Spätfolge der Rechtfertigung dieser völkerrechtswidrigen militärischen Intervention im Irak wird nämlich auch demokratischen Regierungen nicht mehr automatisch geglaubt, wenn sie behaupten, ihnen lägen eindeutige nachrichtendienstliche Informationen über den Einsatz von Massenvernichtungswaffen vor.

Die Kriegsverbrechen des Assad-Regimes in Syrien sind allerdings unübersehbar. Internationale Experten zählen inzwischen 85 Einsätze mit chemischen Waffen durch die Streitkräfte des syrischen Diktators. Für seine Soldateska ist der Einsatz von Chemiewaffen nichts Extraordinäres, sondern ein Mittel der Kriegsführung. Dazu bedarf es keines Befehls »von oben.«

Thomas Friedman hat in der *New York Times* eine lehrreiche Geschichte erzählt: Eines Tages stellte ein Beduinen-Chef fest, dass sein schönster Truthahn gestohlen worden war. Er holt seine Söhne und erklärte ihnen, dass nun die Familie in großer Gefahr sei und sie sich sofort auf die Suche nach dem gestohlenen Truthahn machen sollten. Die Söhne lachen nur und fragen den Vater, warum dieser eine Truthahn denn so wichtig sei. Auf die Suche begaben sie sich jedenfalls nicht. Eine Woche später bemerkt der Beduinen-Chef, dass auch sein Lieblingskamel gestohlen worden war. Er forderte seine Söhne auf, das gestohlene Kamel zu finden. Ohne Erfolg. Schließlich wurde auch seine Tochter entführt, und der Vater macht den Söhnen schwere Vorwürfe: »Das ist alles passiert, weil sie gemerkt haben, dass sie uns den Truthahn stehlen konnten. Jetzt haben wir alles verloren.«[15]

Diese Geschichte erzählt, wie wir überall auf der Welt damit konfrontiert sind, dass kleine Vergehen zu großen Verbrechen werden, weil die Weltgemeinschaft sich als unfähig erweist, früh und entschieden genug bei einem völkerrechtswidrigen Konflikt einzugreifen. Mitverantwortlich dafür ist die ständige Selbstblockade des UNO-Sicherheitsrates, aber auch die Zerstrittenheit des Westens und Europas. Immer mehr Regime scheinen bereit zu sein, sich über die wichtigsten internationalen Abkommen und das Kriegsvölkerrecht hinwegzusetzen. Das ist schlimm für die davon betroffenen Menschen. Die noch größere Gefahr ist aber, dass die internationalen Verbote vollständig ihre Wirkung verlieren, wenn der Einsatz von geächteten Kriegswaffen, deren Herstellung oder Verbreitung durch die Regime vollständig ohne Konsequenzen bleiben.

Deshalb dürfen wir nicht tatenlos zusehen. Wir müssen mit politischen und wirtschaftlichen Sanktionen gegen jene Länder vorgehen, die an der Herstellung und Verbreitung verbotener Waffensysteme beteiligt sind, die Lieferketten unterbinden und vor militärischen

Maßnahmen nicht zurückschrecken. Eine einzelne militärische Strafaktion bleibt in der Regel wirkungslos, wie die Ereignisse in Syrien zeigen. Eine notwendige regionale Strategie des Westens existiert nicht. Und die Vereinigten Staaten senden seit Jahren, nicht erst seit der Präsidentschaft Donald Trumps, sehr unterschiedliche Signale. »*No boots on the ground*« war bereits Obamas Antwort auf das Angebot des russischen Präsidenten Wladimir Putin, gemeinsam einen Waffenstillstand in Syrien durchzusetzen. Seither werden mal roten Linien, mal der Rückzug der Truppen angekündigt; dann wieder gibt es Raketenangriffe und getwitterte Drohungen an den russischen Präsidenten. Längst hält Russland das von den USA produzierte Vakuum besetzt und teilt es mit dem Iran. Einfluss auf die Nachkriegsordnung im nahöstlichen Krisengürtel wird der Westen kaum haben, die USA mit ihrer Fixierung auf Israel und Saudi-Arabien nur begrenzt, von Europas allenfalls rudimentärer Rolle ganz zu schweigen.

Zugleich erleben wir, wie autoritär geführte Staaten das Modell der liberalen westlichen Demokratien infrage stellen. Uns ist die alleinige Deutungshoheit abhandengekommen, wie man internationale Beziehungen ausgestaltet oder innergesellschaftliche Prozesse organisiert und Demokratie und Menschenrechte verbreitet. Das ist keine angenehme Erkenntnis. Denn dieser Befund hat tiefgreifende Konsequenzen für uns, für unsere Sicherheit und sehr wahrscheinlich langfristig auch für unseren Wohlstand.

Vor unseren Augen vollzieht sich der Übergang einer im Wesentlichen westlich geprägten Ordnung in einen neuen Aggregatszustand, in dem neue Akteure immer stärker ihre Ansprüche und Machtinteressen reklamieren. Diese Entwicklungen sind, neutral betrachtet, zunächst einmal »nur« eine globale Kräfteverschiebung. Alarmierend ist jedoch der damit einhergehende Trend zu Nationalismus und protektionistischen Abschottungen.

Schon werfen Zeitzeugen wie der Historiker Heinrich August Winkler die besorgte Frage auf, ob der Westen an der gegenwärtigen

Krise zerbricht.[16] Sicher, in den teils selbstbewussten, teils aggressiven Aufsteigerländern wird die Vormachtstellung des Westens immer mehr als Anmaßung wahrgenommen. Hinter »westlichen Werten« werden, nicht immer zu Unrecht, doppelte ethische Standards und verborgene Wirtschaftsinteressen vermutet. Auch deshalb verändern sich die internationalen Foren zur Gestaltung der Globalisierung, werden neue Kraftfelder sichtbar. Die Wertvorstellungen werden heterogener und die Interessen konfliktträchtiger.

Diese neuen politischen und wirtschaftlichen Realitäten der Globalisierung machen den Konsens schwieriger. Wir können nicht dahin zurück, und wir sollten es auch nicht wollen. Denn die Bemühungen um eine neue und gerechtere Ordnung der Welt haben nur dann Aussicht auf Erfolg und Verbindlichkeit, wenn dort, wo entschieden wird, alle Weltregionen auf Augenhöhe miteinander die Probleme der internationalen Staatenwelt gestalten. Der Unterzeichner der amerikanischen Unabhängigkeitserklärung, Benjamin Franklin, hat das einmal auf die Formel gebracht: »*We must, indeed, all hang together or, most assuredly, we shall all hang separately.*«

Es ist eine wahre Herkules-Aufgabe, die Europa zu bewältigen hat. »Zu viele Faktoren auf einmal«, so lautete im Sommer 1914 ein Satz im Tagebuch des deutschen Diplomaten Kurt Riezler: »Das Schicksal ist zumeist ganz dumm und unbewusst und verheddert sich in lauter Zufällen. (…) Aber es ist in dieser verflucht verwirrten modernen Welt so vielgestaltig geworden, weder zu berechnen noch zu begreifen.«[17] Sieben Tage später brach der Erste Weltkrieg aus.

Die Beschreibung des damaligen Privatsekretärs des deutschen Reichskanzlers Theobald von Bethmann-Hollweg passt ganz gut in unsere Zeit. Nicht, weil wir unmittelbar vor dem Ausbruch eines Weltkriegs stehen, aber »zu viele Faktoren auf einmal« ist eine zutreffende Beschreibung unserer heutigen internationalen Lage. Und auch der Hinweis auf die mögliche Verkettung unglücklicher Umstände, in denen sich das Schicksal ganzer Nationen »verheddern« kann, ist eine ernste Warnung.

Wir stehen vor einer Wegscheide, wie sie die Welt nur alle paar Jahrhunderte erlebt. Es liegt an uns, ob wir die Zukunft einfach als Schicksal betrachten und uns in der Zwischenzeit in kleinen internen Meinungsverschiedenheiten aufreiben.

4.

Die Botschaft des Trumpismus

Meine persönliche Begegnung mit dem neuen US-Präsidenten Donald Trump war leider die Bestätigung all dessen, was ich vorher über ihn gehört und gelesen hatte. Während des G20-Gipfels im Juli 2017 in Hamburg traf ich ihn unter anderem in einem offiziellen Gespräch mit der deutschen Kanzlerin Angela Merkel. Auch dabei waren sein damaliger Außenminister Rex Tillerson, sein später ebenfalls gefeuerter Wirtschaftsberater Gary Cohn und – offenbar inzwischen unvermeidlich – seine Tochter Ivanka sowie sein Schwiegersohn Jared Kushner. Wie gesagt, es handelte sich um eine offizielle Begegnung zwischen Präsident und Kanzlerin sowie beiden Außenministern, die der Erörterung einer ganzen Reihe internationaler und transatlantischer Fragen dienen sollte.

Es erinnerte mich an frühere Monarchien, wo es üblich war, die gesamte Verandtschaft zu Regierungskonsultationen mitzubringen, und nicht an ein Treffen demokratisch gewählter Regierungsmitglieder. Mehr noch: Weil mit Donald Trump in wichtigen Fragen schwer umzugehen war, versuchte auch die deutsche Kanzlerin durch das Einbeziehen seiner Tochter Ivanka Einfluss auf die US-Politik zu gewinnen. Es geht wieder zu wie »bei Hofe«, wo auch mit den Prinzessinnen und Prinzen gesprochen wurde, wenn man mit dem Monarchen nicht klar kam. Man stelle sich vor, Angela Merkel hätte ihren Mann als Berater oder ich meine Frau als Beraterin mitgebracht. Die deutsche Öffentlichkeit hätte uns für verrückt erklärt. Bei Donald Trump hat sich die internationale Öffentlichkeit daran gewöhnt und seine Familienclan-Strukturen gehören inzwischen zur Normalität US-amerikanischer Politik.

Unser Zusammentreffen fand zu einem Zeitpunkt statt, als Saudi-Arabien und andere Mitglieder des Golf-Kooperationsrats sich in einer massiven Konfrontation mit dem Emirat Katar befanden. Dieser Konflikt ist bis heute nicht beigelegt. US-Außenminister Rex Tillerson hatte mit viel Engagement versucht, diese Krise friedlich zu lösen. Zumindest war es ihm gelungen, eine direkte militärische Konfrontation zwischen Saudi-Arabien zusammen mit den Vereinigten Arabischen Emiraten auf der einen und Katar auf der anderen Seite auszuschließen. Tillerson und ich hatten beide den Eindruck, dass die Gefahr einer solchen Eskalation durchaus bestand.

Statt nun seinen Außenminister für dessen Engagement am Golf zu loben, machte der US-Präsident gleich am Anfang unseres Treffens deutlich, dass er von dessen Beurteilung des Konflikts nichts hielt. Er sei der Auffassung, dass man noch viel härter mit Katar umgehen müsse. Schließlich hätte Saudi-Arabien anlässlich von Trumps Besuchs gerade erst Milliardengeschäfte insbesondere im Rüstungsbereich mit US-amerikanischen Unternehmen abgeschlossen. »*They are really great*«, war der Satz, der im Laufe dieses Gesprächs wohl am häufigsten fiel. Und in der Tat fühlte sich Saudi-Arabien vermutlich durch den Besuch des US-Präsidenten geradezu ermuntert, seinen Konfrontationskurs am Golf zu verschärfen.

Bei meinen eigenen Gesprächen mit den Golf-Anrainern, in denen ich die Friedensinitiativen des amerikanischen Außenministers Tillerson positiv herausstellte, wurde mir erklärt, dass diese Initiativen sicher ganz interessant seien, man aber lieber auf das Weiße Haus in Washington höre. Ich habe Rex Tillerson nicht nur für seine nimmermüden Versuche bewundert, weltweite Krisen zu lösen und mit uns Europäern Verständigung zu suchen, sondern vor allem auch dafür, dass er es immerhin mehr als ein Jahr mit einem Chef ausgehalten hat, der ihn im Wochenrhythmus öffentlich demontierte.

Wenn in Fragen von Krieg und Frieden ein Land durch Regierungschef und Außenminister unterschiedliche Signale aussendet, ist das immer ein Problem. Wenn es aber die Vereinigten Staaten von Amerika tun, dann kann das zu einer Katastrophe führen. Angela Merkel allerdings behielt in dieser Situation, wie eigentlich immer, die Ruhe und wies nur darauf hin, dass diese milliardenschweren Rüstungsgeschäfte Saudi-Arabiens jetzt drohten, das Land in die »Pleite« zu führen. Auf Trumps empörte Frage an seinen Wirtschaftsberater, ob das denn überhaupt stimme, antwortete der nur kurz »*Yes, Mr. President*«. Trump wechselte sofort das Thema.

Im Weißen Haus wird Außenpolitik als Transaktion betrachtet, bei der für jede Leistung eine unmittelbare Gegenleistung gefordert wird – sonst droht der Boykott. Der Rückzug der USA aus der Rolle des verlässlichen Garanten eines westlich geprägten regelgebundenen Multilateralismus beschleunigt die Veränderung der globalen Ordnung und hat tiefgreifende Konsequenzen für die deutschen und europäischen Interessen.

War Europa seit der berühmten Zwölf-Minuten-Rede von George Marshall vor rund 70 Jahren auch ein amerikanisches Projekt im wohlverstandenen Eigeninteresse, so gibt es im Umfeld der heutigen US-Administration eine distanzierte bis schroffe Sicht auf Europa. Als Wettbewerber und manchmal sogar als Gegner wird der mit Amerika verbündete Kontinent in Washingtons nationalistischen Führungskreisen wahrgenommen und mitunter verachtet. Dass der amerikanische Präsident Donald Trump nicht die Bohne an den Standpunkten und Interessen seiner europäischen Verbündeten interessiert ist, hat das einseitige Aufkündigen des Nuklearabkommens mit dem Iran einmal mehr demonstriert.

Europa ist in der beschränkten Sichtweise der derzeitigen US-Administration eine Region unter vielen, eine Kampfarena, in der die Akteure um ihren jeweiligen ökonomischen und politischen Vorteil kämpfen. Gleichzeitig verändert sich die amerikanische Gesellschaft rapide. In absehbarer Zukunft wird die Mehrheit der US-Amerikaner keine europäischen, sondern asiatische, afrikanische und lateinamerikanische Wurzeln haben. Auch deshalb wird das Verhältnis der USA zu Europa auch in der Zeit nach Donald Trump nicht mehr das gleiche sein können, das es einmal war.

Allerdings darf Europa sich nicht ausschließlich als Opfer dieser amerikanischen Entwicklung betrachten, denn auch wir haben unseren Anteil an dem Gefühl des *overstrech*, des Gefühls der Überdehnung der eigenen Möglichkeiten und Ressourcen, das in den USA schon länger existiert. Es gibt in den USA auch harte ideologische Vertreter des Rückzugs auf eine stark nationalistisch geprägte Politik. Allerdings gibt es auch objektive Gründe, warum viele in den USA den Eindruck haben, ihre bisherige Rolle als Garantiemacht der globalen Ordnung und der »*public goods*« der internationalen Politik nicht mehr erfüllen zu können. Die Forderung nach einer stärkeren internationalen Lastenteilung ist in den USA relativ alt. Aus amerikanischer Sicht wurde sie von den Partnern nie angemessen beantwortet oder auch nur wahrgenommen. Mit »America first« bricht sich auch Zorn und Frustration darüber Bahn, und Donald Trump macht sich dies in seinen täglichen Kampagnen zunutze.

Trumps Amerika als schurkische Supermacht

Viele haben bislang die Aufgeregtheiten, die Sprache und die Sprunghaftigkeit für den eigentlichen Charakterzug US-amerikanischer Politik unter Donald Trump gehalten. Ich befürchte, wir werden uns noch nach den Zeiten zurücksehnen, in denen wir uns nur über das Twittern des mächtigsten Mannes der Welt ärgern mussten. Nach mehr als einem Jahr Vorbereitung kommt jetzt nämlich die harte Politik auf die Tagesordnung. Diese Zeit haben die neuen Strategen im Weißen Haus genutzt und setzen jetzt um, was Donald

Trump im Wahlkampf angekündigt hat. Die neuen Fahrzeuge der US-Politik verlassen sozusagen die Montagebänder – und alle sind gepanzert und schwer bewaffnet.

Der amerikanische Publizist Robert Kagan hat vor Kurzem in der *Washington Post* eine zutreffende Analyse über die Besonderheit der Außenpolitik unter Donald Trump gegeben: Nach dem Zweiten Weltkrieg hatten sich die USA immer wieder zwischen zwei Optionen für ihr weltweites Handeln entscheiden müssen – entweder halten sie die durch sie selbst geschaffene internationale liberale Ordnung aufrecht oder sie ziehen sich teilweise oder vollständig aus ihrer internationalen Verantwortung zurück und konzentrieren sich ausschließlich auf die inneramerikanische Entwicklung.[18] Lezteres wurde bereits unter US-Präsident Barack Obama begonnen, verbunden mit dem Versuch, eine »post-amerikanische« Weltordnung mit verbindlichen internationalen Verabredungen und Regeln zu schaffen. Die Präsidentschaft Donald Trumps wurde deshalb zu Beginn vielfach auch als Fortsetzung der Politik Obamas, allerdings mit radikaleren Mitteln, verstanden. Nach Robert Kagan ist dies jedoch eine falsche Interpretation dessen, was wir derzeit in der US-Politik erleben.[19]

Denn Donald Trump hat erstmals in der Geschichte der USA eine dritte Option eröffnet und verfolgt sie durchaus mit aller Konsequenz: »Die Vereinigten Staaten als schurkische Supermacht, weder isolationistisch noch internationalistisch, weder zurückziehend noch im Niedergang begriffen, sondern aktiv, mächtig und völlig für sich selbst. (…) Trump vernachlässigt nicht nur die liberale Weltordnung, er melkt sie für einen geringen Gewinn«, so Robert Kagan.[20] Nach Kagans Analyse setzt Trump leichtfertig alles aufs Spiel, was in den letzten 70 Jahren das internationale Chaos verhindert hat, um kurzfristige Gewinne für die USA zu erzielen. Und er tut dabei etwas, was alle US-Präsidenten vor ihm abgelehnt haben: Er nutzt die großen Machtunterschiede, die in der Nachkriegsordnung zugunsten der USA entstanden sind, auf Kosten seiner Verbündeten und bisherigen Partner.

Denn in der Vergangenheit waren sich die politischen Führungseliten der USA darüber im Klaren, dass die internationale Sicherheit im Interesse der USA auch einen Preis hatte: Die sicherheitspolitische Garantie der USA für ihre Verbündeten schufen in diesen Staaten auch die Möglichkeit, weniger für die eigene Sicherheit aufzuwenden und sich auf ihre wirtschaftliche und soziale Stabilität zu konzentrieren. Gerade für Europa waren die USA dazu bereit, um einen erneuten Rückfall des Kontinents in reaktionäre Zeiten zu verhindern.

Die »Pax Americana« hatte also für beide Seiten einen Preis: Die Europäer blieben militärisch verletzbar und deshalb auf den Schutz der USA angewiesen. Umgekehrt hatte diese Abhängigkeit von den USA zur Folge, dass die Europäer den USA gegenüber wirtschaftlich und sozial auf Augenhöhe und nicht selten sogar überlegen agierten.

Donald Trump hat sich entschieden, diesen »transatlantischen Deal« der Nachkriegsordnung zu beenden. Er verfolgt ein sehr enges nationales Interesse, das sich in Dollar und Cent berechnen lässt. Das ist eine große internationale Zeitenwende, denn die Vereinigten Staaten haben sich seit 1945 immer für eine aufgeklärte Sichtweise ihrer Interessen entschieden. Eine Sichtweise, nach der gerade die Amerikanerinnen und Amerikaner nur sicher, demokratisch und frei leben können, wenn diese Werte auch international verteidigt würden. Zum ersten Mal nach 70 Jahren wurde jetzt politisch eine andere Entscheidung getroffen. Robert Kagan ist sehr deutlich: »Trumps Welt ist ein Kampf aller gegen alle. Es gibt keine Beziehungen, die auf gemeinsamen Werten basieren. Es gibt lediglich Transaktionen, die durch Macht bestimmt sind. Es ist die Welt, die uns vor einem Jahrhundert zwei Weltkriege gebracht hat.«[21] Klarer kann man es nicht formuieren.

All das ist innenpolitisch motiviert. Und das Credo dafür lautet: Alles rückabwickeln, was einst vom Amtsvorgänger Barack Obama begonnen wurde. Von der Gesundheitsreform über das internationale Klimaschutzabkommen bis zum Atomabkommen mit dem Iran. Der Beifall seiner Wählerschaft scheint ihm wichtiger als das transatlantische Bündnis mit Europa zu sichern, eine Friedensstrategie in Syrien zu entwickeln oder nachhaltig mit dem Iran im Gespräch zu sein. Der Applaus für seine Konfrontation mit dem Iran ist indes besonders groß, weil es eben nicht nur um das Atomabkommen geht, sondern noch immer um die Demütigung der Vereinigten Staaten nach der iranischen Revolution 1979 und der Besetzung der US-Botschaft in Teheran. Und umgekehrt dreht sich im Iran das Verhältnis zu den USA immer noch um die Tatenlosigkeit der Vereinigten Staaten (wie des gesamten Westens) angesichts der Giftgasangriffe des irakischen Diktators Saddam Hussein gegen den Iran Ende der 1980er-Jahre. Saddam war damals noch als Feind des Feindes ein Freund des Westens. Auf beiden Seiten geht es also um weit mehr als um das Nuklearabkommen.

Die Kritik an der einseitigen Kündigung des Atomabkommens mit dem Iran darf aber nicht übersehen, dass es durchaus berechtigte Missbilligung der USA am Verhalten des Iran gibt: Raketenprogramme zu entwickeln, die die Nachbarn und übrigens auch Europa bedrohen. Die Teilnahme des Iran an dem mörderischen Krieg im Jemen, die militärische Präsenz im Irak, in Syrien und im Libanon: Das alles gefährdet den Frieden und die Stabilität in der Region. Nur wird nichts davon besser, wenn Trump das einzige funktionierende Abkommen, das wenigstens den Bau von Atomwaffen verhindert, auch noch aufkündigt. Im Gegenteil: Die Lage wird schwieriger. Auf unsere deutsche Initiative hin hatte Europa im letzten Jahr begonnen, einen neuen Verhandlungsprozess mit dem Iran zu beginnen. Ausdrücklich übrigens in Abstimmung mit dem damaligen US-Außenminister Rex Tillerson – der allerdings inzwischen von Trump auch ausgewechselt wurde. Jetzt ist auch dieser Prozess gefährdet, denn auch unter dem jetzigen Außenminister Mike Pompeo gibt es keine zielführende außenpolitische Linie.

Eine neue Lastenverteilung ist nötig

Wenn wir die Bindungen zwischen den USA und Europa wieder verbessern und stärken wollen, dürfen wir Europäer über die amerikanische Politik nicht nur klagen und jammern, sondern müssen das *burden sharing* in Angriff nehmen – sowohl die Lasten als auch die Verantwortung sind zu teilen. Auch im Bereich der Sicherheits- und Verteidigungspolitik. Ich bin bekanntlich kein Anhänger eines zweiprozentigen Anteils der nationalen Verteidigungsausgaben am Bruttoinlandsprodukt, weil ich den dabei in Deutschland entstehenden gigantischen Militärhaushalt von 70 bis 80 Milliarden Euro pro Jahr (!) für völlig überzogen halte. Frankreich – als Atommacht – gibt beispielsweise »nur« rund 40 Milliarden Euro aus. Ich habe erhebliche Zweifel daran, dass wir es in zehn oder 20 Jahren noch begrüßen, wenn wir die deutsche Armee jährlich derart aufrüsteten. Zudem betragen die gesamteuropäischen Verteidigungsausgaben durchaus etwa 50 Prozent der amerikanischen, allerdings im Vergleich nur mit 15 Prozent der Effizienz der USA. Sinnvoller wäre es doch, als Europäer gemeinsam mehr zu beschaffen und dabei gemeinsam weniger Geld zu verschwenden, als das jetzt der Fall ist. Für mich ist es jedenfalls ein klügeres Vorgehen, die Effizienz der deutschen Bundeswehr zu verdoppeln als einfach ihre Ausgaben.

Es ist richtig, dass wir Europäer und wir Deutschen mehr Eigenverantwortung auch für unsere eigene Sicherheit übernehmen müssen. Und es ist nur fair zuzugestehen, dass die Amerikaner lange genug die Hauptlast dafür trugen. Europa und die USA haben etwa das gleiche Bruttoinlandsprodukt, und es ist völlig nachvollziehbar, dass angesichts dieser etwa gleich starken Volkswirtschaften die USA nicht 70 Prozent der Verteidigungskosten in internationalen Institutionen und bei gemeinsamen Missionen übernehmen wollen. Auch hier endet die Nachkriegsära des Zweiten Weltkriegs mit etwas Zeitverzögerung. Eine Erhöhung der Verteidigungsausgaben, die sinnvolle Aufteilung von Kompetenzen, in denen nicht alle in Europa das Gleiche entwickeln, sondern wir unsere Kräfte koordinieren, abstimmen und uns gegenseitig zur Verfügung stellen, ist die richtige Antwort.

Das wird auch in Deutschland mehr kosten, aber eben maß- und sinnvoll, statt gleich auf die Verdoppelung des Wehretats zu springen, wie es ein jährlicher Anteil von zwei Prozent an unserem Sozialprodukt bedeuten würde. Im Übrigen darf man angesichts der Forderungen des US-Präsidenten nach »Rückzahlung« von Milliardenbeträgen für die amerikanischen Militärausgaben zur Sicherheit Europas durchaus einmal entgegnen, dass diese Rechnung auch umgekehrt aufgemacht werden könnte. Denn Europa und vor allem Deutschland hatte die Folgen völkerrechtswidriger Militärinterventionen der USA wie im zweiten Irakkrieg in Form von Milliardenausgaben für humanitäre Hilfe, die Aufnahme von Flüchtlingen sowie Wiederaufbauprogrammen im Nahen Osten zu schultern.

So irrational, erpresserisch, unberechenbar und schwankend wir die amerikanische Politik seit Donald Trumps Wahl wahrnehmen, so sehr hält dieser ebenso selbstgewisse wie selbstverliebte Präsident die Welt in Bewegung. Zur Schadenfreude und Genugtuung seiner zu großen Teilen von Abstiegsängsten geplagten Anhänger, denen er die Rückkehr zu nationaler Größe versprochen hat, schafft Trump es regelmäßig, Amtskollegen auf der ganzen Welt zu irritieren und zu düpieren sowie die wirtschaftlichen Spielregeln der USA neu zu modellieren. Zum Entsetzen jedoch der anderen Hälfte seiner Landsleute und der geschockten Partner der USA sind tiefgreifende Kollateralschäden bei seinem Handeln nicht abzuwehren.

Trump fühlt sich nur seinen Anhängern verpflichtet, vor allem jedoch sich selbst. Für die Schwächen anderer besitzt Trump einen offenbar sicheren Instinkt. Er pfeift auf historische Bindungen und ist frei von moralischen Überzeugungen. Er hinterfragt nicht, ob das, was er für amerikanische Interessen hält, auch wirklich amerikanische Interessen sind. Schon ist der transatlantische Graben breiter geworden, droht das Vertrauen der Europäer auf die Verlässlichkeit ihres amerikanischen Bündnispartners auf den Nullpunkt zu sinken. Trump ist dabei, unsere Erfolgsprinzipien zu entwerten.

Nicht wenige der traditionellen »Transatlantiker« wiegeln ab, der »große Knall« sei doch bislang ausgeblieben, immerhin habe Trump noch nicht den Dritten Weltkrieg ausgelöst. Das ist wahr, und es wird wohl auch nicht dazu kommen. Gleichwohl sind seine ersten eineinhalb Amtsjahre beunruhigend. Die Personalrochaden und Skandale, die Drohungen, Ermittlungen, widerrufenen Ankündigungen und das Twitter-Gewitter als Regierungsinstrument sind verstörend. Doch neben seinen inflationär genutzten Dekreten ist der 45. Präsident durchaus in der Lage, im Kongress substanzielle Vorhaben wie etwa die Steuerreform durchzusetzen. Wer noch auf eine Rückkehr zu einem traditionellen Handeln dieser US-Administration gesetzt haben sollte, sei an die Weisheit des englischen Dichters Samuel Johnson erinnert: »Es ist wie mit einer zweiten Ehe: Die Hoffnung triumphiert über die Erfahrung.«

Es geht nicht mit Trump, aber auch nicht ohne die USA

Es wird also nicht reichen, die Vergangenheit zu beschwören und die gemeinsamen Werte zu beteuern oder deren »Verrat« zu beklagen. Donald Trumps Wahl ist kein singuläres Ereignis oder gar als ein politischer Betriebsunfall anzusehen. Nichts ist deshalb für uns Europäer wichtiger als eine gemeinsame Strategie auf den unterschiedlichen Feldern der internationalen Politik zu entwickeln. Denn ob wir seiner Rüpeleien wegen erschaudern oder nicht: Als Präsident der USA bleibt Trump eine Schlüsselfigur der Weltpolitik. Als auf lange Sicht stärkste Militär- und Wirtschaftsmacht spielen die USA nach wie vor eine entscheidende Rolle.

Der französische Präsident Emmanuel Macron hat das verstanden. Auch er geht klar auf Distanz zu vielem, was der US-Präsident der Weltpolitik derzeit zumutet. Und trotzdem sucht er seine Nähe, denn er hat kein aufgewühlt emotionales, sondern ein strategisches Verhältnis zu Donald Trump. Er hat offenbar den gleichen Rat bekommen, den ich häufiger von Kollegen aus anderen Ländern zum Umgang mit dem US-Präsidenten erhalten habe: »*Play to his ego*«.

Wir in Deutschland hingegen geben uns im Wesentlichen mit »Trump-*Bashing*« zufrieden. Dabei fühlen wir uns wohl, moralisch überlegen und es bedient auch die Erwartungshaltung der Mehrheit der deutschen Wählerinnen und Wähler. Allerdings kann man auch den Eindruck gewinnen, dass wir deshalb so wütend auf Donald Trump reagieren, weil er uns unsere eigene Schwäche vor Augen führt. Er zeigt uns, dass unsere Ansprüche höher sind als unsere reale Macht. Das führt bei uns zu erheblicher Nervosität. Interessant ist, dass Länder wie Japan und Südkorea weitaus gelassener reagieren, weil sie ihre Möglichkeiten immer realistischer eingeschätzt haben und bei ihnen die Differenz zwischen dem hohen Ton moralischer und normativer Ansprüche und den realen Einflussmöglichkeiten nicht so groß war und ist wie bei uns.

Im Übrigen ist die moralische Empörung in Deutschland nicht überall gleich groß. Wer einmal genauer hinhört – beispielsweise bei Konflikten wie der Verlagerung von industriellen Arbeitsplätzen aus Deutschland heraus in Billiglohnländer –, der wird häufiger viel Sympathie für die harten protektionistischen Töne aus Washington erleben. Ich jedenfalls habe schon häufiger den Satz gehört: »Warum macht ihr es nicht wie der Trump in Amerika?«. Die Antwort, dass die meisten Arbeitsplätze dieses Landes vom Export und damit von freien und offenen Märkten abhängen, ist zwar sachlich richtig, erreicht aber nicht die Emotionen derjenigen bei uns, die sich von der postmodernen Welt der Globalisierung bedroht sehen.

Für die politischen, wirtschaftlichen und medialen Eliten ist das »Trump-*Bashing*« aber das Einfachste. Die Wahrheit ist dennoch: Wir können nicht mit Trump, aber auch nicht ohne die USA. Weder wirtschaftlich noch sicherheitspolitisch. 111 Milliarden Euro macht der Außenhandel mit den USA aus. Das sind rd. 8,7 Prozent unseres Außenhandels. Im Vergleich dazu mit dem Iran sind ganze drei Milliarden Euro nur ein winziger Bruchteil.

Sicherheitspolitisch geht es nicht nur um die NATO. Bei aller berechtigten Kritik am Gebaren amerikanischer Geheimdienste in der Vergangenheit – die Wahrheit ist: Ohne die Zusammenarbeit mit den US-Diensten und anderen befreundeten Nachrichtendiensten wäre es um die innere Sicherheit im Bereich der Terrorbekämpfung in Deutschland schlecht bestellt. Die Vorstellung, wir könnten selbst einen derartigen nachrichtendienstlichen Apparat aufbauen, ist nicht nur finanziell nicht zu stemmen, sondern auch politisch ziemlich naiv. Die transatlantischen Beziehungen zu erhalten ist also nicht nur weitaus schwieriger als die tägliche Empörung über den amerikanischen Präsidenten, sondern auch für uns Deutsche und Europäer überlebenswichtig. Wohl kein Staat hat in den letzten Jahrzehnten stärker von Amerikas Freundschaft und Schutz profitiert als Deutschland. Kein Land in Europa hat seine Sicherheit so weitgehend in die Hände der Amerikaner gelegt. Und kein Land ist damit so gut gefahren. Seit dem Zweiten Weltkrieg haben wir Deutsche von unseren amerikanischen Freunden begierig die Vorteile von Demokratie, Rechtsstaatlichkeit und Marktwirtschaft im Innern gelernt, aber auch den Wert von Multilateralismus, Völkerrecht und Freihandel im zwischenstaatlichen Verkehr.

Vielleicht erklärt das, warum gerade wir Deutschen besonders irritiert über den Atlantik schauen. Denn wir sind nicht mehr sicher, ob wir »unser« Amerika noch wiedererkennen. Sind es nun irrlichternde Taten, sind es harsche Worte, sind es verwirrende Tweets, an denen wir Amerika messen sollen? Kein Zweifel – die Beziehungen zu den USA verändern sich dramatisch und dies wird ebenso dramatische Veränderungen in Deutschland nach sich ziehen. Jeder fünfte Deutsche glaubt nach einer Umfrage der »Atlantik-Brücke«

nicht mehr, dass wir noch dieselben Werte mit den USA teilen. Es ist bedenklich, dass im Mai 2018 laut *ZDF*-Politbarometer erstmals eine Mehrheit der Deutschen Russland und China für vertrauenswürdiger hielten als die USA.[22]

Auf dem Weg in den Handelskrieg

Wir haben die Schwelle zum postamerikanischen Zeitalter überschritten. Mit erheblichen Folgen für die globale Politik, denn in der Politik ergibt sich nie ein Vakuum. Verlässt jemand einen Raum, drängt schnell ein neuer Akteur nach. Deshalb sollte es eigentlich im wohlverstandenen Eigeninteresse der USA liegen, keinen Handelskrieg mit Europa zu beginnen, sondern gemeinsame Strategien zum Erhalt der »liberalen Ordnung« zu entwickeln. Wir hingegen müssen ein auf den Grundlagen von Freiheit, Fairness, Menschenrechten und Rechtsstaatlichkeit basierendes Welthandelssystem mit allen Mitteln verteidigen.

Weil sich die USA derzeit aus der Rolle des verlässlichen Garanten für den westlich geprägten Multilateralismus zurückziehen, stehen die Europäer vor der größten Herausforderung seit der Überwindung des Kalten Krieges. Bewährte Prinzipien und Grundlagen der internationalen Beziehungen wie eine regelbasierte Ordnung, das Völkerrecht und die universelle Gültigkeit von Menschenrechten können wir Europäer am Ende nur mit den Vereinigten Staaten erhalten, nicht ohne sie.

Auch das System der Welthandelsorganisation (WTO) wird durch die derzeitige Politik der USA in eine schwere Krise schlittern. Zölle auf Stahl- und Aluminiumprodukte mit der Behauptung zu verhängen, die Importe dieser Erzeugnisse gefährdeten die nationale Sicherheit der USA, ist natürlich ein dreister Verstoß gegen die internationalen Regeln. Nun beispielweise die Volksrepublik China davon zu überzeugen, sich an die WTO-Regeln zu halten, um die

Vorteile des Status »Marktwirtschaft« zu genießen, wenn die zweitgrößte Volkswirtschaft der Welt, die USA, es auch nicht tut, wird schwierig.

Trump folgt durchaus seinen Überzeugungen. Die USA haben aus seiner Sicht ein strategisches Dilemma: Er hält Amerika seinen Status als politische Führungsmacht in der Welt aufrecht, verliert es seine Position als führende Wirtschaftsmacht, weil die Kosten zu hoch sind. Wollen die USA umgekehrt ihre Position als führende Wirtschaftsmacht aufrechterhalten, müssten sie ihren Status als politische Führungsmacht aufgeben, um die vorhandenen Ressourcen in ihre wirtschaftliche Leistungsfähigkeit zu investieren. Ulrich Menzel fasst in seinem Artikel »Tribut für China« in den *Blättern für Deutsche und Internationale Politik* vom Juni 2018 dieses Dilemma unter dem Begriff »*Second American Decline*« zusammen.[23] Agieren die USA protektionistisch, verlieren sie den Status als liberale Ordnungsmacht; also entweder Statusverlust als liberale Ordnungsmacht oder Positionsverlust als führende Wirtschaftsmacht. Das seit Jahren wachsende Doppeldefizit von Außenhandel und Haushalt zeigt: »Eine negative Handels- oder gar Leistungsbilanz ist Ausdruck nachlassender internationaler Wettbewerbsfähigkeit und verlangt zu ihrem Ausgleich eine positive Kapitalbilanz, also die Verschuldung gegenüber dem Ausland. Ein steigendes Haushaltsdefizit wiederum demonstriert, dass die wirtschaftliche Leistungsfähigkeit eines Landes immer weniger in der Lage ist, die öffentlichen Güter zu finanzieren, die der Staat bereitstellt. Im Falle der USA betrifft dies insbesondere das öffentliche Gut der Sicherheit, die diese seit langem nahezu kostenlos der übrigen Welt zur Verfügung gestellt haben.«[24]

Trump praktiziert den Protektionismus nicht, weil er die USA vor dem Wettbewerb schützen will. Er will, wie Menzel erläutert, das »*Freeridertum*« anderer Staaten beenden. Trump folgt also durchaus einem Plan, wenn auch einem gefährlichen. Denn im gegenwärtigen Handelskrieg ist China keinesfalls wehrlos. Die vor allem von China gehaltenen US-Staatsanleihen würden im Falle einer längerfristigen Handelsauseinandersetzung auch gegen den Dollarraum eingesetzt werden können.

In den letzten Jahrzehnten haben aus Sicht vieler Amerikaner vor allem wir Europäer, aber auch die Chinesen von der Führungsrolle der USA profitiert. Amerika hat mit seiner militärischen Macht weitgehend die Seewege geschützt und für »*freedom of navigation*« gesorgt. Dies ist eine der wichtigen Bedingungen für die Globalisierung, aber nur ein Beispiel von vielen. Die USA sehen sich schon länger mit einer Überforderung ihrer Kräfte konfrontiert, weil sie ihre materiellen und personellen Ressourcen an vielen Orten gleichzeitig einsetzen. Trumps Vorgänger Barack Obama wollte die liberale Weltordnung durchaus erhalten, die dafür notwendige Verantwortung aber mit anderen teilen. Trump hingegen hält das für unsinnig, ignoriert die liberale, regelbasierte Weltordnung und ist bereit, sie zu zerstören. Er will seine Wettbewerber wirtschaftlich schwächen, damit die USA wirtschaftliche *und* politische Führungsnation bleiben können. Dabei fühlt er sich stark genug, auf Alliierte verzichten zu können, die Amerika aus seiner Sicht ohnehin zu viel kosten. Er will keine Partnerschaft, sondern Gefolgschaft. Und die wirtschaftliche Dominanz des Dollar ist so groß, dass sie überall auf der Welt immensen Schaden anrichten kann. Dass am Ende auch die USA draufzahlen werden, scheint Trump nicht wahrhaben zu wollen. China reagiert auf den von Trump entfachten Handelskonflikt und dehnt mit seiner »*One-Belt-One-Road*«-Initiative den Einfluss auf den eurasischen Wirtschaftsraum aus, was der US-Präsident billigend in Kauf nimmt. Dieser traditionelle Raum erscheint ihm immer weniger als »*US-turf*« und daher unbedeutend.

Es stimmt, dass die WTO-Bestimmungen bei Schutzzöllen, wie sie die USA verhängen, Gefahren für die nationale Sicherheit bergen. Allerdings war dieses Instrument wahrlich nicht für normale Handelsbeziehungen vorgesehen, sondern dem Kalten Krieg geschuldet. Damit sicherte sich der Westen eine Handhabe gegen mögliche Abhängigkeiten aus dem Machtbereich der Sowjetunion. Dass Trump dieses Instrumentarium jetzt gegen seine Verbündeten einsetzen will, ist eine Ironie der Geschichte. Die angedrohten Schutzzölle auch auf die Automobilindustrie ausweiten zu wollen, ist ein klares Signal, dass es ihm ernst ist.

Sollte Deutschland Sondervereinbarungen mit Trump treffen, um Ausnahmen zu erreichen und unsere Wirtschaft zu sichern? Nein, Ausnahmen würden uns zum Mittäter machen, wir würden Beihilfe zum Rechtsbruch leisten. Wenn wir es mit der regelbasierten internationalen Ordnung ernst meinen, dürfen wir uns auf solche »Deals« nicht einlassen. Wir sollten stattdessen vor der WTO gegen die US-Zölle klagen und gegebenenfalls mit eigenen Maßnahmen antworten über die bereits von der EU verhängten Einfuhrzölle hinaus – aber vorher stets in harten Verhandlungen Spielräume ausloten.

Ein Handelskonflikt mit den USA hat für uns erhebliche Nachteile, denn Deutschland ist stärker als andere in Europa vom Export abhängig und damit verletzlich. Das ist die Kehrseite unserer Exportstärke. Die Hoffnung, wir könnten mit Sondervereinbarungen unsere Haut retten, ist trügerisch. Denn wir erleben ja gerade, dass der US-Präsident unsere »Friedenssignale« nicht wertschätzt, sondern jetzt auch noch die Importbeschränkungen für die Automobilindustrie mit der nationalen Sicherheit begründet.

Sinnvoller ist es, erneut den Versuch für ein Freihandelsabkommen zu unternehmen. Wenn ich daran denke, wie aufgeregt und selbstbezogen unser Land – und hier leider auch und vor allem die SPD, Gewerkschaften und Umweltverbände – vor drei Jahren über Freihandel diskutiert und gestritten haben, dann muss ich feststellen: Zum Glück haben wir wenigstens das Abkommen CETA (*Comprehensive Economic and Trade Agreement*) mit Kanada abschließen können. Mit diesem Land sitzen wir nach der amerikanischen Aufkündigung des Freihandelsabkommens NAFTA heute mehr denn je in einem Boot. Kanada ist im Übrigen europäischer als viele

EU-Mitgliedsstaaten. Bei einem kanadischen Anteil von gerade mal zwei Prozent am europäischen Außenhandel muss man sich heute noch an den Kopf fassen, mit welchen absurden Bedrohungsszenarien für Sozial- und Umweltstandards damals Organisationen wie Campact die Menschen in Deutschland in die Irre und gegen CETA auf die Straße geführt haben. Von den Organisatoren dieser Kampagnen gegen Freihandelsabkommen mit Kanada und den USA ist übrigens kein Wort zu vernehmen, wie sie ohne diese Abkommen die regelbasierte Ordnung verteidigen wollen.

Heute wären wir froh, wenn wir auch nur annähernd ein solches Abkommen mit den USA unter Barack Obama geschlossen hätten. In der damals aufgeheizten innerdeutschen Debatte war das jedoch unmöglich. Ausgerechnet ein Land wie Deutschland, dessen Wohlstand am Export hängt, hat sich vehement gegen sichere und verlässliche Regeln für eben diesen Export gewehrt! Meine Partei, die SPD, hat sich mehr als zwei Jahre lang an dieser Frage zerfleischt. Angeblich sei das Thema Freihandel wahlentscheidend bei der Bundestagswahl 2017. Die Wahrheit war, dass es dann im Wahlkampf schlicht keine Rolle spielte. Wir hatten uns jahrelang selbst bespiegelt, statt Deutschlands und Europas Rolle in der Welt zu unserem Thema zu machen. Ich kann nur hoffen, dass uns das eine Lehre war.

Nun sind es tatsächlich die USA, die die Regelwerke in den internationalen Beziehungen angreifen, die sie einst im Interesse Amerikas und einer sicheren Ordnung geschaffen haben. Und China führt einen geschickten Werbefeldzug, mit dem es sich als neues Bollwerk des Freihandels und Partner gleichberechtigter Wirtschaftsbeziehungen anpreist. Das ist zwar falsch, verfehlt aber angesichts der protektionistischen Vorstöße Trumps nicht seine Wirkung. Nur zu gern sucht China nach dem törichten Ausstieg der USA aus dem Transpazifischen Partnerschaftsabkommen (TTP) den Welthandel in seinem Sinne neu zu ordnen und insbesondere die Märkte seiner asiatischen Anrainer zu monopolisieren. Natürlich ist das, was der amerikanische Präsident als »massenhaften Diebstahl geistigen Eigentums durch China« brandmarkt, hochproblematisch – auch und gerade für deutsche Unternehmen.[25]

Wenn die von Präsident Trump angekündigten »großen Strafen«[26] kommen sollten, dürfte China darauf reagieren. Eine Eskalation von Strafmaßnahmen außerhalb des etablierten WTO-Systems könnte zwei der größten Volkswirtschaften der Welt geradewegs in einen Handelskrieg führen. Fürs Erste scheint diese Gefahr nach eilig angesetzten Verhandlungen aber durch die Zusage Pekings gebannt zu sein, künftig mehr Produkte aus den USA zu importieren. Auch Deutschland kann mit seiner weltweiten Vernetzung in einem Handelskrieg nur schweren Schaden nehmen. Leider steuern die jüngsten Wortmeldungen aus Washington zur Einführung von Zöllen im Handelsverkehr mit der EU jedoch Richtung Eskalation. Strafzoll, Gegenzoll, wechselseitige Steuer oder Grenzausgleichssteuer – gleich in welcher Form auch immer der Protektionismus daherkommt: Er kann eine gefährliche Spirale in Gang setzen, an dessen Ende alle verlieren. Das muss uns tief beunruhigen.

Mit seinen Tiraden gegen das Welthandelssystem, in dem die USA von anderen Staaten über den Tisch gezogen würden, spricht der Präsident das Ungleichgewicht zwischen den Nationen an. Die einen, die immer mehr exportieren und die anderen, deren Handelsdefizite deshalb wachsen. Doch sein Appell an die »Fairness« ist heuchlerisch: Seit Jahrzehnten machen sich die USA mitschuldig. Sie leihen sich enorme Summen im Ausland und nutzen die gepumpten Milliarden für den Import – für Stahl und Autos aus Europa, für Aluminium und Elektrogeräte aus Asien. Wie seine Vorgänger treibt auch Trump die Staatsschulden in schwindelnde Höhen und gefährdet damit die Stabilität der Weltwirtschaft. Die Finanzkrise 2008 zeigt, welchen Absturz in den Abgrund ein System riskiert, das mit derart gigantischen Kapitalströmen balanciert und die globalen Ungleichgewichte einem drohenden folgenschweren Crash aussetzen. Mit ihren Handelsbilanzüberschüssen sind China und Deutschland ins Fadenkreuz der Trump'schen Kritik geraten. Über die hemmungslose Schuldenmacherei seiner Administration und die waghalsigen Spekulationen der weithin ungebändigten Wall-Street-Akrobaten hingegen schweigt der Präsident.

Die kürzlich in Washington stattgefundene Begegnung zwischen Trump und dem EU-Kommissionspräsidenten Juncker hat eine unerwartete Verschnaufpause im Handelsstreit zwischen den USA und der Europäischen Union gebracht. Das war ein gutes Zeichen dafür, dass sich die Linie hartnäckiger Verhandlungen eher auszahlt als Zugeständnisse. Wie lange diese Pause im Streit währt, weiß derzeit allerdings niemand.

Immer mehr Pulverfässer

Die von US-Außenminister Mike Pompeo kürzlich angekündigten »härtesten Sanktionen der Geschichte« werden die Widersacher von Irans Präsident Hassan Rohani in ihrer Kompromisslosigkeit bestätigen.[27] Iran hatte sich akkurat an die Kontroll- und Transparenzregeln der Internationalen Atomenergiebehörde (IAEA) gehalten. Die einseitige Aufkündigung dieses Vertrages durch die USA bestärkt die Hardliner im Iran, die seit jeher gegen jede Vereinbarung mit dem »großen Satan« waren.

Der Vertragsbruch wird konkurrierende Regionalmächte wie Saudi-Arabien und Ägypten oder die Türkei zu atomarer Aufrüstung ermuntern. Um ein gefährliches Wettrüsten im Nahen Osten zu vermeiden, müssen wir dem gefährlichen Einflussgewinn des Iran in der Region entgegenwirken und seinem ballistischen Raketenprogramm Einhalt gebieten. Aber ob die Europäer nach dem unbedachten Ausstieg Trumps aus dem Atomvertrag mit dem Iran ihre Gemeinsamkeit wahren und sich dem Abkommen wirklich weiter verpflichtet fühlen, wird zum Lackmustest in einer entscheidenden Sicherheitsfrage.

Die unverhüllte amerikanische Drohung, alle Staaten und Firmen zu »bestrafen« (und von Geschäften mit den USA auszunehmen), stellt die Solidarität der Europäer auf einen heiklen Prüfstand. Sollte Trump diesen »*Snap-back*«-Mechanismus in Gang setzen und die angedrohten »Sanktionen auf höchstem Niveau« wirksam werden, wird die Neigung gerade großer Unternehmen, im Iran zu investieren, durch das Gift der Verunsicherung endgültig ausgebremst, weil sie die Vergeltung der USA fürchten müssen. China wird als Profiteur für die ausbleibenden westlichen Investitionen einspringen, denn das Land hat schon bisher trotz der verhängten Sanktionen einen regen Handel mit dem Iran betrieben. Auch Russland, Indien und die Türkei bieten sich dem Iran als Handelspartner an.

Es ist zu befürchten, dass das Abkommen wegen der internen Machtkämpfe im Iran scheitert, auch wenn Europa, Russland und China formal daran festhalten. Verheerend ist schließlich die bittere Erfahrung, dass sich dieser amerikanische Präsident nicht um geschlossene Verträge schert und damit vor aller Welt die Verlässlichkeit der USA dem Versprechen seiner Anhänger opfert. Einen Plan B, wie es weiter gehen soll, hat Trump, abgesehen von seinen massiven Drohungen, nicht vorzuweisen.

In jedem Fall ist die Welt seit Trumps Verdikt am 8. Mai 2018 noch ein Stück unsicherer geworden. Denn die einseitige Aufkündigung des über 13 lange Jahre auf maßgeblich deutsches Drängen hin ausgehandelten Abkommens mit dem Iran schürt die Gefahr eines neuen Flächenbrandes in der ohnehin konfliktreichen Krisenregion des Nahen und Mittleren Ostens. Die Raketengefechte am Golan könnten einen offenen Krieg zwischen Israel und dem Iran auslösen. Der Weg vom Schattenkrieg auf syrischem Boden zum regionalen Großkonflikt ist kurz. Israel, dessen Regierungschef Benjamin Netanjahu den präsidialen Erlass aus Washington ebenso bejubelt wie das saudische Königshaus, ist gefährdeter denn je. Denn der gewachsene regionale Einfluss des Iran und seiner militanten Vorfeldorganisationen wie der Hisbollah heizen den Konflikt an.

Zum Paradigmenwechsel, den Trump in der amerikanischen Nahost-Politik betreibt, zählt neben seiner geschäftlich inspirierten Parteinahme für Saudi-Arabien, einer Quelle des Dschihadismus, auch die einseitige Entscheidung, die US-Botschaft in Israel nach Jerusalem zu verlegen. Damit versiegt einstweilen nicht nur der erbärmliche Rest des Friedensprozesses mit den Palästinensern, Amerika verabschiedet sich aus der Region als ehrlicher Makler zwischen den Konfliktparteien. Auf einen eigenen Staat können die Palästinenser auf absehbare Zeit nicht hoffen.

Jenseits unseres Zorns über den außenpolitischen Hasardeur sind wir uns andererseits mit den USA nach der zunächst ja erfreulichen Annäherung Nord- und Südkoreas einig, dass das nordkoreanische Atomprogramm beendet und die nukleare Bedrohung durch das Regime in Pjöngjang ausgeschaltet werden muss. Nach seinem Stelldichein mit Nordkoreas Machthaber Kim Jong-un in Singapur wird Präsident Trump seinen persönlichen Triumph relativieren müssen (was er als Narziss nicht zu tun in der Lage sein wird): Die internationale Staatengemeinschaft hat Nordkorea schließlich in die Enge getrieben, indem sie von der UNO verhängten Sanktionen folgte und so das Regime in Pjöngjang unter Druck setzte.

Kim erreichte mit dem Gipfel sein ersehntes Ziel, auf Augenhöhe den Präsidenten des bislang größten Feindeslandes zu sprechen. Es werden die Mühen der Ebene folgen. In langwierigen Verhandlungen werden beide Seiten klären müssen, was die »Denuklearisierung« der koreanischen Halbinsel bedeutet und welche Garantien Kim für den Erhalt seiner dynastischen Herrschaft erhält. Möglicherweise hat Trump in seiner Euphorie ausgeblendet, welchen Preis der gewiefte Kim für sein Entgegenkommen verlangt. Nicht ausgeschlossen, dass Trump die Geduld verliert und zu seinen alten Drohungen gegen Pjöngjang zurückkehrt. Umgekehrt hat das Verhalten des nordkoreanischen Regimes nach dem Treffen in Singapur bereits Zweifel genährt, das nun aufgewertete Paria-Land suche die USA erneut zu täuschen und arbeite heimlich an einer Modernisierung seines nuklearen Waffenarsenals weiter. Aktuell müssen wir Europäer in großer Sorge sein über Verstöße gegen oder gar einen Bruch des Vertrags zum Stationierungsverbot von Mittelstreckenraketen (INF) in Europa zwischen den USA und Russland, der die Dislozierung, also die Verteilung von atomar bestückten Mittelstreckenraketen und Marschflugkörpern in Europa verbietet. In all diesen Fragen müssen wir, bei aller Mühe, den Austausch und die Verständigung mit den amerikanischen Verbündeten suchen.

Hoping for the best – preparing for the worst: Die transatlantischen Beziehungen neu gestalten

Zu hoffen, nach dem Ende einer Präsidentschaft Trump werde sich die Welt wieder zum Guten und Übersichtlichen wandeln, ist ein Irrglaube. Wir haben uns bei unserer Sicht auf die amerikanische Politik auf etwas verlassen, von dem wir gedacht haben, es halte ewig. Doch das Pendel dieses interessengeleiteten, nationalistischen Politikverständnisses wird nicht wieder einfach so zurückschwingen. Denn Handeln verändert die Wirklichkeit. Auch Barack Obama konnte die Folgen der Kriege seines Vorgängers George W. Bush in Afghanistan und Irak nicht überwinden, vermochte den Furor des radikalen Islamismus nur mit Gewalt einzudämmen, aber nicht zu stoppen.

Bemerkenswert allerdings ist: Trump wiederum handelt nicht völlig erratisch. Er folgt, bei aller Rücksichtslosigkeit, mit teilweise sicherem Instinkt, längeren Trends. Die USA verändern sich demografisch und gesellschaftlich, sie suchen ihren Anspruch als omnipräsente militärische Macht zu behaupten, zuvorderst als Konkurrent zur aufstrebenden Volksrepublik China im pazifischen Raum. Dort baut China seinen geopolitischen Einfluss Schritt für Schritt weiter aus. Der Kongress der Kommunistischen Partei im Oktober 2017 hat dafür die Perspektive der Führung bestätigt: China strebt ins Zentrum der Weltbühne.

Wir müssen uns daher auch auf die Zeit nach Trump und seiner Politik der maximalen Verunsicherung vorbereiten. Es wird kühler werden. Wir dürfen auf die neuen Herausforderungen nicht bang oder kleinlaut oder gar mit vorauseilendem Gehorsam reagieren. Wir dürfen uns auch nicht unterwerfen. Wir werden selbstständiger und selbstgewisser sein müssen. Und wir werden auch einmal entschieden »Nein« sagen müssen, wenn die geopolitischen Interessen der USA unseren Interessen fundamental zuwiderlaufen. Wir steuern auf eine Welt ungewisser, womöglich wechselnder und zeitlich befristeter Allianzen zu. Der ehemalige US-Verteidigungsminister Donald Rumsfeld nannte das einmal »the mission defines the coalition«. Doch im Unterschied zur »Koalition der Willigen«, die US-Präsident Bush 2003 für seine Invasion im Irak um sich scharte, werden sich die künftigen Koalitionen nach den jeweiligen politischen Schnittmengen bilden: mal zwischen den USA und einzelnen Staaten der EU, aber auch zwischen China, der EU und sogar Russland oder zwischen den geopolitischen Rivalen USA und China. Die Alleingänge der gegenwärtigen amerikanischen Regierung werden solche Allianzen außerhalb der gewohnten transatlantischen Bindungen beschleunigen.

In den letzten Jahrzehnten haben wir die militärisch-politische Einmischung in der Welt den USA und in einem geringeren Maße den Briten und Franzosen überlassen. Wir haben zugesehen, wie die USA die Welt zu retten versuchten. Wenn es schief ging, hatten wir einen Sündenbock, auf den wir schimpfen konnten. Jetzt schimpfen wir, weil die USA ihre Rolle als omnipräsenter Weltpolizist aufgeben. Einfach werden wir es in dieser unbequemeren Welt nicht haben. Deutschland wird sich einmischen müssen, am besten im europäischen Verbund und bei militärischen Einsätzen mit einem Mandat der UNO. Wir müssen Europa zu einem weltpolitischen Akteur machen. Es ist höchste Zeit, dass wir nicht nur so tun, als ob, sondern dass wir wirklich und endlich eine gemeinsame europäische Außenpolitik entwickeln. Dazu gehört auch, aber eben nicht nur, eine erweiterte militärische Handlungsfähigkeit, denn ohne diese ist eine Außenpolitik hohl und schwach. In einer Welt voller Unholde und Fleischfresser wird ein politischer Vegetarier, der keine zielgerichtete Machtprojektion hat, nicht ernst genommen.

Wir Europäer sollten jetzt nicht betteln gehen und täglich Zusagen zu transatlantischen Partnerschaften einfordern. Zusagen an die NATO, Zusagen an Europa, Zusagen an die transatlantische Wertegemeinschaft – das alles werden wir von dieser amerikanischen Administration nicht verlässlich bekommen. Wir Europäer sollten uns selbstbewusst klar machen, was uns die NATO bedeutet, welches Europa wir wollen und welche Interessen wir mit einer transatlantischen Partnerschaft verfolgen. Und wir sollten analysieren, welche Interessen die Vereinigten Staaten in der NATO, an einem einigen und starken Europa und an einer transatlantischen Partnerschaft haben. Oder um es noch deutlicher zu sagen: Der politische Diskurs über die Außen- und Sicherheitspolitik Europas definiert sich nicht entlang der Querschüsse oder Tweets aus der amerikanischen Politik, sondern an unseren eigenen Interessen. Was wir den USA anzubieten haben, ist eine gemeinsame Interessenbestimmung, sind gemeinsame Prioritäten und die Entwicklung gemeinsamer Fähigkeiten, um auf unerwartete und ungeplante Ereignisse angemessen reagieren zu können.

Diese Herangehensweise setzt voraus, dass beide Seiten ihre Interessen definieren und nicht eine Ideologie das außenpolitische Handeln bestimmt. Interessen mögen noch so unterschiedlich sein, Wege zum Interessenausgleich lassen sich immer finden. Feindliche Ideologien allerdings lassen sich nicht versöhnen. Die Handelspolitik zeigt, dass die wirtschaftlichen Interessen Chinas und Asiens andere sind als die der USA oder Europas. Handelsverträge, die Schiedsbarkeit der WTO und im Zweifel auch handelspolitische Schutzinstrumente stellen uns aber einen Werkzeugkasten zur Verfügung, um diese Interessen, wenn auch nicht in Einklang zu bringen, so doch aber die Konflikte zu begrenzen und dem wirtschaftlichen Wettbewerb Regeln zu geben.

Wenn aber die Politik von ideologischen Vorstellungen über nationale Hegemonie und ethnische Homogenität getrieben wird, kann kein Interessenausgleich gelingen. Der jeweils andere ist dann ein Feind, der bekämpft wird – mit Mauern, Einwanderungsverboten oder gar mit militärischer Gewalt. In diesem Fall würde auch Europa zum Feind, der geschwächt und gespalten werden soll.

Die amerikanischen Politik ist besorgniserregend, auch wenn wir noch nicht wissen, ob sie sich mit ihren neuen Ansätzen wirklich durchsetzt: Während sich die EU als Wertegemeinschaft mit einem ambivalenten Verhältnis zur Macht versteht, hat Amerika Werte und Macht in der Eigenwahrnehmung weitgehend in Einklang gebracht. Wenn ich mich frage, woher die Faszination Amerikas auch in meiner Generation rührt, obwohl diese zu den härtesten Kritikern der US-Interventionspolitik in Vietnam, Chile, Nicaragua oder im Iran und im Irak gehörte, dann sind es gewiss nicht Coca Cola oder Rock'n'Roll, die uns mit den USA immer wieder versöhnt haben. Es ist vielmehr diese Idee von Freiheit und Demokratie, die Amerika zu einem Kompass, zu dem schon erwähnten Sehnsuchtsort, werden ließ.

Die Fähigkeit, Werte und Macht trotz aller Unzulänglichkeiten und Widersprüche immer wieder zu versöhnen, machte Amerika so erfolgreich. Die von uns als »westliche Werte« beschriebenen Ideen von Freiheit, Demokratie und gegenseitiger Verantwortung waren universell. »Der Westen« war keine geografische, sondern eine politische, kulturelle und intellektuelle Verortung. Wir Deutsche und die Europäische Union werden diese universellen westlichen Werte verteidigen und zu ihnen stehen müssen. Sie konstituieren unsere Idee vom Zusammenleben und bilden die Grundlage für Freiheit und Wohlstand gleichermaßen.

Wir können deshalb nur hoffen, dass dieses Gleichgewicht in der amerikanischen Politik auch mit und nach Trump erhalten bleibt. Sollte Amerika seinen Glauben an die gemeinsamen westlichen Werte verlieren, bekommen wir es in der Tat mit einem dramatischen

Koordinatenwechsel in der Weltpolitik zu tun. Ich will nicht verheimlichen, dass dies Europa in große Bedrängnis bringen würde.

Was heißt das für uns Europäer? Mein Rat ist: »*Hoping for the best – preparing for the worst.*« Bleiben die Vereinigten Staaten ein Land, in dem westliche Werte ebenso konstitutiv sind wie in Europa, würde dies die Grundlage für eine neue Partnerschaft bilden. Diese wäre weder die Fortsetzung der alten Führungsrolle der USA, die alle unangenehmen Aufgaben zu übernehmen hat, damit wir Europäer und wir Deutsche uns heraushalten können. Noch würden die Europäer die Interventionspolitik des »*american exeptionism*« übernehmen. Die erneuerte Partnerschaft hätte als Leitbild eine »*Partnership in Responsability*«, eine Partnerschaft für eine friedliche internationale Ordnung und Sicherheit. Sie wäre weit mehr als die Aufrechterhaltung militärischer Fähigkeiten mit höheren finanziellen Beitragen Europas in der NATO.

Das setzt ein »*stronger Europe*« voraus, das mehr Verantwortung für das Krisenmanagement in der europäischen Peripherie und auch in Europa schultert. Gleichzeitig müssten Amerikaner und Europäer in einer erneuerten Partnerschaft gemeinsame Initiativen ergreifen – zur Stabilisierung der Weltwirtschaft, bei der Krisenprävention und Krisenbewältigung, im Kampf gegen Hunger, Not und Elend wie im Einsatz gegen den Klimawandel. »*Preparing for the best*« bedeutet, dass auch wir Europäer uns ändern. Aber nicht, weil die USA Druck auf uns ausüben, sondern weil wir es wollen, um anschlussfähiger an die sich verändernde Weltordnung zu werden.

Ein ebenso realistisches alternatives Szenario ist: »*Preparing for the worst*«. Das bedeutet, dass die Politik der Vereinigten Staaten – in welcher Zeitspanne auch immer – maßgeblich nicht von Interessen, sondern von Ideologien bestimmt wird. Europa wäre dann Objekt dieser ideologiegetriebenen Politik. Die gute Nachricht ist: Alles, was wir um unserer eigenen Interessen willen jetzt an Veränderungen vornehmen, wird uns helfen, unser europäisches, westliches Gesellschaftsmodell zu verteidigen. Alles, was für den schlimmsten

Fall nötig ist, hilft uns auch für den besten Fall einer erneuerten Partnerschaft des Westens.

Es lohnt sich also in jedem Fall, in eine neue aber zugleich veränderte Partnerschaft mit den USA zu investieren. Denn so, wie das transatlantische Verhältnis einst war, wird es nicht mehr werden. Aber es darf auch nicht so fragil und unberechenbar bleiben wie derzeit. Ein enger politischer Austausch mit den Kongressabgeordneten, mit Senatoren, Gouverneuren und Politikern außerhalb Washingtons und mit der amerikanischen Zivilgesellschaft ist gerade jetzt nötig. Vom Schüleraustausch bis zu Unternehmensbeziehungen, von Städtepartnerschaften bis hin zur Einladung an das junge Amerika: All das lohnt sich jetzt. Es gibt insbesondere aus den USA interessante Vorbilder wie zum Beispiel das Senator Fulbright-Programm, mit dem seit Jahrzehnten Vertreterinnen und Vertreter der Generation unter 40 Jahren aus allen Ländern der Erde zu Studienaufenthalten in die USA eingeladen werden. Insbesondere Personen, von denen vermutet werden kann, dass sie aufgrund von Ausbildung und bisherigem Engagement in der Zukunft eine wichtige Rolle in ihren Herkunftsländern übernehmen werden. Warum also nicht ein ähnliches großes jährliches Programm in Europa, das sich an junge US-Bürgerinnen und Bürger richtet? Denn in nur wenigen Jahren wird die Mehrheit der Amerikaner keine europäischen Wurzeln mehr haben, sondern asiatische, lateinamerikanische und afrikanische. Es entsteht ein anderes Amerika. Und genau in dieses andere Amerika sollten wir Europäer investieren.

Ich verstehe und akzeptiere, dass Amerika von den Europäern erwartet, einen größeren finanziellen und militärischen Anteil an der Verantwortung für die Sicherheit der Welt zu übernehmen. Es wäre allerdings ein fataler Fehler, wenn Teile der amerikanischen Politik glauben, dass diese größere Verantwortung eher von einem Europa zu erwarten ist, das in rivalisierende Nationalstaaten zerfällt. Regelbasierte internationale Zusammenarbeit verheißt langfristig die besten »*Deals*«. Europa war schon einmal Teil des Problems der Weltsicherheit. Es muss jetzt mehr als bisher Teil der Lösung werden. Das gelingt nur geeint. Scheitert unser Kontinent als Gemeinschaft, droht er wieder Teil des Problems zu werden.

5.

Russland – Nachbar, Partner, Gegner?

Ich weiß, dass wir heute längst in einer Zeit leben, in der die Erinnerung an die Vergangenheit des Zweiten Weltkriegs und die barbarischen Mordbanden unter deutschem Namen nicht mehr der alleinige Bezugsrahmen unseres politischen Handelns ist. Und ich weiß auch, dass eine Erinnerung an diese Zeiten rasch als »deutscher Schuldkomplex« abgestempelt wird, den man endlich ablegen müsse. Derartige Ratschläge hört man nicht nur im Inland, sondern auch im Ausland.

Und doch gebe ich freimütig zu, dass mein inneres Verhältnis zu Russland, meine Emotion für dieses große Land immer noch stark vom Wissen um die Verwüstungen des Zweiten Weltkriegs geprägt sind, die Deutsche den Russen damals angetan haben. Gleiches gilt auch für mein Verhältnis zu Polen und zu Israel.

Auch andere Länder haben unter dem Nazi-Regime entsetzlich gelitten, aber die Völker dieser drei Länder ganz besonders. Von den sechs Millionen von den Nazis ermordeten Juden waren drei Millionen polnische Bürger. Polen sollten ebenso wie die Juden nicht nur von der Landkarte, sondern auch aus dem kulturellen Gedächtnis gestrichen werden. Zusammen mit den Russen galten Polen und Juden als »Untermenschen«.

Als ich das erste Mal die Gedenkstätte des ehemaligen Konzentrationslagers Auschwitz-Birkenau zusammen mit Kurt Scholz, einem ehemaligen Auschwitz-Häftling, besuchte, erzählte er mir, dass die sowjetischen Kriegsgefangenen aus seiner Sicht von allen Lagerinsassen am meisten zu leiden gehabt hätten. Mehr noch als die jüdischen Insassen, sofern sie nicht direkt in den Gaskammern vernichtet worden seien. Ich weiß nicht, ob man vergleichen kann, wer in Auschwitz am meisten gelitten hat, und ich will auch keinesfalls das Leid der anderen Opfer relativeren. Aber die Bemerkung von Kurt Scholz ist mir gut in Erinnerung geblieben, zeigt sie doch, wie sehr die Deutschen die Russen verachteten.

Mir geht es am Beginn dieses Kapitels über Russland jedoch nicht um die Vergangenheit oder einen vererbten Schuldkomplex, sondern um das Gegenteil: Ich staune noch heute über das offene und herzliche Verhältnis, das die Russen, denen ich begegnet bin, uns Deutschen gegenüber pflegen. Ich habe fast den Eindruck, als gäbe es eine Art »Sehnsucht« der Russen nach Verständigung mit uns Deutschen. Und das nach mehr als 20 Millionen Toten, die Deutsche in Russland hinterlassen haben.

An mein Gespräch mit Kurt Scholz erinnerte ich mich, als ich im Herbst 2017 als Außenminister das St. Petersburger »Economic Forum« besuchte. Ich hatte darum gebeten, in das Besuchsprogramm eine Führung durch das Museum und die Gedenkstätte für die während der deutschen Belagerung getöteten Bürger Leningrads aufzunehmen. Am Rand der Innenstadt, wo die Front zwischen der deutschen Wehrmacht und den Verteidigern Leningrads verlief, gibt es ein Mahnmal und ein unterirdisches Museum. Was mich bei diesem Besuch am meisten beeindruckte, waren ein Orchester und eine Einheit der russischen Armee, die dort zu meiner Begrüßung aufmarschierten. Sie spielten an diesem Ort, der an millionenfaches, von Deutschen verursachtes Leid erinnert, zu meinen Ehren die deutsche Nationalhymne. Ich glaube nicht, dass das Zufall war oder nur den protokollarischen Regeln für den Empfang des deutschen Außenministers folgte, denn der offizielle Beginn meines Besuches fand zu einem späteren Zeitpunkt statt. Offenbar sollte damit ganz bewusst dokumentiert werden, dass die Russen uns Deutschen immer wieder die Hand reichen – trotz des Leids des Zweiten Weltkriegs und trotz aller aktuellen Spannungen wegen der Ukraine-Krise und anderer globaler Konflikte zwischen dem Westen und Russland.

Mag sein, dass das sentimental klingt. Aber in den vielen Begegnungen, die ich in den letzten rund 40 Jahren in Russland hatte, war diese ausgestreckte Hand für mich immer spürbar. Ob es der Freundeskreis meiner ersten russischen Freundin Irina und die Begegnungen mit Jugendlichen im Interhotel am »Lenin-Berg« in Moskau waren oder spätere Treffen mit Vertretern von Städten und Gemeinden, mit Ärzten, Intellektuellen, Oppositionellen oder den Repräsentanten der jeweiligen russischen Regierungen.

Ich beginne mein Russland-Kapitel so, weil ich offen zugebe, dass ich mich Russland positiv voreingenommen nähere. Außerdem möchte ich – bei all der Konfliktfähigkeit, die wir heute im Umgang mit Russland auch brauchen – daran erinnern, wie groß die Bereitschaft auf der russischen Seite ist, gerade mit uns Deutschen in Frieden zu leben.

Kein Interesse am Status quo mehr

Konflikte mit Russland gibt es genug. Im Unterschied zur früheren Sowjetunion ist das Russland von heute nicht am Status quo interessiert. Die Entspannungspolitik der SPD und ihrer Architekten Egon Bahr und Willy Brandt ab 1969, die von so unterschiedlichen Bundeskanzlern wie Helmut Schmidt und Helmut Kohl fortgesetzt wurde, traf auf Machthaber in Moskau, die ihre mit viel Blut bezahlten Grenzen und Einflusszonen absichern wollten. Die Anerkennung der Oder-Neiße-Grenze und der DDR sowie der Begriff der »friedlichen Koexistenz« dienten dem gleichen Zweck wie der

Bau der Mauer: der Absicherung von Herrschaftsgebieten und dem Erhalt des Status quo.

Das Russland von Wladimir Putin ist keine Status-quo-Macht mehr, sondern eine revisionistische Macht, die bereit ist, Grenzen zu verschieben. Mit der völkerrechtswidrigen Annexion der Krim und dem hybriden Krieg in der Ostukraine hat Putin die 1975 in Helsinki getroffenen Vereinbarungen der »Konferenz über Sicherheit und Zusammenarbeit in Europa« (KSZE) gebrochen. Die Schlussakte sieht vor, die territoriale Integrität der europäischen Staaten zu respektieren und die Grenzen innerhalb Europas zu achten. Dieser Vertrag wurde durchaus im Interesse der Sicherheit der Sowjetunion und ihrer Verbündeten geschlossen. Dennoch mussten die kommunistischen Machthaber auf westliches Drängen die prinzipielle Einhaltung der Menschenrechte akzeptieren. Auf dieses Dokument bezogen sich später Bürgerrechtler – und Menschenrechtsgruppen des Ostblocks.

Mit der Annexion der Krim und der militärischen Intervention in der Ostukraine 2014 habe Putin faktisch die Unterschrift Michail Gorbatschows unter der »Charta von Paris« zurückgezogen, urteilt zu Recht der Historiker und Sozialdemokrat Heinrich August Winkler.[28] In diesem Dokument hatten sich im November 1990 alle 34 Unterzeichnerstaaten in der Nachfolge der KSZE-Schlussakte verpflichtet, ihre nationale Souveränität und territoriale Integrität zu achten, Konflikte friedlich beizulegen, ein militärisches Bündnis frei wählen zu können und überdies die Demokratie als politische Ordnung weiterzuentwickeln.

Der Intervention in der Ukraine gingen gewalttätige Konflikte im Kaukasus voraus, die ebenfalls in der Kritik stehen müssen. Doch vor allem in Syrien zeigte sich Putin-Russland bereit, sich mit Diktatoren wie Assad einzulassen, um seinen globalen Einfluss zu dokumentieren und den des Westens in Grenzen zu halten. Eindrucksvoller konnte Putin die fatale Bemerkung des früheren US-Präsidenten Barack Obama nicht parieren, nach der Russland nicht mehr sei als eine »Regionalmacht«.[29] Russland sieht sich anders und ist bereit, für diesen Anspruch, eine Art »Großmachtsteuer« zu zahlen: Westliche Sanktionen, wirtschaftliche Einbußen und politische Ächtung werden hingenommen.

Am Anfang Chaos und Zerfall

Die Fehler des Westens im Umgang mit Russland begannen aus meiner Sicht 1989 mit dem Fall des Eisernen Vorhangs und dem schrittweisen Zusammenbruch der Sowjetunion. Die Veränderung in der Sowjetunion war eigentlich schon seit der Reaktorkatastrophe von Tschernobyl im Jahr 1986 zu beobachten. Michail Gorbatschow, seit 1985 Generalsekretär der Kommunistischen Partei (KPdSU), bewies mit seine Politik des »Glasnost« (Offenheit) und der »Perestroika« (Umbau), dass die desaströsen wirtschaftlichen Verhältnisse in der Sojewtunion nicht mehr ignoriert werden konnten. Die gesellschaftliche Lethargie hatte sich wie ein Sargdeckel auf das Land gelegt. Doch auch der Reformer Gorbatschow legte es darauf an, die Reaktorkatastrophe, das Versagen sowjetischer Technologie und die gefährlichen Folgen für Millionen Menschen geheim zu halten. Erst lügen und dann vertuschen – das war für viele Russen der Beweis, dass in diesem Land nichts mehr stimmte. Die korrupte und verlogene Realität der alten Sowjetunion wurde mit diesem GAU auf dramatische Weise sichtbar.

Mit einer erneuerten KPdSU begann Gorbatschow, den Reformstau aufzulösen und die bereits verbreitete Aufbruchstimmung zu nutzen. Mit einem Volksdeputiertenkongress, einer Mischform aus dem Zentralkommittee der KPdSU und demokratischen Wahlverfahren, wollte er Druck auf die alte Nomenklatura erzeugen. Selbst Regimekritiker wie Andrei Sacharow durften nun Mitglieder dieses Parlaments werden. Der Generalsekretär hatte den Mut zu einem großen demokratischen Experiment, das den Bestand der

Sowjetunion sichern sollte. Doch es zerrann ihm unter den Fingern. Denn im Baltikum, in Aserbaidschan und später in Georgien begannen die Unabhängigkeitsbewegungen, die Sowjetunion zerbrach im Innern wie nach außen. Schließlich fiel die Mauer in Berlin, weil die SED-Führung mit ihrem Unwillen zu Reformen die Demokratiebewegung in der DDR beflügelte. Gorbatschow verzichtete auf eine militärische Intervention im »Bruderstaat« und setzte so die deutsche Einheit auf die Tagesordnung der europäischen Geschichte.

Für Gorbatschows Gegner in der Sowjetunion war diese Entscheidung der endgültige Beleg, dass ihr »junger Generalsekretär« bereit war, alles zu zerstören, wofür die Kriegsgeneration Stalins ihr Leben gegeben hatte. Missglückte Reformen in der KPdSU, der Zerfall der Sowjetunion und das Ende der DDR waren drei zeitgleiche Bewegungen, die die alte Garde aus Militär, Geheimdienst und Parteifunktionären 1991 zu einem letzten Putsch veranlasste. Zum Glück der Weltgeschichte scheiterte dieser von ebenso unfähigen wie betrunkenen Putschisten inszenierte Versuch, die begonnenen Reformen zu unterbinden.

Boris Jelzin, damaliger Präsident der russischen Teilrepublik, nutzte das entstandene Vakuum und führte Präsident Michail Gorbatschow, den einst mächtigsten Mann der Sowjetunion, regelrecht vor. Damit war das Ende der Union der Sozialistischen Sowjetrepubliken und ihrer aus der bolschewistischen Revolution hervorgegangenen KPdSU besiegelt.

Es folgten Jahre des Chaos, der wirtschaftspolitischen Anarchie, der Bereicherung, Korruption und massenhafte Verelendung. Russland suchte ohne jegliche Erfahrung den Aufbruch in eine neue Welt. Wie baut man eine Demokratie auf? Wie reformiert man einen maroden Staatskapitalismus? Wie organisiert sich eine Zivilgesellschaft? Das über Jahrhunderte diktatorisch regierte Russland konnte weder auf Helfer zurückgreifen noch auf einen Marshall-Plan zum politischen und wirtschaftlichen Aufbau. Den sollte es nach dem politischen Willen der West-Alliierten auch nicht geben. US-Präsident George Bush tat die Bitten mit dem Hinweis ab: »Wir haben doch den Krieg gewonnen«. Und die britische Premierministerin Margaret Thatcher argumentierte in ihrer kalten, neoliberalen Manier: »Warum«, so fragte sie, »soll man eigentlich in eine hochriskante Operation investieren?« Deutschland finanzierte mit 15 Milliarden DM den Abzug der Roten Armee und den Bau von Wohnungen für die heimkehrenden Soldaten. Mehr gab es für die 150 Millionen Russen auf dem Weg in die Demokratie nicht.

Auch nach Gorbatschow, in der Ära Jelzin gab es kaum strategische Investitionen in den Neuaufbau Russlands als Partner, die man mit dem Marshall-Plan hätte vergleichen können. Bushs Nachfolger Bill Clinton konzentrierte sich auf den Abbau der alten sowjetischen Atomwaffen in Kasachstan und der Ukraine, um eine unkontrollierte Verbreitung dieser nuklearen Arsenale zu verhindern.

Diese Phase der internationalen Beziehungen mit dem zerfallenen Sowjetreich fiel in eine Zeit, in der im Westen die neoliberale Ideologie populär war. Die Märkte würden schon die richtigen Signale für die notwendigen Reformen setzen, diese organisierten sich nicht nur selbst, so der vorherrschende Glaube, die Reformen finanzieren sich auch von selbst. Die neoliberalen Glaubenssätze wurden in die Struktur eines Landes transferiert, das in seiner Geschichte nicht marktwirtschaftliche Prozesse, sondern Planwirtschaft kennengelernt und erlitten hatte.

Anfang der 1990er-Jahre versuchte Wirtschaftsminister Jegor Gaidar eine Schocktherapie – mit verheerenden Folgen für große Teile der von bitterer Armut und Verelendung betroffenen Bevölkerung. Parallel dazu verbündeten sich die alten Eliten mit einigen der jungen Generation. So entwickelten sich schnell wachsende oligarchische Strukturen, auch in der Familie Jelzin. Für beide Seiten war dies ein gutes Geschäft. Die Mehrheit der Bevölkerung lernte dabei jedoch, dass die Eliten immer die gleichen und Veränderungsmühen erfolglos bleiben. Mit dem Bankrott des russischen Staates 1998 verloren die einfachen Menschen in Russland erneut alles.

Der Aufstieg des Wladimir Putin

Der alkoholkranke Präsident Boris Jelzin stand in dieser Phase des Landes durch den populären Moskauer Bürgermeister Jurij Luschkow und den Geheimdienstchef Jewgeni Maximowitsch Primakov unter Druck. Für sich selbst suchte er einen Nachfolger, der ihm und seiner in korruptive Strukturen verwickelten Familie Straffreiheit zu garantieren bereit war. Ihn beeindruckte die Loyalität Wladimir Putins gegenüber dem Leningrader Oberbürgermeister Anatoli Sobtschak, seinem einstigen Chef. Als Sobtschak 1991 Bürgermeister von Petersburg wurde, hatte er Putin als Chef des Komitees für Außenwirtschaft ins Amt geholt. Dieser loyale Putin, so befand Jelzin, sei »auf eine militärische Weise standhaft«.

Ich habe den heutigen russischen Präsidenten als jemanden kennengelernt, der sich am Ende jedes Gesprächs nach gemeinsamen deutschen Freunden und deren Befinden erkundigt. Sein Interesse diesen Freunden gegenüber wirkte immer authentisch, nie gespielt oder aufgesetzt. Ich hatte dennoch stets den Eindruck, dass mir jemand mit zwei unterschiedlichen Wesenszügen begegnete: ein harter und kompromissloser politischer Führer, wenn es um russische Interessen, Machterhalt oder auch Krieg ging. Auf meinen Vorhalt, man könne doch nicht mit einem Diktator und Menschenschinder wie Baschar al-Assad in Syrien gemeinsame Sache machen, antwortete Putin hart: »Wir führen Krieg gegen den IS. Und diesen Krieg muss man gewinnen wollen, sonst darf man ihn nicht anfangen.« Kam das Gespräch hingegen auf persönliche Fragen, saß mir jemand gegenüber, dem man nachts um vier Uhr seine privaten Sorgen vortragen könnte und der versuchen würde, dem Freund mit allen seinen Möglichkeiten zu helfen. Beide Wesenszüge sind nur schwer auf einen Nenner zu bringen.

Jelzin hatte Putin 1999 wegen seiner Loyalität und seiner Fähigkeiten zur Führung eines großen Apparates sowie auf Rat des Oligarchen Boris Beresowski zum Ministerpräsidenten ernannte. Ein Jahr später wurde er Nachfolger Jelzins als russischer Präsident.

Der ehemalige Geheimdienstler Putin ist auch in Deutschland sozialisiert und sich gewiss, die Deutschen zu verstehen. Noch immer liest er deutsche Zeitungen und schaut deutsches Fernsehen. Er achtet und respektiert die deutsche Bundeskanzlerin und das nicht nur, weil sie russisch spricht, sondern vor allem, weil er Deutschland als wirtschaftlich, sozial und technologisch führend einschätzt. Aber auch, weil Merkel so lange an der Regierung ist. Wer mit Macht umzugehen weiß, den schätzt er besonders. Wir Deutschen sollten Wladimir Putin auch respektieren und schätzen, auch wenn wir aus unserer Sicht jede Menge gute Gründe haben, seine Innen- und Außenpolitik heftig zu kritisieren. Mit ihm jedenfalls haben wir einen Staatschef in Russland, der trotz aller gegenseitigen Enttäuschungen unserem Land und Europa zugewandt ist. Niemand weiß, ob das nach Putin so bleiben wird. Allein das ist ein Anlass, an der Stabilisierung unserer Nachbarschaft zu arbeiten.

Wladimir Putin liebt es, mit seinen Gesprächspartnern aus Deutschland irgendwann aus dem Russischen in die deutsche Sprache zu wechseln – vor allem dann, wenn ihm der offizielle Dolmetscher entweder Fehler zu machen scheint oder zu langsam ist. Eine meiner Begegnungen mit ihm in seiner ersten Amtszeit außerhalb des Kreml am Rande Moskaus ist mir in lebhafter Erinnerung geblieben. Es war ein Vieraugengespräch mit Dolmetscher und es ging natürlich um die Ukraine. Putin wiederholte seine Kritik an der »orangenen Revolution« des Minsker Maidan und seine Auffassung, vieles davon sei vom Westen – damit waren vor allem die USA gemeint – inszeniert. Meine Entgegnung, die Menschen in der Ukraine hätten einfach genug gehabt von der Korruption und Kleptokratie der Oligarchen und der Unfähigkeit ihrer Regierungen – sei es nun unter Julija Timoschenko oder Wiktor Janukowitsch, beantwortete Putin mit einem Satz, den der Dolmetscher wie folgt ins Deutsche übertrug: »Janukowitsch ist ein Vollpfosten.« Ich muss in diesem Augenblick wegen dieses Kraftausdrucks in einem bis dahin höflich gepflegten diplomatischen Gespräch offenbar einen völlig irritierten Gesichtsausdruck gehabt haben. So als könne ich nicht glauben, dass die Übersetzung korrekt gewählt worden sei. Da wiederholte Putin seinen Satz noch einmal eindringlich und dieses Mal in meiner Sprache: »Ja, Sie haben mich richtig verstanden: Janukowitsch ist ein Vollidiot.« Danach fiel er nicht mehr zurück ins Russische, sondern genoss offenbar den schnellen Austausch in meiner Muttersprache. Ich jedenfalls habe danach nie wieder nach diplomatischen Formulierungen gesucht, sondern auch Klartext gesprochen. Auch das schien dem russischen Präsidenten zu gefallen.

Die erneute Entfremdung vom Westen

Lange Zeit wiederholte der russische Präsident seine Formel, dass für ihn Russland zu Europa gehöre. Und Europa wurde gebraucht, um Russland zu modernisieren. In seiner ersten Amtsperiode liebäugelte Putin sogar mit der Idee, Russland zur NATO zu öffnen. Die Publizistin Katja Gloger zitiert Putin aus einem ersten Interview mit der BBC am 5. März 2000: »Russland ist Teil der europäischen Kultur. […] Ich kann mir mein Land einfach nicht isoliert von Europa vorstellen, von dem, was wir oft als zivilisierte Welt beschreiben. Daher fällt es mir schwer, die NATO als Feind zu sehen.«[30] Solche Interviews klingen heute wie Bekenntnisse aus einer unbekannten Welt. Denn wir befinden uns in der Zwischenzeit in einer Eskalationslogik, die wir seit Ende des Kalten Krieges überwunden glaubten. Dass die westliche Allianz Anfang der 1990er-Jahre dem einstigen Gegner gar »die Hand zur Freundschaft« reichte, ist heute fast vergessen.

Der neue Präsident wollte vor allem die Russische Föderation wieder als Partner auf Augenhöhe verorten. Er war der Erste, der nach dem Terroranschlag auf die Twin Towers in New York am 11. September 2001 George W. Bush anrief. Dieser US-Präsident schien ihn als Partner zu akzeptieren: »Ich habe Putin in die Seele gesehen.« Nie seien die russisch-amerikanischen Beziehungen besser gewesen, titelten die amerikanischen Medien – zum Erschrecken nicht weniger in der etablierten Washingtoner Politik. So kommentierte der damalige US-Außenminister Colin Powell die Erkenntnisse seines Chefs dann auch mit den Worten: »Ich habe ihm in die Augen gesehen und was ich sah, war der KGB.«

Gewiss war Putins Politik immer darauf ausgerichtet, Russland wieder als moderne Großmacht mit imperialem Anspruch zu positionieren. Multipolarität hieß für ihn, für Russland eine neue Machtbalance mit den USA zu erreichen. Den Europäern empfahl er früh, sich nicht in die Abhängigkeit der USA zu begeben, sondern sich als »unabhängiges Machtzentrum« zu entwickeln. Noch heute habe ich den Eindruck, dass der russische Präsident die Haltung Europas im Ukraine-Konflikt als reine Ableitung und Abhängigkeit einer antirussischen US-Politik identifiziert. Dass Europa aus Überzeugung und seiner eigenen Werte wegen die Annexion der Krim und die Destabilisierung der Ukraine ablehnt und sich deshalb zu Sanktionen bereitfand, scheint Putin sich nicht vorstellen zu können. Ich habe ihn oft sagen hören: »Ihr könnt ja nicht anders«. In seinem Weltbild scheinen Deutschland und Europa in völliger politischer Abhängigkeit der USA zu stehen. Wir sollten demgegenüber die politische Eigenständigkeit Europas und Deutschlands immer wieder deutlich machen.

Das Ende der Annäherung zwischen den USA und Russland markierte 2003 der zweite Irakkrieg. Für Putin beweist dieser Feldzug, dass die USA nichts anderes im Sinn führen als ein unipolares Supermachtstreben. Der letzte Ort für Moskaus Großmachtambitionen, der UNO-Sicherheitsrat mit dem Veto-Recht Russlands, war umgangen worden. George W. Bush verband seinen völkerrechtswidrigen Krieg mit einer offensiven, angeblich idealistischen Politik der »*freedom agenda*«. Diese zielte auf den Export des westlichen Demokratiemodells in alle Teile der Welt, auch nach Russland. Ausgerechnet in strategisch wichtigen Nachbarländern Russlands, im Kaukasus und in der Ukraine, sollte diese »*freedom agenda*« ausgerollt werden. Dort revoltierten bereits breite Schichten der Bevölkerung gegen jahrzehntelange Korruption, manipulierte Wahlen und käufliche Politik.

Was für den Westen der Beginn junger Demokratiebewegungen war, konnte aus Sicht des russischen Präsidenten nur einer gefährlichen Infektionskrankheit gleichen. Deren Virus-Verbreitung nach Russland musste in jedem Fall gestoppt werden. In meinen Gesprächen mit Putin wurde klar, dass er hinter den bunten Revolutionen seiner Nachbarstaaten eine von den USA gesteuerte Kampagne gegen Russland vermutete. Wenn es dafür noch eines Beweises bedurft hätte, so waren es die beständigen Versuche der USA, die Ukraine oder Georgien in die NATO aufzunehmen. Tatsächlich hatten vor allem die neokonservativen amerikanischen Eliten längst wieder das alte russische Feindbild verinnerlicht. Einige US-Senatoren forderten den Ausschluss Russlands aus dem G8-Verbund der wichtigsten Industrieländer. Die Kritik an Russland und seinem Präsidenten wurde in den USA immer unversöhnlicher.

Den Westen spaltet bis heute ein fundamentaler Streit. Wollen wir weiter an einer Europäischen Friedensordnung – unter Einschluss Russlands – und für einen Kooperationsraum von Vancouver bis Wladiwostok arbeiten, wie es über Jahrzehnte unsere Absicht war? Oder passen wir uns den geopolitischen Zielen der USA an, als einzige Supermacht gelten zu wollen und Russland auszugrenzen? Die alte Ordnung soll nach Auffassung eines Teils der westlichen Politik seit der völkerrechtswidrigen Annexion der Krim nun als beendet gelten. Hier spiegelt sich die traditionelle Meinung jener in der westlichen »Sicherheits-Community« wider, die nie wirklich gemeinsam mit Russland im Europäischen Haus unter einem Dach wohnen wollten.

Der amerikanische Kolumnist Tom Friedman hat diese Sicht in der *New York Times* auf den Punkt gebracht: »Wir erwarten von euch Russen, dass ihr euch wie eine Demokratie verhaltet, aber wir werden euch behandeln, als wäret ihr weiterhin die Sowjetunion. Der Kalte Krieg ist für euch vorbei, aber nicht für uns.«[31]

»Business as usual« könne es erst geben, kündigte denn auch US-Außenminister Mike Pompeo an, wenn »sich Russland wieder den demokratischen Staaten anschließt.« Sein Chef Donald Trump, der Putin Mitte Juli 2018 in Helsinki traf, dürfte das nicht kümmern. Er möchte mit dem Autokraten in Moskau, den er offen bewundert, seine »Deals« machen – ohne eine lästige Schwelle der Demokratie oder der Menschenrechte einzubauen. Für Trump ist Putin ein »Konkurrent« – und er verstehe dies als »Kompliment«, bekannte er in Helsinki. Doch der US-Präsident wird wegen der ungeklärten Einmischung russischer Geheimdienste in den amerikanischen Wahlkampf von einer soliden Mehrheit des Kongresses an seinen »Deals« mit Putin gehindert. Obwohl es dringend nötig wäre, brisante Konflikte wie Syrien oder den Iran auf den Tisch zu legen und sich auf eine Verlängerung des »New-Start-Vertrages« zur Begrenzung atomarer Langstreckenraketen zu verständigen, der 2021 ausläuft.

Wer der Ausgrenzung Russlands applaudiert, sollte bedenken, dass die geopolitischen Ambitionen der amerikanischen Rechten die »Eindämmung« Russlands und auch Deutschlands im Auge haben und deren allzu enge Kooperation verhindern wollen. Hier finden sie, wie Trump beim NATO-Gipfel im Juli 2018 mit seiner Tirade gegen die deutsch-russischen Gasverträge bewies, einen Fürsprecher. Aber weniger aus politischen als aus ökonomischen Motiven.

Die Neokonservativen in den USA denken weiter: Eine der Quellen für deren geopolitische Sicht ist die Aufforderung des einstigen Nationalen Sicherheitsberaters Zbigniew Brzezinski, die USA sollten den eurasischen Kontinent unter Kontrolle halten und sich durch keinen Herausforderer »zwischen Lissabon und Wladiwostok« bedrohen lassen. Daraus leiten die Neokons ihre tiefe Abneigung gegen ein allzu starkes Europa und einen wirtschaftlichen Schulterschluss zwischen Europa und insbesondere Deutschland ab. Ihnen wird gefallen haben, dass Trump in der EU einen »Feind« sieht.

Auch in Moskau hat sich die Strategie geändert. Das Land hatte sich wirtschaftlich stabilisiert, konnte seine Auslandsschulden vorzeitig ablösen und war damit deutlich unabhängiger. Putin fühlte sich stark genug, um die eigenen Interessen kompromisslos durchzusetzen. Jedenfalls war der Präsident überzeugt, den »Virus« der Farbenrevolutionen und den westlichen Einfluss so nachhaltig gestoppt zu haben, dass er die Krim annektierte und im Osten der Ukraine separatistische Milizen mit Waffengewalt unterstützte. Bei der Besetzung der Krim ging es wohl auch um die Sicherung des Kriegshafens Sewastopol, dem Zugang Russlands zum Schwarzen und zum Mittelmeer. Aber es entsprach auch dem russischen Selbstverständnis, diese »Perle des Kaukasus« wieder in das Kernland des russischen Reiches einzugliedern. Aus völkerrechtlicher Sicht ist es korrekt, diese Annexion zu kritisieren. Aus realpolitischer Sicht dürfte sie auf sehr lange Zeit nicht rückgängig zu machen sein.

So berechtigt man die russische Politik der letzten Jahre kritisieren muss, weil Russland die europäische Friedensordnung angegriffen und für neue Unsicherheit gesorgt hat, so deutlich muss man dennoch in Erinnerung rufen, dass der Westen in seinem wechselhaften Umgang mit Russland keinem einheitlichen strategischen Ziel gefolgt ist. Weder unter Gorbatschow, noch unter Jelzin oder Putin hat der Westen in den Aufbau Russlands investiert. Im Ergebnis finden wir heute ein Russland vor, dessen politische Eliten überzeugt sind, dass insbesondere militärische Stärke und nationaler Stolz, gepaart mit einem autoritären Staat, die besten Voraussetzungen für ein stabiles Russland liefern. Die westliche Idee, wirtschaftliche Prosperität, wachsender Wohlstand und Demokratie machten den Erfolg und die Stabilität eines Landes aus, hat in Russland schon lange an Attraktivität verloren. Ob sich ein solcher Weg im Falle zweiten »Marshall-Programms« der Europäer und der Vereinigten Staaten durchgesetzt hätte, ist natürlich auch nicht garantiert. Der Verzicht darauf hat aber mit Sicherheit zur heutigen Entwicklung beigetragen.

Scheinriese Russland?

Russland ist beileibe nicht, wie Helmut Schmidt einmal bissig-ironisch formulierte, ein »Obervolta mit Atomwaffen«, aber es hat aus sehr unterschiedlichen Gründen seine vor allem wirtschaftliche Rückständigkeit bis heute nicht aufgeholt. In Erinnerung an das Kinderbuch von Michael Ende *Jim Knopf und Lukas der Lokomotivführer* könnte man Russland auch als weltpolitischen »Herrn Tur Tur« bezeichnen. Der war der »Scheinriese« dieser Kindergeschichte: Je näher man ihm kam, desto kleiner wurde er. Russland deckt nahezu ein Achtel der bewohnten Erdoberfläche ab und seine Rohstoffreserven gelten als die größten der Welt. Allerdings erreicht die wirtschaftliche Leistungsfähigkeit des Landes mit 1,5 Billionen US-Dollar nur etwa 40 Prozent der deutschen. Russland ist militärischer Riese, aber wirtschaftlich ein Halbwüchsiger. Schon die Sowjetunion musste die Erfahrung machen, dass ökonomische Schwäche irgendwann auch den stärksten Militärapparat und das Gesellschaftssystem kollabieren lassen. Auch das heutige Russland ist nur auf dem Gebiet der Militärtechnik weltweit konkurrenzfähig. Knapp drei Jahrzehnte nach dem Kollaps der Sowjetunion gibt es keine moderne Automobilindustrie, Maschinen und Anlagen müssen importiert werden, und ein innovativer Mittelstand ist auch nicht in Sicht. Stattdessen beherrschen Oligarchen die Wirtschaft. Als deren wichtigste Stütze verbleiben weiterhin nur die natürlichen Rohstoffe. Die letzten Jahre haben gezeigt, dass dies eine unsichere Bank ist.

In meinen Gesprächen mit Wladimir Putin habe ich ihm daher häufiger gesagt, dass die unter SPD-Bundeskanzler Gerhard Schröder begonnene Modernisierungspartnerschaft mit Deutschland und Europa aus meiner Sicht die einzige Chance ist, Russland auf Dauer zu stabilisieren. Für China, mit dem manche im Kreml als Alternative liebäugeln, ist Russland längst »second class«.

Wieder Wandel durch Annäherung?

Russland wünscht heute ein »postwestliches Zeitalter« herbei. Eine pro-westliche Welt gilt dort nicht als erstrebenswert. Das Land schränkt nach innen die Freiheiten seiner Bürger ein und verfolgt seine Interessen nach außen zunehmend aggressiv. Putin und seine Anhänger lieben Geschäfte mit dem Westen, halten diesen aber für moralisch verkommen. Seine demokratischen Werte lehnen sie ab. Das ist die Realität.

Dennoch müssen wir weiter nach Kooperationsmöglichkeiten suchen. Doch wie sollen wir mit diesem großen Nachbarn Europas umgehen, der irgendwie dazugehört und irgendwie auch nicht? Mit einem Land, das seit dem Zaren Peter dem Großen vor mehr als 300 Jahren den Anschluss an Europa sucht und sich dabei in seiner Wahrnehmung immer wieder enttäuscht sieht. So empfiehlt der als »Chefideologe des Kreml« bekannte Putin-Berater Wladislav Surkow, nach Jahrhunderten der Enttäuschung solle Russland sich für mindestens 100 Jahre auf sich selbst verlassen und sich von der Idee verabschieden, zu Europa zu gehören.

Der Sozialdemokrat Egon Bahr hat 1963 seine berühmte Rede zur Strategie einer deutsch-deutschen Annäherung in der Evangelischen Akademie Tutzing gehalten. Bahr, damals Pressesprecher des Regierenden Berliner Bürgermeisters Willy Brandt, bereitete darin die künftige Entspannungspolitik der Sozialdemokratie vor, die ab 1969 offizielle Regierungspolitik der sozialliberalen Koalition wurde. Bahr hatte dabei nichts weniger im Blick als die Überwindung der deutschen Teilung. Er sah darin einen Prozess »von vielen Schritten und vielen Stationen«.

Diese Schritte waren nicht gegen den Willen der DDR-Führung und schon gar nicht gegen den der Sowjetunion möglich. Für Brandts engsten Vertrauten waren die 1961 errichtete Berliner Mauer und die hermetisch abgeriegelte innerdeutsche Grenze ein Zeichen der Schwäche aus Angst vor einem Regimesturz. Früher und radikaler als andere riss Bahr damit das Blendwerk autoritärer Staaten weg. Die Niederschlagung des ungarischen Volksaufstandes hatte schon 1956 gezeigt, dass die kommunistischen Regime notfalls mit Waffengewalt jede Konterrevolution unterdrücken würden. Die Invasion von Truppen des Warschauer Pakts gegen den »Prager Frühling« bewies 1968 dann noch einmal dramatisch, dass diese Einschätzung Bahrs gerechtfertigt war. Einen Regimewechsel durch die bislang vorherrschende konfrontative Politik hielt er für illusorisch. Man werde die Mauer und die Grenzen nur mit Methoden durchlässiger machen können, die das Risiko eines Regimesturzes für die kommunistischen Machthaber »erträglich« erscheinen ließen. In kleinen Schritten würden sich Veränderungen ergeben, die die deutsche Teilung und die SED-Herrschaft überwinden könnten. »Das ist eine Politik, die man auf die Formel bringen könnte: Wandel durch Annäherung,« sagte Bahr 1963 in Tutzing.

Zentrale Voraussetzung für diesen westdeutschen Strategiewechsel war eine eindeutige Verankerung der Bundesrepublik in Europa und der westlichen NATO-Allianz.

Bahrs Tutzinger Rede und die Entspannungspolitik der SPD unter Willy Brandt ab 1969 befanden sich in absolutem Einklang mit der Politik der Vereinigten Staaten unter US-Präsident John F. Kennedy. Die deutsche Entspannungspolitik war kein westdeutscher Alleingang. Mit seiner Rede zur »*Strategy for Peace*« hatte Kennedy im Juni 1963 ebenfalls einen Strategiewechsel verkündet, den er schon im Präsidentschaftswahlkampf hatte deutlich werden lassen.

Der Wechsel im Umgang mit der Sowjetunion – und der DDR – wurde in einer Studie des US-Senats zur »*United States Foreign Policy in the USSR and Eastern Europe*« begründet. Die Blockkonfrontation war nach amerikanischer Auffassung gescheitert. Um den Frieden aufrechtzuerhalten, sei eine neue Strategie erforderlich.

Wer heute Kennedys Rede vom Juni 1963 liest, dem wird mit erschreckender Deutlichkeit klar, wie sehr wir statt kontinuierlicher Annäherung wieder in die Zeit der Konfrontation, der Drohgebärden und des Wettrüstens zurückgefallen sind. Und wie weit wir erneut von einer Vision des Friedens und der Abrüstung entfernt sind. Selbst die nuklearen Abrüstungsverträge der 1980er- und 1990er-Jahre sind gefährdet. Europa droht erneut zum Schauplatz einer konventionellen und nuklearen Aufrüstung zu werden.

Die deutsche Außenpolitik muss Rüstungskontrolle und konventionelle wie nukleare Abrüstung wieder auf die Tagesordnung setzen. Ich weiß, wie schwierig das ist. In der Sitzung des NATO-Außenministerrates am 31. März 2017 war ich neben dem luxemburgischen Außenminister Jean Asselborn der einzige Teilnehmer, der in der Diskussion auch Abrüstungsinitiativen der NATO und des Westens gefordert hat. Zuvor hatten sich die Teilnehmer angesichts der erstmaligen Teilnahme des damaligen US-Außenministers Rex Tillerson in ihren Wortmeldungen mit Forderungen nach neuen Rüstungsprogrammen fast überboten. Gerade unsere deutsche Rolle muss es in dieser Diskussion aber sein, sowohl die gemeinsame Verteidigungsfähigkeit zu sichern und zu stärken als auch immer wieder erneute Anläufe für Abrüstung und Entspannung einzufordern. Russland reagiert nicht auf Schwäche, aber eben auch nicht nur auf Druck. Aus der Position der Stärke nach gemeinsamen Lösungen für die Sicherung des Friedens und für Abrüstung zu suchen, ist gerade jetzt eine der zentralen Aufgaben unseres Landes.

Im Westen herrscht allerdings mehrheitlich wieder die Überzeugung vor, dass harte Konfrontation, Sanktionen, Drohungen mit wirtschaftlichem Niedergang und eine massive atomare Aufrüstung die geeigneten Mittel seien, um den Gegner Russland in die Schranken zu weisen und einen Wechsel der dortigen Innenpolitik erzwingen zu können. Russland setzt ebenso auf militärische Aufrüstung und nationale Stärke und ist bereit, mit Despoten wie dem syrischen Diktator Assad gemeinsame Sache zu machen, um den Vormarsch des Westens zu stoppen und als Großmacht zurück auf die Weltbühne zu kehren.

Die Tutzinger Rede von Egon Bahr kann uns mit dem Blick auf die aktuelle Rolle Russlands heute durchaus helfen. Sehr wahrscheinlich wird sich Russland – wie die Sowjetunion einst – nicht durch Druck und Konfrontation zu einer Änderung seiner Innen- und Außenpolitik bewegen lassen. Und ebenso wie gegenüber der Sowjetunion bedarf es einer selbstbewussten und geschlossenen Politik des Westens. Schwäche und innere Zerrissenheit lenken in Russland die Gedanken eher auf erneute Interventionsversuche.

Der Stratege Bahr war in seiner Einschätzung der kommunistischen Machthaber weder ängstlich noch naiv, sondern schlicht und ergreifend realistisch. »Russland ist unverrückbar«, hatte er seinerzeit zu Recht festgestellt. Und Sicherheit für Deutschland werde es »nur mit und nicht gegen Russland geben.« Damit hinterlässt er geeignete Leitplanken für unseren heutigen Umgang mit Russland, selbst wenn die historischen Umstände nicht vergleichbar sind. Trump ist nicht Kennedy und Putin kein Status quo-Politiker. Das macht die Sache nicht leichter.

Wenn es damals Bahrs Ziel war, kleine Türen in den Eisernen Vorhang einzubauen, um irgendwann das Brandenburger Tor aufstoßen zu können, dann sollten wir heute wieder schmale Brücken über den breiter gewordenen Graben zwischen Europa und Russland bauen. In der Hoffnung, dass daraus eines Tages große und breite Verbindungen werden. Für einen Wandel durch Annäherung gibt es trotz aller Unterschiede auch ähnliche Voraussetzungen wie 1963: Eine feste und unmissverständliche Verankerung Deutschlands in Europa und der NATO und keine deutschen Alleingänge im Verhältnis zu Russland. Schon aus unserer historischen Verantwortung gegenüber Polen schulden wir diesem Land Aufrichtigkeit bei unserem Umgang mit Russland. Schließlich war Polen 1939 Opfer der deutsch-sowjetischen Doppelaggression geworden und zuvor im 18. Jahrhundert Opfer preußischer Großmachtpolitik mit Russland und dem Habsburger Reich.

Ich verstehe jedenfalls das Argument unserer polnischen Nachbarn sehr gut, dass sie sich unter dem Schutz der NATO genauso frei entfalten wollen, wie es das alte Westdeutschland tun konnte, als es noch der Grenzstaat der westlichen Welt war. Gegen die dauerhafte und starke Präsenz von NATO-Verbänden in Polen, im Baltikum und in Osteuropa, die in Zukunft weitaus umfangreicher sein werden als die heutigen kleinen Kontingente, gibt es kein wirklich überzeugendes Argument.

Es kann und darf innerhalb Europas keine politischen Sonderbeziehungen zwischen Deutschland und Russland geben. Den geschichtslosen Wünschen der deutschen Politik von links- und rechtsaußen, eine Äquidistanz zu den USA und zu Russland aufzubauen, müssen wir entschieden entgegentreten. Für mich ist es kein Zufall, dass gerade mein rechtsradikaler Vater immer wieder predigte, dass nicht etwa Auschwitz das verheerende Ergebnis der nationalsozialistischen Politik war, sondern sich nicht mit Russland gegen Amerika verbündet zu haben. Daran muss ich denken, wenn heute die Rechtspopulisten der AfD eine neue Russlandpolitik fordern. Daraus nährt sich der Eindruck, dass sie in Moskau ausreichende Unterstützung erfahren.

Aufgabe deutscher Außen- und Europapolitik muss es sein, nach Anknüpfungspunkten für eine erneute Zusammenarbeit mit Russland zu suchen. Die Rüstungskontrolle zum Beispiel ist ein Instrument für schlechte Zeiten. Wenn das gegenseitige Misstrauen so groß ist, dass jeder nur noch über Aufrüstung redet, darf die Rüstungskontrolle nicht länger ungenutzt bleiben.

Ein Waffenstilland in der Ukraine als Voraussetzung

Entscheidend für eine Entspannung der Beziehungen zwischen Russland und dem Westen wäre endlich ein Waffenstillstand in der Ostukraine und der Rückzug schwerer Waffen aus diesem Gebiet. Ich weiß nicht, wie oft das schon vereinbart, unterschrieben, bekräftigt und versprochen wurde. Doch Tag für Tag erleben wir Verletzungen des Waffenstillstands durch beide Konfliktparteien. Die Beobachter der Organisation für Sicherheit und Zusammenarbeit in Europa (OSZE) berichtet sogar, dass die verfeindeten Gruppen nachts die Seiten wechseln, sich selbst beschießen, um am nächsten Tag öffentlich den angeblichen Beschuss »durch den Feind« als Vorwand zu nutzen, um den Waffenstillstand zu brechen. Leider ist die Beobachtermission unbewaffnet und verfügt über ein zu enges Mandat, um die Konflikte wirksam unterbinden zu können.

Über mehr als zwei Jahre habe ich immer wieder mit dem russischen Präsidenten über diese Lage gesprochen und ihm ein robustes UN-Blauhelm-Mandat vorgeschlagen, mit dem der Waffenstillstand und der Rückzug schwerer Waffen auf beiden Seiten der sogenannten »Kontaktlinie« durchzusetzen wäre. Die Gespräche mit ihm waren dabei außerordentlich vertrauensvoll und sind nie öffentlich geworden. Als ich ihm erstmals meine Vorschläge für den Weg zu einer Beendigung des bewaffneten Konflikts in der Ostukraine und zum Abbau der Sanktionen gegen Russland vorlegte, geschah das gegen den Rat der Beamten im Auswärtigen Amt. Zu groß, so das Argument, sei die Gefahr, dass die Vorschläge öffentlich würden und ich als Minister »politischen Schaden« nehmen könnte. Um ehrlich zu sein: Politiker und allemal Minister sind vor allem dazu da, Politik vorzudenken, auch wenn man heute den Eindruck hat, es wäre schon viel gewonnen, wenn wenigstens nachgedacht würde. Vor allem aber müssen Politiker und Minister bereit sein, Risiken für die eigene Karriere einzugehen, und sogar das eigene Scheitern einkalkulieren. Nur dann werden sie den Mut zur Veränderung entwickeln. Tun sie das nicht, sollten sie lieber Beamte werden. Die braucht man auch, um Politik gestalten zu können und um Risiken abzuwägen. Aber ein risikoloses Politikerdasein ist eher unnütz und auch langweilig.

Putin jedenfalls schien bei Vorlage meiner Ideen auch zu wissen, dass deren Veröffentlichung Ärger machen würde. Was es später ja auch tat, denn die CDU/CSU und manche Medien in Deutschland schäumten, als ich meine Vorstellung für einen Waffenstillstand in der Ukraine über ein UN-Blauhelmmandat mit dem schrittweisen Abbau von Sanktionen verband. Putin aber führte mich nach unserem Gespräch durch eine Reihe von Räumen aus dem offiziellen Besprechungssaal des Kreml in sein eigenes, eher kleines Büro. Das war vollgepackt mit Akten, einem Bild seines Vaters in der Matrosenuniform der Roten Armee – und einem Reißwolf. In den steckte er das Papier mit meinen Vorschlägen. Auf meine Frage, ob sie in seinen Augen so miserabel seien, dass er sie gleich vernichten wolle, antwortete er lachend, dass das keinesfalls so sei, eher das Gegenteil. Allerdings wolle er sicher gehen, dass dieses Papier nicht aus seiner Hand in die Öffentlichkeit gelangen könne. Wenn, dann sei ich selbst schuld.

Dennoch hat Putin meinen Vorschlag lange Zeit abgelehnt. Aber kurz vor der Generalversammlung der Vereinten Nationen im September 2017 griff er ihn auf. Sicher nicht, weil ich ihn überzeugt hatte, sondern vermutlich eher, weil er dem ukrainischen Präsidenten Petro Poroschenko zuvorkommen wollte, der ebenfalls mit diesem Vorschlag im Gepäck zur UNO nach New York reiste. Natürlich gibt es gravierende Unterschiede zwischen den Bedingungen, unter denen Russland einem UN-Mandat zustimmen würde, und denen, die der Westen und die Ukraine für angemessen halten. Einen hat Putin in einem Gespräch mit der deutschen Kanzlerin selbst ausgeräumt. Wollte er anfangs die Blauhelm-Mission nur entlang der Kontaktlinie stationieren, was einer neuen Grenzziehung gleichgekommen wäre, so erklärte er sich nun einverstanden, die UNO-Blauhelme im gesamten Gebiet der Ostukraine bis zur ukrainisch-russischen Grenze zu stationieren. Eben dort wird auch die Beobachtermission der OSZE eingesetzt. Es wäre an der Zeit, dass die USA, die EU und die Ukraine jetzt gegenüber Russland mehr Flexibilität und Offenheit an den Tag legen würden. Deutschland sollte seinen nichtständigen Sitz im UN-Sicherheitsrat ab 2019 vor allem für Initiativen nutzen, Bewegung in diese dringend erforderliche Blauhelm-Mission zu bringen.

Eines ist klar: Die Abkommen von Minsk, die ab 2015 einen offenen Krieg um die Ukraine gestoppt hatten, sind weit von ihrer Umsetzung entfernt. Dass es überhaupt dazu kam, war ein Segen und dem Mut der deutschen Kanzlerin und des französischen Präsidenten François Hollande zu verdanken. Beide erzwangen dieses Abkommen in letzter Sekunde, denn die USA hatten bereits damit begonnen, Waffenlieferungen in die Ukraine vorzubereiten. Damals wurde in Washington offen ausgesprochen, dass Russland zwar nicht besiegt werden könne, dass man aber den »Blutzoll für die Russen« möglichst hochschrauben werde. Russland werde dann eher bereit sein, den Krieg zu beenden. Dies war eine wirklich perfide Strategie. Merkel und Hollande handelten in dieser Situation stellvertretend für ganz Europa und kamen den US-Plänen zuvor. Sie machten erstmals deutlich, dass Europa die Konflikte vor seiner Haustür selbst in die Hand zu nehmen bereit ist. Dies ist in meinen Augen ein viel zu wenig beachteter Ausdruck einer europäischen Emanzipation von den USA. Denn aus dem Krieg in der Ukraine hätte schnell ein Krieg um die Ukraine werden können.

Dass sich die Verabredungen von Minsk in einer Sackgasse befinden, ist freilich nicht allein der russischen Bewegungslosigkeit geschuldet. Letztlich hatte die Ukraine das Abkommen nur unterzeichnet, weil sie unmittelbar vor einer militärischen Niederlage stand. Eine echte »Ownership« für das Abkommen hat es in der ukrainischen Politik nie gegeben. Im Gegenteil: Jedes Jahr wurde in Kiew der Widerstand gegen die Umsetzung größer. Der Konflikt im Donbass dauert inzwischen viel zu lange, zu tief haben sich Hass und Gewalt in beide Gesellschaften hineingefressen. Es dürfte nicht nur eine Schutzbehauptung Putins sein, Russland würde sich erst dann aus der Ostukraine heraushalten, wenn die Gefahr von blutigen Rachefeldzügen ukrainischer Verbände gegen die russischen Minderheiten im Donbass gebannt sei.

Deshalb empfiehlt es sich nicht, an der vollständigen Umsetzung des Minsker Abkommens über die Zukunft der Ostukraine festzuhalten, bevor Europa bereit ist, die Sanktionen gegen Russland aufzuheben. Die Sanktionen sind schrittweise aufgebaut werden, also kann und muss man sie auch nach und nach abbauen. Der erste Schritt muss beginnen, wenn gemeinsam mit Russland der Waffenstillstand nachhaltig durchgesetzt ist. Mein persönlicher Eindruck ist, dass der russische Präsident Wladimir Putin den Konflikt in der Ostukraine lösen will. Die Zustimmung der Bevölkerung zur Annexion der Krim ist in seinem Land nach wie vor extrem hoch – die Zustimmung zum Konflikt und der russischen Beteiligung in der Ostukraine längst nicht mehr. Das Ganze kostet viel Geld und bringt zu Hause keinen Mehrwert mehr. Es ist ein Jammer, dass der US-Präsident Donald Trump seine Begegnung mit Wladimir Putin in Helsinki im Juli 2018 nur für überflüssige Bilder, Tweets und seine Personality-Show genutzt hat. Am Ende gab es kostenlosen Reputationsgewinn für den russischen Präsidenten. Besser wäre es gewesen, die USA hätten die Lösung des Ukraine-Konflikts oben auf die Tagesordnung gesetzt und dafür auch Angebote an Russland formuliert. Aber, wie meinte der frühere Außenminister Tillerson auf einer G7-Außenministertagung im italienischen Lucca im Jahr 2017: »Stell dich darauf ein, dass unser Präsident am Konflikt in der Ukraine kein Interesse hat. Das zu lösen ist eurer Bier.«

Problematische Pipeline-Politik Europas

Europa muss sich im Umgang mit Russland an seinen eigenen Maßstäben orientieren und darf sie nicht im Umgang mit Russland verletzen. Ich spreche damit den Versuch an, nachträglich europäisches

Recht so zu ändern, dass eine Handhabe entsteht, russische Pipelines wie Nordstream 2 zu stoppen.

Denn Russland hält sich bislang bei allen Planungen für dieses Projekt an die europäischen und nationalen Regeln für den Energieleitungsbau des Gastransports. Trotzdem wollen Teile der Europäischen Kommission und einige EU-Mitgliedsstaaten auf massivsten Druck der USA hin das europäische Energierecht so ändern, dass Russland im Nachhinein ins Unrecht gesetzt würde. Dankenswerterweise hat die amerikanische Politik in einem Sanktionsgesetz gegen Russland offen das Ziel dieser Intervention begründet: Die Verdrängung russischen Gases vom europäischen Energiemarkt durch den Import US-amerikanischen Flüssiggases. Dies ist derzeit deutlich teurer ist als das russische.

Ich plädiere nachdrücklich dafür, dass wir uns nicht zu stark von russischen Erdgaslieferungen abhängig machen dürfen. Aber das erreicht man nicht dadurch, dass wir teureres Gas aus den USA beziehen und damit unsere eigene Wirtschaft schädigen. Im Gegenteil: Wir müssen auch den ganz offensichtlichen Lügen von Präsident Trump beim NATO-Gipfel in Brüssel entgegentreten, Deutschland werde durch Nordstream 2 »zu 70 Prozent« von russischen Gaslieferungen abhängig. Die Wahrheit liegt bei 37 Prozent. Und der Anteil der russischen Gaslieferungen an der gesamten deutschen Energieversorgung macht gerade mal neun Prozent aus. Im Übrigen muss es selbstverständlich für Deutschland sein, frei und unabhängig über seine Versorgung mit Energie zu entscheiden.

Eine der zentralen Voraussetzungen für den Bau von Nordstream 2 ist, dass die transukrainische Gas-Pipeline auch weit über das Jahr 2019 hinaus angemessen mit russischem Gas beschickt wird. Nur dann werden sich Investoren finden, die diese marode Pipeline sanieren und damit der Ukraine die für sie wichtigen Transitgebühren sichern. Wladimir Putin hat mir in mindestens drei Gesprächen versichert, dass es daran keinen Zweifel gebe und Russland diese Bedingung ebenso erfüllen werde wie die Absicherung der Gasversorgung zu marktwirtschaftlichen Preisen in Osteuropa. Dass es dazu bislang noch keine vertragliche Vereinbarung gibt, scheint mir mehr an der abwartenden Haltung der Europäischen Union zu liegen als an Russland. Eine solche Einnahmequelle aus einer Transit-Pipeline nutzt übrigens auch Polen bei der Jamal-Pipeline, die russisches Gas über polnisches Hoheitsgebiet führt. Das hindert die polnische Politik jedoch nicht, über den deutschen Egoismus wegen Nordstream 2 zu schimpfen.

Das angemessene Mittel, sich von russischen Gaslieferungen unabhängig zu machen, ist nicht der Eingriff in den Gasmarkt, mit dem europäische Unternehmen zum Kauf des teureren amerikanischen Flüssiggases gezwungen werden sollen, sondern der Ausbau und die Vernetzung der europäischen Gasinfrastruktur. Ähnlich wie der Verkehrswegebau ist dies durchaus eine öffentliche Aufgabe. Dadurch könnte der Ausfall einer Förderquelle durch das Einspeisen alternativer Gasanbieter ausgeglichen werden. Abgesehen davon gibt es keinerlei Anzeichen dafür, dass Russland seine Stellung als wichtiger Erdgaslieferant geostrategisch ausnutzen würde. Schließlich wird die russische Volkswirtschaft durch den Erdgasverkauf am Leben gehalten. Insofern sind die Gaslieferungen für beide Seiten von erheblichem Interesse.

Ich kann mich allerdings nicht des Eindrucks erwehren, dass Russland die deutsche und europäische Nachfrage am Gasmarkt in den kommenden Jahrzehnten zu optimistisch einschätzt. Vermutlich nehmen die russischen Energiestrategen die Klimaschutzpolitik der EU und in Deutschland ebenso wenig ernst, wie einstmals die deutschen Energieversorger sicher waren, ihr Land würde nie aus der Atomenergie oder der Kohleverstromung aussteigen. *Stranded Investments* waren damals die Folge. Russland sollte jedenfalls angesichts der Vielzahl von Pipeline-Projekten nicht übersehen, dass auch Öl und Gas schrittweise durch erneuerbare Energietechnologien ersetzt werden müssen, um die europäischen und deutschen Klimaschutzziele zu erreichen. Bereits heute wird in Deutschland über die Senkung des Öl- und Gasverbrauchs mittels einer anderen Steuer- und Abgabenpolitik und der Koppelung der Sektoren Elektrizität, Wärme und Mobilität diskutiert. Russland muss das unternehmerische Risiko abwägen, das mit derart großen Pipeline-Projekten verbunden ist.

Darüberhinaus erwägt Europa derzeit die Rückabwicklung des liberalisierten Gasmarktes zu staatlich gelenkten Preisen und Versorgungsgebieten. Das ist wirtschaftlich ein Fehler, der vor allem zulasten großer Industrieländer wie Frankreich und Deutschland gehen wird.

Am Ende ist es wieder eine politische Entscheidung: Suchen wir jeden Tag erneut nach Feldern der Konfrontation mit Russland oder nach Feldern der Kooperation? Wollen wir Russland überall schaden und es einmauern oder hoffen wir doch auf einen erneuten Wandel durch Annäherung? Letzteres wird es nicht mit immer neuen Sanktionen geben, sondern nur dann, wenn möglichst viele Russen in deutschen und europäischen Firmen Arbeit finden und damit den Unterschied zwischen russischen Oligarchen und Unternehmen, die sich der sozialen Marktwirtschaft verpflichtet fühlen, kennenlernen. Dafür aber brauchen wir mehr und nicht weniger Investitionen in Russland.

Ebenso sollten wir unsere Goethe-Institute und die deutschen Schulen in Russland verdoppeln. Das wäre vermutlich die beste Investition, die wir für unsere Interessen in Russland vornehmen könnten. Denn nach Putins Inauguration für eine vierte Amtszeit wird es in Russland Veränderungen geben müssen. Nicht durch Proteste auf der Straße, nicht in der Außenpolitik und nicht in der strategischen Ausrichtung russischer Machtpolitik. Aber im Innern. Das russische Establishment, von den großstädtischen Mittelschichten bis zu den Oligarchen weiß, dass es tiefgreifender wirtschaftlicher Reformen bedarf. Die Abhängigkeit vom Rohstoffhandel macht Russland nicht nur verletzbar, sie limitiert vor allem die Entwicklung wirtschaftlicher und damit staatlicher Stabilität. Für diesen Reformprozess aber gibt es nur einen Partner: Europa und hier vor allem Deutschland.

Hier ergibt sich ein facettenreiches Bild: Positiv ist, dass der Handel mit Russland 2017 deutlich zweistellig gewachsen ist. Das ist eine erstaunliche Wiederbelebung nach schwierigen Jahren mit einem Einbruch des Handelsvolumens um mehr als 40 Prozent. Die Rahmenbedingungen für Unternehmen haben sich dabei stark verbessert. Im sogenannten *Ease-of-Doing-Business*-Ranking hat sich Russland in den vergangenen sieben Jahren von Platz 123 auf Platz 35 bewegt.

Politische Naivität vermeiden

Aber auch aus Fehlern unserer Ostpolitik müssen wir lernen: So großartig Brandts Weitsicht in der ersten Phase der Entspannungspolitik war, so problematisch war die Politik der SPD in der zweiten. Ende der 1970er-Jahre und vor allem zu Beginn der 1980er-Jahre ignorierte die Sozialdemokratie die Bürgerrechtsbewegungen vor allem in Polen weitgehend. Das war insofern paradox, als ja bei der Konferenz über Sicherheit und Zusammenarbeit in Europa in den 1970er-Jahren drei »Körbe« verhandelt wurden: Der Korb 1 garantierte die Sicherheit aller beteiligten Staaten ebenso wie die existierenden Grenzen. Der Korb 2 regelte die ökonomische Zusammenarbeit. Und der dritte Korb, den die damalige Sowjetunion nur widerwillig akzeptierte, garantierte die Menschen- und Bürgerrechte.

Statt auf diese »Kinder ihrer Ostpolitik« (Heinrich August Winkler) stolz zu sein, sie zu begleiten und zu fördern, richtete sich die Entspannungspolitik der etatistisch denkenden Sozialdemokratie in ihrer zweiten Phase nur noch auf die Machthaber im Ostblock aus. War der Kniefall Willy Brandts am Mahnmal des Warschauer Ghetto-Aufstands im Jahr 1970 eine allseits bewunderte Geste, so war die Tatsache, dass Bundeskanzler Helmut Schmidt seinen DDR-Besuch 1981 trotz des in Polen verhängten Kriegsrechts unbeeindruckt fortsetzte, das genaue Gegenteil. Die Bürgerrechtsbewegungen galten eher als Störenfriede und Risikofaktoren, die wie 1953, 1956 oder 1968 wieder zu einem militärischen Rückschlag führen und die erreichten Erfolge zunichte machen könnten. Zu Recht schreibt Winkler: »Die innerpolnische Lösung des Solidarnosc-Problems, die Verhängung des Kriegsrechts durch General Wojciech Jaruzelski im Dezember 1981 galt bei führenden Sozialdemokraten, von Herbert Wehner über Willy Brandt bis hin zu Helmut Schmidt, nicht nur als das, was sie tatsächlich war, nämlich das, verglichen mit einer sowjetischen Intervention, kleinere Übel, sondern als schlicht unvermeidbar.«[32]

Eine fatale Fehleinschätzung, die uns heute im Umgang mit kritischen Bürgerbewegungen und Medien in Russland nicht noch einmal passieren darf. Denn auch heute hört man nicht selten die besänftigende Erzählung, Russland ertrage leider keine Demokratie und man müsse einfach akzeptieren, dass das russische Volk dazu nicht fähig sei. Ein derart skandalöser und unkritischer Umgang mit der russischen Innenpolitik ist für mich keine angemessene Lehre aus diesen Fehlern. Wir müssen deshalb bei allen Bemühungen um eine erneute Entspannung die Kritik an der mangelnden Freiheit, der Verletzung von elementaren Bürgerrechten und der Gewalt gegen Minderheiten immer klar und unmissverständlich ansprechen.

Im Umgang mit Russland verbietet sich Ängstlichkeit ebenso wie Naivität. Weder das Bild des bedrohlichen russischen Bären noch die folkloristischen Vorstellungen von Balalaika, transsibirischer Eisenbahn und Mütterchen Russland dürfen unsere Annäherung an dieses Land bestimmen.

Der gegenwärtigen Diskussion um Russland fehlt die intellektuelle Tiefe. Sie verzettelt sich zum Unverständnis weiter Teile der deutschen Bevölkerung in einer Lagerbildung zwischen »Russland-Kritikern« und »Russland-Verstehern«, die sich im Wesentlichen über Einzelaspekte wie Sanktionen in die Haare geraten. Wichtig ist, sich an die Tugend der Empathie zu erinnern: die Fähigkeit, sich in die Schuhe des anderen zu stellen, um dessen Sicht der Dinge zu verstehen.

Das ist nicht einfach und wird immer wieder Rückschläge mit sich bringen. Darüber war sich auch Egon Bahr 1963 im Klaren. Deshalb folgte er der Strategie der kleinen, aber am Ende wirksamen Schritte, einem Wandel durch Annäherung und nicht einem Wandel durch Anbiederung. Es wird Zeit, dass wir damit erneut beginnen.

6.

Die chinesische Herausforderung

Zum ersten Mal seit dem Zweiten Weltkrieg fordert eine aufstrebende Macht die westliche politische und wirtschaftliche Dominanz heraus. China will sich nicht nur mit seinen Exporten und Produkten auf unseren Märkten eine Vorzugsstellung sichern, es will längst auch politisch ein Wort mitreden. Wer wollte das dem 1,4-Milliarden-Volk verweigern, das seit dem ersten Opiumkrieg ab 1839 über ein ganzes Jahrhundert von uns Europäern zum Objekt unserer Kolonialinteressen gemacht worden war? Für China ist die Rückkehr auf seinen angestammten Platz in der Welt, auf dem das Land über 2000 Jahre seit Beginn der Kaiserzeit 221 v. Chr. fest verankert war, in vollem Gang. Die Chinesen korrigieren damit einen »Geschichtsunfall« der letzten rund 500 Jahre. Und die aktuelle chinesische Staats- und Parteiführung unter Xi Jingping denkt in sehr langen Linien und handelt konsequent.

Die Größe der Herausforderung, die China für Deutschland, Europa und den alten Westen darstellt, hat Mark Siemons in einem Beitrag in der *Frankfurter Allgemeinen Zeitung* treffend herausgearbeitet: »Was wird aus dem von Europa geprägten Universalismus, wenn der Westen an Macht und Einfluss verliert? Wie lässt sich der Universalismus auch in der neuen Konstellation behaupten?«[33] Statt sich diesen Fragen zu stellen, so Siemons, etikettiere Europa die chinesische Politik mit »nationalistisch« oder »kommunistisch«

und versuche, sich dabei auf der sicheren Seite zu fühlen, da beides bereits historisch als überwunden gelten könne.

Aber so einfach wird es uns China nicht machen. In Wirklichkeit stoßen hier nicht nur zwei Systeme aufeinander, Autoritarismus und Demokratie, sondern zwei Gesellschaftsmodelle, die unterschiedlicher kaum sein könnten. Eine auf Gemeinsamkeit und kollektiven Fortschritt ausgerichtete Gesellschaft stößt auf eine inzwischen sehr individualistische. Eine leistungsbereite und »hungrige« auf eine gesättigte und weitgehend bequeme, eine an technologischen Fortschritt glaubende auf eine technikskeptische. Eine risikobereite auf eine risikoaverse.

Die Bezüge der neuen Internationalisierungsstrategie der chinesischen Staats- und Parteiführung sind keineswegs mit Begriffen wie »nationalistisch« und »kommunistisch« zu erfassen. Sie reichen weit darüber hinaus und erinnern an tief in der chinesischen Gesellschaft verankerte Vorstellungen über die Rolle Chinas als eine »staatliche Hülle« für jenen Teil der Menschheit, der sich aufgrund seiner Zivilisiertheit der Zugehörigkeit zur Einheit unter dem Himmel bewusst ist. Diese Zugehörigkeit ist im Kern »kulturell definiert durch Anteil an Texten über das Leben, die Erziehung, die Dialektik, die Geschichte.«[34] Mark Siemons verweist darauf, dass dieses Selbstverständnis Chinas von Anfang an »in einer Spannung zwischen auch militärisch robuster Staatlichkeit und einer potenziellen Universalität« stand und insofern »die ganze Welt, in welchen Abstufungen auch immer, am kulturellen Wissen des Zentrums Anteil haben kann.«[35]

Europa tut gut daran, sich diese Quellen des Selbstbewusstseins Chinas anzueignen und daraus seine strategischen Schlüsse zu ziehen. Wenn man die westliche Idee von Universalität der Freiheit, Menschenrechten und Demokratie aufrechterhalten will, muss man in der Tat diesen Horizont chinesischer Entwicklung ernst nehmen und nach verbindenden und trennenden Elementen suchen. Erst dann wird man eine eigene Strategie entwickeln können.An der fehlt es derzeit vollständig.

Chinas Strategie und die Planlosigkeit des Westens

Chinas Wiederaufstieg zu einem entscheidenden Pol der Weltpolitik ist in der Geschichte unvergleichbar. Seit den Reformanstößen des einstigen Mao-Kampfgefährten Deng Xiaoping ab 1978, haben sich weit über 800 Millionen der 1,4 Milliarden Chinesen aus bitterster Armut befreien können. Das Bruttoinlandsprodukt des einstigen Entwicklungslandes kletterte in nicht einmal vier Jahrzehnten von 300 Milliarden auf 12 Billionen US-Dollar. Das jährliche Pro-Kopf-Einkommen stieg von kläglichen 76 auf jetzt 8600 US-Dollar. Kein anderes Land hat solche Entwicklungssprünge hinter sich, keines registrierte in nur vier Jahrzehnten einen derartigen Modernisierungsschub. Und jetzt ist China dabei, auf seinem Weg an die Weltspitze zu einem neuen großen Sprung anzusetzen.

Die »*One-Belt-One-Road*«-Initiative, die »Neue Seidenstraße«, ist alles andere als nostalgische Handelsreminiszenz an Marco Polo, sondern eine geostrategische Jahrhundertidee, mit der China seine Ordnungsvorstellungen und Machtprojektion durchzusetzen entschlossen ist. Handelspolitisch, geopolitisch und letztlich auch militärisch. Es ist damit das einzige Land der Welt, das eine langfristige geopolitische Konzeption verfolgt. Das ist China nicht vorzuwerfen, im Gegenteil, wir sollten respektieren, wie rasant und durchsetzungsfähig sich dieses Land in den letzten 30 bis 40 Jahren entwickelt hat.

Aber es ist uns im »alten Westen« durchaus vorzuwerfen, dass wir keine vergleichbare eigene Strategie haben. Denn erst wenn es gelingt, chinesische und europäische Interessen – oder besser noch: chinesische und amerikanisch-europäische Interessen – zu definieren, kann eine tragfähige Balance aller drei Seiten entstehen. Nicht gegen China, sondern im Ausgleich unterschiedlicher Werte und Interessen, damit wir in unserer multipolaren Welt ein neues Gleichgewicht finden. Chinas wirtschaftliche Wachstumsraten prägen die Weltkonjunktur, auch wenn sie nicht mehr zweistellig sind. Die angekündigten Reformen und der Umbau staatlicher Unternehmenskolosse werden jedoch die Nachhaltigkeit des chinesischen Wirtschaftsmodells und seiner marktwirtschaftlichen Elemente steigern.

Dass China jetzt weitgehend in die internationale Ordnung integriert ist und mit den entwickelten Staaten des Westens gleichzuziehen sucht, verdankt das Land seiner in den letzten Jahrzehnten gewachsenen Stärke durch Reformen und Öffnung nach außen. Das Land vollzieht einen weiteren ordnungspolitischen Schwenk: Während es in der Zeit Mao Zedongs radikal isolationistisch war und in der Ära Deng Xiaopings seit 1978 eine schrittweise Öffnung vollzog, so zielt Xi Jingping jetzt auf eine neue eurasische Expansion. Interessant ist, dass die Initiative für eine neue Seidenstraße die gesamte westliche Hemisphäre auslässt: USA, Kanada und Lateinamerika sind nicht Bestandteil der Karte, die Staatspräsident Xi 2017 auf der großen »*One-Belt-One-Road*«-Konferenz vorgestellt hat. Durch die Wiederbelebung der eurasischen Entwicklungsschiene bekommt China den Rücken frei und kann den großen Handelskonflikt mit den USA aushalten.

Die chinesische Weisheit: »Wenn du etwas erreichen willst, dann verberge deine Fähigkeiten und warte deine Zeit ab«, ist nicht mehr gültig; ebenso wenig wie die Anfang der 1990er-Jahre vom Wirtschaftsreformer Deng Xiaoping ausgegebene Parole »*tao guang yang hui*«, China möge »bescheiden und vorsichtig bleiben, keine führende Rolle übernehmen, nicht die Fahne schwenken (und) nicht nach Expansion und Hegemonie streben.« Inzwischen schwenkt China die Fahne. Um die inneren und äußeren Herausforderungen des Reichs der Mitte zu meistern, stellt die Führung unter Xi Jinping energisch die Sicherung des Monopolanspruchs der Kommunistischen Partei in den Mittelpunkt ihrer Politik. Anders als es noch Deng empfahl, verfolgt dieser Politikansatz eine unumwundene strategische Einmischung in die Angelegenheiten anderer Staaten, aber auch in die internationale Politik. In der globalen Welt führen die engen ökonomischen Verflechtungen zu einem Systemwettbewerb zwischen dem autoritär geführten China und den westlichen demokratisch regierten Staaten.

Während die USA also vor einem strategischen Dilemma stehen, beginnt China seine Entwicklung als Reaktion darauf zu verändern. Es übernimmt aber keinesfalls die einstige Funktion der USA als liberale Ordnungsmacht, die mithilfe internationaler Organisationen die globalen öffentlichen Güter wie Sicherheit und Wohlstand gewährleistet. China stellt diese Güter über bilaterale Abkommen als »Clubgüter« bereit, wie Ulrich Menzel in seinem Beitrag »Tribut für China« schreibt.[36] Die Anschlussfähigkeit, die »Konnektivität«, wird über ein Netz aus Infrastrukturinvestitionen in Verkehrs- und Datenwege sowie besondere Finanzierungsformen, Standards, Investitionsschutzabkommen und andere Rahmenbedingungen angeboten. Wer daran teilhaben will, muss Chinas Bedingungen übernehmen und wird sozusagen »tributpflichtig«. Denn das Angebot bezieht sich nicht nur auf die Hardware der Investitionen, sondern auch auf den institutionellen Überbau. Diese Tributpflicht hat also auch eine politische Währung: Chinas Führung fordert eine Zurückhaltung bei der Kritik – von der Verletzung der Menschenrechte bis zu hegemonialem Verhalten gegenüber seinen Nachbarstaaten – ein. Auch in Europa hat China mit Ungarn und Griechenland durch seine Investitionen bereits diese Form der Abhängigkeit erreicht. China honoriert wie vor Jahrhunderten diesen »politischen Kotau« mit Investitionen überwiegend in Südosteuropa.

Wir können auch nicht übersehen, dass China die zweitstärkste Volkswirtschaft der Welt ist und Deutschland als Exportweltmeister hinter sich gelassen hat. Kein Land verzeichnet mehr Börsengänge als China mit seinen Wirtschaftsmetropolen Shenzhen und Hongkong. Das Land verfügt über die größten Devisenreserven und ist der Hauptgläubiger der USA.

Die Instrumente für die Gestaltung seiner Einflusssphären schmiedet China in nie dagewesenem Tempo: Mit seiner Initiative der »Neuen Seidenstraße« (und künftig womöglich einer »Polaren Seidenstraße« in der Arktis) hat die Volksrepublik einen geostrategischen Hebel geschaffen, um strategisch tief in Asien, Afrika, dem Mittleren Osten und Europa mit chinesischen Wirtschafts- und Ordnungsvorstellungen durchzudringen. Im 21. Jahrhundert versucht China Asien und Europa mit einer modernen Verkehrsinfrastruktur, mit Eisenbahnnetzen, Autobahnen, Schiffsrouten, Häfen, Wirtschaftssonderzonen, Industriekorridoren sowie Energie- und Kommunikationsnetzen einander näher zu bringen – und natürlich Chinas Rohstoffinteressen zu bedienen. Drei Kontinente, 65 Staaten und dreistellige Milliardensummen sollen die Beteiligten miteinander verbinden und China eine goldene Epoche bescheren. Am westlichen Ende der Seidenstraße, dem »Logport I« in Duisburg, kommen Woche für Woche 25 Züge aus China an. Ihre 10000 Kilometer lange Reiseroute führt die Waggons von Chongquing durch Kasachstan, Russland, Weißrussland und Polen bis zum China-Terminal des inzwischen größten Güterumschlagsplatzes in Europa. Im globalen Handel entsteht eine neue Ordnung.

Allerdings droht die mitunter auftrumpfende Machtelite in Peking zu unterschätzen, dass eine chinazentrierte Weltordnung der Herausforderung durch den digitalen Wandel auf Dauer nicht gewachsen ist. So verfolgt die Führung mit Sorge die sich verschlechternde internationale Lage. Allerdings gelingt es China mit seinem strategischen Jahrhundertprojekt erfolgreich, in Räume einzudringen, die wir Europäer oder die USA haben brach liegenlassen. Etwa der kurzsichtige Ausstieg der Trump-Regierung aus dem Transpazifischen Partnerschaftsabkommen (TPP). Dieses wird auch ohne die Vereinigten Staaten weiter existieren und ist somit ein stiller Triumph der Chinesen. Der protektionistischen Handelspolitik Trumps mit ihren unklaren konzeptionellen Vorstellungen setzen sie mit der »Neuen Seidenstraßen«-Initiative einen starken Anspruch entgegen, sich in der asiatisch-pazifischen Region ökonomisch zu integrieren. Gleichzeitig wird das chinesische Konkurrenzprojekt, das *»Re-*

gional Comprehensive Economic Partnership Abkommen« (RCEP) für die Länder der Region nun ungleich attraktiver. Dieses Abkommen steht immerhin für die Hälfte der Weltbevölkerung und 30 Prozent der globalen Wirtschaftsleistung.

Der chinesische Herrschaftsanspruch – nach außen und nach innen

Es ist Europa, das am stärksten von China herausgefordert wird. Den Anspruch der Volksrepublik, auf dem Feld der Technologie international führend zu sein, haben wir in seinen Auswirkungen noch nicht vollständig begriffen und zu spüren bekommen. Jedenfalls gehören die Zeiten, in denen wir China als eine mit Billigprodukten und Imitaten bestückte verlängerte Werkbank ansahen, längst der Vergangenheit an. Chinesische Software-Unternehmen erobern zunehmend unsere Märkte. Ständig sind chinesische Unternehmen auf Shopping-Tour in Europa, um sich Zukäufe und Beteiligungen zu sichern. Allein 2017 summierten sich Chinas Direktinvestitionen in Europa auf 29,7 Milliarden Euro.

Zur Sicherung des Machtanspruchs der Kommunistischen Partei hat Staatspräsident Xi Jinping ein massives Investitionsprogramm für hochmoderne Technologien angekündigt. Zum 100. Jubiläum ihrer Gründung will die Volksrepublik in zehn Schlüsselbereichen die Nummer eins auf den Märkten der Welt sein: Automatisierung und Robotik, Informationstechnologie, Elektrofahrzeuge, Luft- und Raumfahrt, High Speed-Züge, Energietechnik, Navigation und Schiffsausrüstung, neue Werkstoffe, Medizintechnik und Pharmaindustrie sowie Ausrüstungen für die Landwirtschaft. Bereits die geplanten Etappenziele des von Xi vorgelegten Masterplans »Made in China 2025« machen deutlich, dass die Blaupause für die chinesische Industrie 4.0 die westliche Konkurrenz überholen soll. Der Umbau der Volkswirtschaft wird in China im Gegensatz zu den

Marktwirtschaften im Westen von einer Ein-Parteien-Autokratie vorangetrieben.

Seine Einflusssphären strukturiert China dabei nach eigenen Vorstellungen. So sind die Staatsbetriebe oder privaten Unternehmen von chinesischen Mauern geschützt. Obwohl sich Xi Jinping als gefeierter Stargast des Weltwirtschaftsforums in Davos 2017 zum Verfechter des Freihandels und des Klimaschutzes aufschwang, agiert die chinesische Wirtschaft überwiegend und immer intelligenter protektionistisch. Faire und transparente Ausschreibungen sowie die Einhaltung internationaler Normen und Standards sind jedoch eine elementare Grundvoraussetzung. Hier vermissen wir einen Austausch auf Augenhöhe mit sichtbaren und belastbaren Ergebnissen. Wir müssen deshalb bei unseren Investitionen auf Gleichbehandlung drängen und Reziprozität auch bei Joint Ventures einfordern.

Wir haben noch andere unerledigte Hausaufgaben vor uns. Wenn China sich zum Beispiel in Osteuropa und auf dem Balkan als Partner und Finanzier für Infrastrukturprojekte anbietet, dann hilft es nicht, wenn wir Europäer dies beklagen. Wir sind selbst ganz konkret gefordert, Osteuropa und den Balkanstaaten attraktive alternative Angebote zu machen. Dass China 2012 im Zuge seiner Seidenstraßen-Initiative zusammen mit ost- und mitteleuropäischen Staaten ein »16 plus 1«-Format aus der Taufe hob, birgt durchaus die Gefahr in sich, die EU zu spalten. Denn neben Staaten des westlichen Balkans haben sich auch EU-Mitglieder dem Projekt angeschlossen, darunter Tschechien und Ungarn. Andererseits haben wir uns zusammen mit anderen EU-Partnern an der von China gegründeten »Asiatischen Infrastruktur-Investitionsbank« (AIIB) beteiligt und damit ein Zeichen für unsere Bereitschaft gesetzt, einen Beitrag zum Infrastrukturausbau in Asien zu leisten. Die deutsche Industrie hat viel zu bieten, wovon die chinesische Initiative profitieren könnte. Nur: Die Beteiligung muss in einem regelbasierten fairen Miteinander stattfinden.

In Asien liegen nicht nur Industriestaaten wie Japan und Südkorea, sondern auch die größte Demokratie der Welt, Indien, sowie die größte muslimische Demokratie der Welt, Indonesien. Deshalb sollten wir den gesamten Kontinent verstärkt im Blick behalten. Im asiatisch-pazifischen Raum werden wir Zeugen von demokratischen Aufbrüchen, aber auch von fragilen Transformationen oder Rückschritten. Diese politische Diversität Asiens führt zu vielfältigen sicherheitspolitischen Herausforderungen. Die koreanische Halbinsel nährt nach der unverhofften, aber doch logischen Annäherung Süd- und Nordkoreas und dem Treffen des amerikanischen Präsidenten mit Kim Jong-un nach über 70 Jahren gefährlicher Spannungen und einer andauernden Kriegsgefahr die Hoffnung auf eine friedliche Verständigung.

Dennoch bleibt die massive militärische Aufrüstung im asiatisch-pazifischen Raum eine reale Gefahr für den Frieden. Die Rüstungsausgaben dort sind in den vergangenen zehn Jahren um fast zwei Drittel gestiegen. Spannungen und Territorialstreitigkeiten etwa um die Sengaku-Inseln im Ostchinesischen Meer führen zu Unsicherheit und Unbehagen in der Region. Es dreht sich um Herrschaftsansprüche und unerschlossene Rohstoffreserven.

Mit seiner »Strategie der Perlenschnur« verfolgt China im Südchinesischen Meer, aber auch im Indischen Ozean eine Politik, die seine Nachbarn und Anrainer aufs Höchste beunruhigt: Die Führung in Peking sichert sich auf ihrer »Maritimen Seidenstraße« eine wachsende Zahl von Häfen und Stützpunkten. Verglichen mit den mindestens 865 Militärbasen, die die USA nach Angaben des Pentagon rund um den Globus unterhalten, wirkt die chinesische Militärmacht zwar bescheiden. Aber sie wächst stetig: In pompösen Paraden lässt etwa die chinesische Marine regelmäßig ihre Kriegsflotte auffahren – Fregatten, Zerstörer, Atom-U-Boote, Hubschrauber und Marineflugzeuge. Im Unterschied zur Globalstrategie der USA konzentriert China seine Kriegsführung-Optionen vorerst auf Ostasien. In der neuen Machtprojektion erweitert jetzt ein zweiter selbstgebauter Flugzeugträger den Aktionsradius der Flotte. Auf seinen Basen in Myanmar, Sri Lanka, Pakistan und einzelnen Inseln im Indischen Ozean stützt sich China bereits seit Längerem auf eine enge Kooperation. Die Stützpunkte im Osten und Westen von Indien und chinesische Waffenlieferungen für Anrainerstaaten im Indischen Ozean machen die Regierung in Neu-Delhi verständlicherweise nervös.

Kein Wunder, dass Indiens längerfristige Sorgen inzwischen weniger seinem alten Erzrivalen Pakistan gelten (den man im indischen Außenministerium als »*failed state*« einstuft), sondern der Politik und Strategie Chinas. Das Neben- und Miteinander dieser beiden alten Kulturen hat Tradition und mündete immer wieder in Rivalität. Die Nuklearmächte China und Indien, beide rohstoffarm, stehen sich bei der Sicherung von Rohstoffen inzwischen im Wege, sind aber zugleich Konkurrenten im ungleichen Kampf um internationale Absatzmärkte für ihre Produkte. Die zwei Giganten streben nach regionalem Einfluss und bieten sich zugleich den USA und der EU als deren regionale Hauptpartner an.

Aus der Perspektive vieler südostasiatischer Staaten ist die Struktur der künftigen Weltordnung klar: Für fast alle Länder der Region ist China die wichtigste wirtschaftliche Bezugsgröße. Mit Handel und Investitionen erzeugt China ökonomische Abhängigkeiten auf allen Erdteilen. Dass sich diese Wirtschaftskraft in politische Abhängigkeiten überträgt, ist auch in Europa zu beobachten. Früher waren Abstimmungen im Europäischen Rat in aller Regel einstimmig. Heute erleben wir, wenn es beispielsweise um die Akzeptanz von Urteilen des Internationalen Seegerichtshofs geht, dass sich einzelne Mitgliedsstaaten der EU, zumeist solche in Südosteuropa, die sich umfangreicher chinesischer Investitionen erfreuen, mindestens der Stimme enthalten.

Ganz konkret konnte man das im Jahr 2016 beobachten, als Ungarn, Kroatien und Griechenland sich beim europäisch-asiatischen Dialogforum ASEM im mongolischen Ulan Bator der gemeinsamen kritischen EU-Position zu Seegrenzen im südchinesischen Meer nicht anschlossen. Dass gerade Ungarn und Griechenland die Konfrontation mit China scheuten, ist aus der Perspektive dieser Staaten nachvollziehbar: 2016 kaufte die chinesische Reederei Cosco den griechischen Hafen von Piräus nach dessen Privatisierung. Zum gleichen Zeitpunkt erhielt Ungarn die Aussicht auf chinesische Investitionen beim Bau einer Eisenbahnlinie nach Serbien.

Am Beispiel des ASEM-Gipfels werden zwei Entwicklungen deutlich: Zum einen erweitern die Chinesen ihr politisches Einflussgebiet durch wirtschaftliche Instrumente, zum anderen sind sie bei der langfristigen Strategieentwicklung der EU voraus – diese hätte nämlich die Privatisierung zu einer Bedingung für ein weiteres Rettungspaket in Griechenland gemacht und somit auch den Einfluss außereuropäischer Akteure riskiert.

Keine andere Regierung hat die Herausforderungen der Politik durch die Globalisierung und die digitalisierten Quantensprünge so konsequent in ein Politikmodell umgesetzt wie die Führung in Peking. Die Kommunistische Partei setzt seit dem Machtantritt Xi Jingpings konsequent auf die vollständige Kontrolle der Gesellschaft, um zentrifugale Kräfte und oppositionelle Strömungen einzuhegen. Mit westlichen Argumenten und Mahnungen, die universellen Menschenrechte zu achten, werden wir die Haltung des Regimes nicht ändern können. Gerade die digitale Revolution ermöglicht es dem autokratischen System, die Gesellschaft autoritärer zu steuern: »Big Brother trifft Big Data«, könnte man sagen. Das drastischste Beispiel ist das *»Social Credit System«*, ein Bewertungssystem, das die chinesische Führung derzeit aufbaut, um das Verhalten der Bürger zu belohnen oder zu sanktionieren. In einer Kombination aus umfassender Informationstechnologie und kleinteiliger Kontrolle überwacht die omnipräsente Einheitspartei das soziale und individuelle Leben der Untertanen. Der Parteiapparat der Kommunistischen Partei Chinas definiert bei dieser gesellschaftlichen Mobilisierung von oben Anreize und Repression gleichermaßen. Einer der Höhepunkte der öffentlichen Bloßstellung im Netz ist der Einsatz der Gesichtserkennungs-Technologie, die in öffentlichen Toiletten den exzessiven Einsatz von Klosettpapier verhindern soll. Der umfassende Zugriff auf Daten zu geringen Kosten dient der chinesischen Führung als Instrument zur Früherkennung abweichenden Verhaltens und zur Drosselung individueller Aktivitäten. Nicht zu übersehen ist in diesem Kontext die Bekämpfung der grassierenden Korruption, von der auch führende Kader oder »Prinzen« aus dem kommunistischen Partei-Establishment nicht ausgenommen sind.

«Ob Norden, ob Süden, ob Osten oder Westen«, behauptete Xi Jinping im März 2018 in der Großen Halle des Volkes selbstbewusst, »die Partei herrscht über alles.« Mit dem »Wiederaufstieg«, den Chinas starker Mann so demonstrativ anpreist, soll das Reich der Mitte wieder zu einer stolzen Nation werden. Xi wird das in der chinesischen Verfassung gegebene Wohlstandsversprechen einhalten müssen. Trotz Zensur und Repression ist Chinas Gesellschaft bunter, pluralistischer geworden. Die Ankunft in der Moderne hat das Risiko von Instabilität nicht geringer werden lassen. Und zugleich hat, wie Henry Kissinger schreibt, »Chinas Begegnung mit dem modernen internationalen System westlichen Stils (…) in seiner Elite die besondere Tendenz hervorgebracht, über das Schicksal des Landes und eine umfassende Strategie für dessen Gestaltung mit außerordentlicher Gründlichkeit und großer analytischer Kompetenz zu debattieren«.[37] Ähnliche Debatten über das neue Schicksal fanden in der Vergangenheit zu Zeiten extremer Verwundbarkeit Chinas statt. »Die jetzige«, so Kissinger, »wurde nicht von Chinas Bedrohung, sondern von seiner Stärke ausgelöst.«

Europäische Antworten?

China fordert uns Europäer in vielerlei Hinsicht heraus – sowohl wirtschaftlich als auch politisch. Ob beispielsweise die Entscheidung, Staats- und Parteichef Xi Jinping auf Lebenszeit in seinen

Ämtern zu inthronisieren, die internationale Strahlkraft des Sozialismus chinesischer Prägung erhöht, darf bezweifelt werden. Überraschen kann die Entscheidung des 19. Kongresses der chinesischen KP nicht. Dass kein potenzieller Nachfolger nach vorn drängt, deutet darauf hin, dass Xi nach seiner zweiten Amtszeit als Generalsekretär und Präsident eine Machtposition einnimmt wie keiner seiner Vorgänger seit dem Staatsgründer Mao Zedong.

Nichtsdestotrotz muss die EU die Tragweite des politischen Einflusses von China erkennen, ernst nehmen und seine Handlungen entsprechend planen. Bereits im Jahr 2012 untersuchte die sambisch-britische Ökonomin Dambisa Moyo das Potenzial, das China entfalten kann. Durch marktwirtschaftliche aggressive Expansion in Schwellenländern, um seine eigenen Ressourcen zu sichern, fungiert China als Modell für andere Staaten, die Wohlstand erreichen möchten. Nicht nur die wirtschaftliche Entwicklung, sondern auch die Reihe von geschäftlichen Direktkontakten auf der Welt sorgen dafür, dass die Volksrepublik als ein Erfolgsmodell wahrgenommen wird, an dem man sich orientiert. Die neue Stärke, die von diesem Modell ausgeht, fordert allerdings einen Grundpfeiler der liberalen Weltordnung heraus, auf welchem unser Weltbild über Jahrzehnte fußte: Die Überzeugung, dass liberale Demokratie und eine erfolgreiche Marktwirtschaft Hand in Hand gehen und ausschließlich in dieser Kombination Wohlstand sichern können.

China hingegen beweist für die große Mehrheit der Weltbevölkerung, die nicht in politisch, wirtschaftlich oder sozial sicheren Staaten lebt, dass die sukzessive Armutsbekämpfung für Millionen von Menschen auch ohne liberale Demokratie funktioniert. Entgegen der Annahme, dass freiheitliche Demokratien erst erfolgreiche und vor allem nachhaltig stabile Marktwirtschaften bedingen, scheint China unter Missachtung von politischen und bürgerlichen Freiheiten ein System geschaffen zu haben, das in ökonomischer Sicht auf der Überholspur fährt. Diese Entwicklung bleibt global nicht unbemerkt. Moyo prognostizierte vor sechs Jahren, dass die Tendenz zu weniger politischer Freiheit sich verbreiten würde – auf besorgniserregende Art scheint sich die Prognose bewahrheitet zu haben.[38]

Die Frage, was der Westen – die USA als politische und ökonomische Speerspitze sowie die EU als eine wirtschaftliche Zivilmacht – tun könnten, wirkt da beinahe kontraintuitiv. Mojo betont, man müsse mit dem chinesischen System kooperieren, um überhaupt konkurrieren zu können. Eine schlichte Konfrontation sei vor dem Hintergrund der Ressourcensicherung, des Wirtschaftswachstums und der Ausweitung des Einflusses auf der Welt ein verlorenes Rennen. Die einzige Möglichkeit, mit der der Westen seine Macht bewahren und zugleich globale Gestaltungsmacht bleiben könne, sei eine vorsichtige Zusammenarbeit mit China. Sollte der Westen sich dieser Kooperation verwehren, werde es immer weniger Akteure geben, die für das Modell der liberalen Demokratie werben.

Rückblickend hat die EU der Entwicklung in China nicht genug Aufmerksamkeit geschenkt, vielleicht, weil wir auf unserem Kontinent seit einem Jahrzehnt mit der Bewältigung wirtschaftlicher und politischer Krisen beschäftigt waren. Wir richteten den Blick häufig auf das Innere der EU, statt häufiger mit gesundem Respekt und Besonnenheit in Richtung Osten zu schauen.

In Zukunft wird es voraussichtlich immer schwieriger, an China »vorbeizuarbeiten«. Noch bestehen die Möglichkeiten für eine gute Zusammenarbeit. Deutschland sollte diese Chancen nutzen und den Multilateralismus unterstützen, der sich mit Chinas Unterstützung entwickelt. Das bedeutet, einerseits wirtschaftliche Bündnisse innerhalb der EU zu schmieden, um sich mit den massiv geförderten staatlichen Konzernen der Volksrepublik messen zu können. Andererseits sollten wir weiterhin direkte Geschäftskooperationen eingehen.

Welche Antworten können die westlichen und demokratisch regierten Staaten auf Chinas geopolitischen Anspruch, seine Kerninteressen durchzusetzen, geben? Die rasante Entwicklung in China und im gesamten asiatisch-pazifischen Raum eröffnet Europa und Deutschland nach wie vor große Chancen. Es kommt aber entscheidend auf die Gestaltung dieser Chancen an. Würden zum Beispiel tarifäre und nichttarifäre Handelsbarrieren im Rahmen eines WTO-Abkommens wegfallen, böten sich Chancen für den Austausch von Produkten, die bislang im Handel mit China nicht profitabel waren. Die EU muss auch darüber hinaus ein Investitionsabkommen mit China schließen, das einen gegenseitigen Marktzugang garantiert. Dabei geht es um Rechtssicherheit und Markenschutz. Die Gespräche über dieses Abkommen kommen auch deshalb nicht voran, weil die Ausgangslage beider Seiten nicht ausbalanciert ist. Für China ist die Öffnung für Investitionen nicht interessant genug, wenn es in Europa relativ frei agieren kann.

Deshalb müssen wir der chinesischen Übernahmestrategie technologische und sicherheitspolitische Grenzen setzen.

Die chinesische Praxis, nach der politischer Einfluss folgt, wenn man auf der globalen Bühne ökonomische Stärke beweist, könnte gewährleisten, dass unser Modell der liberalen Demokratie nicht an Relevanz verliert. Hier könnte Europa von China lernen – und seine geopolitische Strategie intelligent »kopieren«, indem sie die Prinzipien von Humanität und Nachhaltigkeit in eine solche Strategie aufnimmt. Denn das Modell der liberalen Demokratie wird sich nur dann als Alternative zur »chinesischen Lösung« behaupten können, wenn es auch ökonomische Vorteile bietet.

7.

Europa in einer unbequemen Welt

Der liberale Intellektuelle Ralf Dahrendorf hat einmal einen fast schon vernichtenden Satz über Europa gesagt: »Europa hat keine Gestaltungsmacht – jedenfalls hat es kein europäisches Interesse, das diese Gestaltungsmacht formieren könnte.«[39] Das war im Jahr 2000. Dahrendorf wollte davor warnen, in der Außenpolitik zu viel von Europa zu erwarten. Sein Befund war nicht überraschend, denn Europa wurde nicht als weltpolitischer Akteur gegründet. Das Wirken nach Außen blieb den europäischen Mitgliedern des Weltsicherheitsrats, Großbritannien und Frankreich, vorbehalten.

Ausgerechnet in einer Zeit, in der sich weltweit die Machtstrukturen und Kraftzentren dramatisch verändern, wirkt Europa wie gelähmt. Das Europäische Projekt kann durchaus scheitern. An seinen inneren Widersprüchen ebenso wie am mangelnden Mut der europäischen Regierungen, dieses große friedensstiftende Projekt zu verteidigen und fortzuentwickeln.

Europa ist die Idee vom Zusammenleben der Menschen und der Völker. Die europäische Idee stellt das Gemeinwohl über das Einzelinteresse, die kulturelle Vielfalt über den Zwang zur Anpassung und die Lebensqualität über die Anhäufung von Reichtum. Europa setzt die nachhaltige Entwicklung vor die rücksichtslose Ausbeutung von

Mensch und Natur. Und allem voran stellt die europäische Idee die Zusammenarbeit über einseitige Machtausübung.

Keine Frage: Auch innerhalb der Europäischen Union gibt es für viele Menschen große Sorgen. Bei Weitem ist nicht alles gut. Die viel zu hohe Jugendarbeitslosigkeit im Süden Europas ist dafür ein besonders besorgniserregendes Beispiel. Trotzdem ist richtig, dass man nirgendwo auf der Welt so friedlich, so sicher, so demokratisch und so frei lebt wie im Gebiet der Europäischen Union. Und dort, wo die EU ihre friedenstiftende Kraft nicht entfalten konnte, herrscht bis heute Krieg – wie in der Ukraine – oder drohen immer wieder neue ethnische, nationale oder religiöse Konflikte auszubrechen – wie auf dem westlichen Balkan. Es lohnt sich also, den Kampf um diesen größten zivilisatorischen Erfolg in mehr als 1000 Jahren europäischer Geschichte aufzunehmen, auch wenn die Aufgaben nicht klein und die inneren Spannungen beachtlich sind.

In ökonomischer Hinsicht bilden sich diese inneren Spannungen zwischen Nord- und Südeuropa und aktuell im Konflikt mit dem neuen Kurses der populistischen Regierung in Italien ab. Und machen wir uns nichts vor: Die Vorschläge des französischen Präsidenten zur Reform der Eurozone und der EU sind ebenso bemerkenswert, wie sie in Deutschland, den Niederlanden oder Finnland umstritten sind.

In politischer Hinsicht drücken sich die Spannungen zwischen West- und Osteuropa aus, wie wir sie am Beispiel der Auseinandersetzung über Rechtsstaatlichkeit, Pressefreiheit und Unabhängigkeit der Justiz zwischen Ländern wie Frankreich und Deutschland einerseits und Polen und Ungarn andererseits erleben.

In rechtsstaatlicher Hinsicht verlaufen die Bruchlinien zwischen Nord-West-Europa und Süd-Ost-Europa, denn endemische Korruption, schlechte Regierungsführung und das Eindringen organisierter Kriminalität sind alarmierende Kennzeichen nicht nur in der Slowakei. Das Problem wird sich verschärfen, wenn – wie die Europäische Kommission gerade vorgeschlagen hat – Serbien und

Albanien bis 2025 in die Europäische Union aufgenommen werden sollen und sich parallel zu diesem Aufnahmeprozess die Rechtsstaatlichkeit als fundamentales Element der europäischen Wertegemeinschaft eher verschlechtert als verbessert.

Die EU ohne Großbritannien

Den vielleicht größten Stresstest erlebt die Europäische Union derzeit mit dem Austritt Großbritanniens. Den knappen Entscheid der Briten 2016, die EU zu verlassen, halte ich für einen entscheidenden Fehler mit noch unabsehbaren ökonomischen Folgen für das (noch) Vereinigte Königreich. Mich berührt diese vermutlich nicht mehr aufzuhaltende Entscheidung aus ganz persönlichen Gründen: Meine erste Auslandsreise habe ich 1974 als 15-Jähriger nach England unternommen: Nach Rotherham in die Wickerley Road. Für meine Klassenkameraden und mich war das ein ungeheures Abenteuer, denn die meisten von uns hatten Deutschland noch nie zuvor verlassen. Wir kamen fast alle aus einfachen Verhältnissen, und unsere Eltern hätten uns einen 14-tägigen Aufenthalt in England nicht bezahlen können. Es waren englische Familien, die uns einluden. Die Überfahrt von Hamburg nach Harwich wurde mithilfe meiner Mittelschule organisiert, den Aufenthalt in Rotherham, die Ausflüge nach London oder Yorkshire bezahlten unsere Gastfamilien. Diese Großzügigkeit der Briten ermöglichte mir einen Blick über den Tellerrand. Eine Ahnung von der EU und Großbritanniens Verhältnis zum Europäischen Projekt hatte ich damals nicht. Aber seither gehört dieses Land für mich einfach dazu. Aus meiner heutigen Sicht kann ich sagen, dass Europa mit dem Beitritt des Vereinigten Königreiches im Jahre 1973 ein anderes und ein besseres Europa wurde.

Ungefähr aus der Zeit meines ersten Besuchs datiert das legendäre Fawlty Towers-Zitat »*Don't mention the war*«. Mehrere Zeitungen spielten kürzlich darauf an: »*Don't mention the Brexit*«. Ich fürchte, das wäre ein ziemlich naiver Blick auf die Zukunft Europas. Nach dem Brexit wird die EU der 27 eine kleinere und eine andere sein.

Ich vermute allerdings, dass auch das Vereinigte Königreich ein anderes sein wird. Nicht zwangsläufig ein stärkeres und freieres, wie die Befürworter des Austritts träumen. Sondern zunächst ein auf sich zurückgeworfenes Land in insularer Randlage. Den Weg zum Brexit hat eine politische Klasse geebnet, die zwar keine konkreten Konzepte für den Abschied aus der EU vorweisen kann, die aber von ihrer eigenen Außergewöhnlichkeit überzeugt ist. Ein englischer Freund hat mir gegenüber den Zustand des britischen Politik-Establishments klar und unmissverständlich analysiert: »Viele Jahre haben wir mittelmäßige Politiker geduldet und uns mit deren Politik nicht wirklich beschäftigt. Im Ergebnis haben wir nun tatsächlich die mittelmäßige Politik, die das Vereinigte Königreich für dieses Verhalten verdient. In Abwesenheit von Staatsmännern füllen fanatische rechte und linke Kräfte das Vakuum und suchen nach einer Formel, die sie wählbar macht, ohne auf eine Brexit-Mine zu treten. Dabei besteht die Gefahr, dass auf diese Weise das Zentrum noch desillusionierter und apathischer wird. Eine geschickte Positionierung bei einem einzelnen Problem könnte dann den Ausschlag geben, dass das ganze Land kippt.« Resignierend fügte er hinzu: »Es wird schlimmer werden, bevor es besser wird, und in Zeiten großer globaler Ereignisse starrt UK auf seinen Nabel. Meine Kinder haben Gott sei Dank inzwischen niederländische Pässe.« Eine bittere Beschreibung, die allerdings nach meinem Eindruck auch erste Parallelen zur Entwicklung in Deutschland aufweist.

Stand-Alone-Lösungen sind im 21. Jahrhundert nicht ungefährlich. Die Aggressivität anderer Regionen und Akteure der Welt zeigt uns ja gerade, dass es gut ist, Verbündete zu haben. Nicht nur sicherheitspolitisch, sondern vor allem ökonomisch und politisch-kulturell. Die ohnedies gefährdete liberale Weltordnung jedenfalls wird nicht stärker, wenn der Westen sich vereinzelt. Allen Ernstes setzen manche glühende Brexit-Befürworter, die dem Abschied vom britischen Empire nachtrauern, auf das (in der Weltpolitik eher wenig relevante) Commonwealth als Surrogat für die EU.

Auf die besondere Beziehung (»*special relationship*«) zu den USA als wichtigstes Faustpfand für das Vereinigte Königreich zu vertrauen, kann trügerisch sein, wie wir mit Präsident Trump erleben. Schon in überschaubarer Zeit wird die Mehrheit der Einwohner der USA keinen europäischen und keinen britischen Ursprung mehr haben, sondern aus Asien, Lateinamerika und Afrika stammen. Das wird das Verhältnis zu uns Europäern, aber auch zum Vereinigten Königreich verändern. Barack Obama sprach erstmals von den USA als einer »pazifischen Nation«. Bis dahin haben alle US-Präsidenten ihr Land als »transatlantische Nation« bezeichnet. Mit Donald Trump im Weißen Haus sind diese Zeiten vorbei. Wir werden in Zukunft also eher mehr als weniger voneinander abhängen – wir auf dem Kontinent und die Briten in ihrem wirklich besonderen Land.

Als ich meine Gastfamilie in Rotherham besuchte, war der Zweite Weltkrieg gerade einmal 30 Jahre vorüber. Als Deutscher meiner Generation bin ich mir des Engagements Großbritanniens für Demokratie und Freiheit in Europa bewusst. An Großbritanniens Beitrag, dem Größenwahn Hitlers ein Ende gesetzt zu haben, erinnerte erst unlängst der Film *The darkest hour«*. Winston Churchill, der damals durchaus umstrittene Premierminister, schwor seine bedrängten Landsleute erfolgreich auf ihren Durchhaltewillen ein. Es ist diese britische Eigenschaft, die unsere Partner auf ihrer Insel immer auch eine skeptische Distanz zum Kontinent und dem immer engeren europäischen Verbund beibehalten ließ.

Ich bin Niedersachse und habe meine politische Karriere in Hannover begonnen. Daher ist mir auch der Einsatz Großbritanniens bewusst, Deutschland wieder in den Verbund der freien Völker aufgenommen und zu Wohlstand verholfen zu haben. Das erfolgreiche Unternehmen Volkswagen gäbe es vermutlich nicht, wenn nicht der mutige britische Major Ivar Hirst seine Regierung davon überzeugt hätte, das Werk nicht zu demontieren.

Es war Großbritannien, das die deutsche Wiedervereinigung als alliierte Siegermacht, wenn auch anfangs widerwillig, mit möglich machte. Briten und Franzosen sorgten sich, dass mit einem vereinten Deutschland wieder ein wirtschaftliches und auch militärisches Übergewicht in der Mitte Europas entstehen könnte, mit altem Hang und neuen Ideen zu deutschen Sonderwegen. Geschichte und Geografie legten dies durchaus nahe. Am Ende halfen die Anbindung an den Westen und in die NATO und die EU, dass diese Sorgen zwar nicht verschwanden, die deutsche Einheit aber zu einem günstigen Zeitpunkt der Weltgeschichte möglich wurde und ein seltenes Beispiel geglückter Staatskunst geblieben ist.

Über die Jahre sind sich auch die Zivilgesellschaften wieder nähergekommen. Dazu haben Programme wie mein Austausch sehr viel beigetragen. So steht die Geschichte der deutsch-britischen Beziehungen exemplarisch für das, was wir heute als Europäisches Projekt bezeichnen: Aus erbitterten Feinden sind erst Partner und später sogar Freunde geworden. Und es ist dieses Beispiel, das Europa all jenen Regionen der Welt zu bieten hat, die sich in Kriegen, Bürgerkriegen und scheinbar unversöhnlichem Hass befehden. Es ist dieses Beispiel, das wir Europäer der krisengeschüttelten Welt des 21. Jahrhunderts zu bieten haben.

Die Gefahr des Scheiterns

Fakt bleibt auch, dass Europa scheitern kann. In einer Zeit der Wut, in der die Blaue Flagge Europas im radikalen Protest mit Hakenkreuzen verunstaltet wird, in einer Zeit der Angst, in der rechte Populisten Front machen gegen die Europäische Union, darf das Schicksal der Europäer nicht mehr in den Händen der Technokraten liegen. Wir brauchen dringend eine Neubesinnung der europäischen Politik.

In Italien sind zwei dezidiert antieuropäische Parteien mit gut 50 Prozent Wähleranteil in die Regierung gewählt worden. Im Jahr

2017 wurde zwar der proeuropäische Präsident Emmanuel Macron in Frankreich ein strahlender Wahlsieger. Doch immerhin 10,6 Millionen Franzosen haben dem rechtsradikalen und antieuropäischen Front National von Marine Le Pen im zweiten Wahlgang ihre Stimme gegeben. Der straff organisierte Rechtspopulismus erringt seine Siege oft in den früheren Arbeiterhochburgen. Schon bei den ersten Referenden in Irland und Frankreich zum Vertrag von Nizza, mit dem die notwendigen Voraussetzungen für die Erweiterung der EU geschaffen wurden, waren es die einst traditionell linken Arbeiterbezirke, die gegen die Europäischen Verträge stimmten. Und auch beim Referendum der Niederlande zum Assoziierungsabkommen der EU mit der Ukraine 2016 lehnten überwiegend die Arbeiter mit ihren Stimmen das Vorhaben ab.

Wenn sich in den Mutterländern der Demokratie und im Herzen des europäischen Kontinents Mehrheiten gegen die Einigung Europas formieren, sind wir alle als Europäer aufgerufen, nicht einfach weiter zu machen wie bisher. Wir dürfen nicht jedes Mal die sinkende Wahlbeteiligung zum Europäischen Parlament nur achselzuckend zur Kenntnis nehmen. Es ist eine Schande für die europäischen Parteien, aus purer Egomanie die Idee des französischen Präsidenten Macron zu transeuropäischen Listen verhindert zu haben.

Wir wählen in Wahrheit nationale Parteienvertreterinnen und -vertreter statt Europaabgeordnete. Diese wären bei den kommenden Wahlen zum Europäischen Parlament im Mai 2019 eine Herausforderung für die etablierten Parteien gewesen, vor allem auch in Deutschland, aber ebenso eine große Chance für Europa. Auf einer Liste, auf der Wählerinnen und Wähler in jedem Land Europas ankreuzen könnten, würden ausgewiesene proeuropäische Politikerinnen und Politiker kandidieren, am besten aus unterschiedlichen nationalen Parteien. Ich bin sicher, dass sich Frankreichs Präsident Emmanuel Macron mit seiner Bewegung »*En Marche*« dieser Idee angeschlossen hätte. Als zweitbeste Lösungen hätten sich länderübergreifende Parteilisten der traditionellen Parteien angeboten.

Dagegen hätten die Feinde Europas gestanden. Klare und mutige Alternativen sind die Voraussetzung für eine starke Wahlbeteiligung und eine demokratische Wahlentscheidung.

Vermutlich wird aber wieder einmal alles beim Alten bleiben. Die Wahlbeteiligung sinkt und aus einem nachträglichen Lamento entsteht keine wirkliche Veränderungsbereitschaft. Es ist zu befürchten, dass die nächsten Wahl zum Europäischen Parlament Anfang 2019 zu einer Art »*Can you hear me now*«-Wahl wird. So hatte der frühere US-Außenminister Rex Tillerson einmal die Wahl Donald Trumps erklärt. Wenn die traditionellen demokratischen Parteien jedes Warnsignal über viele Jahre hinweg überhörten, so Tillerson, dann würde sich die Wut und Enttäuschung irgendwann Bahn brechen, sobald dafür ein Angebot vorhanden sei. So wie bei der Wahl von Donald Trump.

Das europäische »Angebot« sind rechts- und linksextreme Parteiformationen, die vor allem eines gemein haben: Sie sind gegen den Status quo in Europa, gegen die weitere europäische Einigung und vertreten die Rückkehr zu nationalen Lösungen. Im Ergebnis werden vermutlich erstmals in der dann 40-jährigen Geschichte des Europäischen Parlaments die konservative Europäische Volkspartei und die europäischen Sozialdemokraten zusammen nicht mehr über 50 Prozent der Stimmen und der Sitze verfügen. Damit wird als Erstes die Idee eines europäischen Spitzenkandidaten in sich zusammenfallen, nach der derjenige Anführer der beiden Parteien der nächste Kommissionspräsident wird, der die meisten Stimmen auf seine Parteienformation vereinigen kann. Zuletzt war das der Spitzenkandidat der Europäischen Volkspartei und frühere luxemburgische Ministerpräsident Jean-Claude Juncker. Sein sozialdemokratischer Konkurrent war Martin Schulz, der zusammen mit seiner Fraktion im europäischen Parlament absprachegemäß dann Juncker zur Mehrheit verhalf.

Der größte Verlierer der Wahl könnte die europäische Sozialdemokratie werden: Ohne die Abgeordneten der britischen Labourparty, mit deutlich weniger Stimmanteilen in Italien, Frankreich und vermutlich auch Deutschland droht sie in ihrer Bedeutung dramatisch einzubrechen. Eine Listenverbindung mit Emmanuel Macrons »*En Marche*«-Bewegung wäre ein Ausweg aus diesem Dilemma gewesen. Aber selbst wenn sich – was nicht unbedingt zu erwarten ist – der französische Präsident so eindeutig im Mitte-links-Spektrum hätte verorten lassen, scheitert diese Idee bereits am Kleinmut vieler europäischer Sozialdemokraten.

Wer also am Ende der neue EU-Kommissionspräsident wird, ist absolut offen. Vermutlich werden der französische Präsident Macron und die deutsche Bundeskanzlerin Merkel einen gemeinsamen Vorschlag machen. Dabei hat Deutschland sogar die Chance, den Kommissionspräsidenten zu stellen, jedenfalls macht sich der derzeitige CDU-Wirtschaftsminister Peter Altmaier Hoffnung darauf. Im Gegenzug würde Frankreich und nicht wie bisher geplant Deutschland den Präsidenten der Europäischen Zentralbank besetzen. Letztlich ist alles offen, aber wer immer am Ende das Rennen machen wird, eines ist schon jetzt klar: Der Gewinner wird der Europäische Rat der Staats- und Regierungschefs sein. Seine Macht steigt wieder in dem Maße, in dem die Mehrheitsbildung im Parlament schwieriger wird. Denn das Parlament ist in Gefahr, sich mangels klarer Mehrheiten selbst zu blockieren. Wasser auf die Mühlen der Anti-Europäer und Enttäuschung bei all jenen, die sich mehr parlamentarische Demokratie in Europa wünschen, sind vorprogrammiert.

Wir haben für die bitter nötige »Neugründung Europas« (Macron) nicht mehr viel Zeit. Die Gefahr ist real, dass innerhalb der nächsten Jahre immer mehr offen antieuropäische Regierungen in wichtigen Mitgliedstaaten an die Macht kommen. Womöglich werden nach den kommenden Europawahlen die Proeuropäer keine Mehrheit mehr im Europäischen Parlament haben. Wir haben also einen Punkt erreicht, an dem wir Europa neu aufstellen müssen.

Herausforderungen für unser Wohlstandsmodell

Als ob die skizzierten Entwicklungen nicht bereits als geopolitische Herausforderungen reichten, wird unser Wohlstandsmodell auch wirtschaftlich angegriffen. Wie nie zuvor sind wir in der heutigen Ökonomie herausgefordert. Unsere bisherigen Wertschöpfungsmodelle veränderten sich durch die Digitalisierung dramatisch. Waren gerade wir Deutschen in der Vergangenheit sicher, dass unsere Fähigkeit, neue Produkte und Verfahren zu entwickeln und sie in die vorhandene Produktions- und Dienstleistungsstruktur zu integrieren, fortlaufend neuen wirtschaftlichen und sozialen Erfolg hervorbringen würde, sind wir jetzt mit drastischen Brüchen und Disruptionen – in dieser bislang linearen Erfolgsgeschichte – in unserem Wertschöpfungs- und Wohlstandsmodell konfrontiert.

Hatten wir bislang auf die Qualität unserer Erzeugnisse, auf deren effiziente und hochproduktive Herstellung und eine weltweite Vermarktung gesetzt, wandert die Wertschöpfung auf einmal von diesen Produkten auf digitale Plattformen ab. Nicht mehr das Automobil steht im Mittelpunkt, sondern Mobilität. Das dafür notwendige Kraftfahrzeug wird zur »*Commodity*«. Die eigentliche Intelligenz liegt in den Smart Service- Dienstleistungen, den neuen Leistungsversprechen der »*Connectivity*« und nicht zuletzt in der Flexibilität der Mobilitäts-Angebote. Nicht der 365-Tage-Besitz eines bestimmten Kraftfahrzeugs ist künftig relevant, sondern die Mobilitäts-Anforderungen seines Nutzers. Die sind im Sommer anders als im Winter, in der wöchentlichen Arbeitszeit unterschiedlich zum Wochenende oder zum Urlaub. Wer dabei den größten Nutzen anbietet, liegt vorne. Und wer kennt am besten die Nutzerbedürfnisse? Derzeit eher die weltumspannend tätigen Datensammler und Infrastruktur-Netzbe- und -Warenvertreiber Google oder Amazon als die traditionellen Hersteller von Konsumgütern.

Dieses Beispiel lässt sich fast beliebig auf alle anderen industriellen Produkte anwenden, deren Herstellung in der Vergangenheit unseren wirtschaftlichen Erfolg ermöglicht haben. In der Vergangenheit waren unsere Vorsprünge gerade im Bereich industrieller Produktion fast nicht zu toppen. Jetzt bieten die veränderten Wertschöpfungsmodelle erstmals anderen Wettbewerbern die Möglichkeit, uns zu überholen. Der Vorsprung der S-Klasse bei Daimler oder ein Automobil von Audi, BMW und VW war beinahe uneinholbar groß. Bei der Neuerfindung des autonom und mit künstlicher Intelligenz fahrenden Automobils mit elektrischem Antrieb, verbunden mit allen denkbaren digitalen Dienstleistungen, bietet sich für chinesische oder amerikanische Hersteller erstmals die Chance, diesen Vorsprung der deutschen und europäischen Automobilindustrie wettzumachen. Besser gesagt: Es gibt keinen europäischen oder deutschen Vorsprung mehr. Eher das Gegenteil.

Im Automobilbau, in der Elektrizitätsversorgung, in der Chemie und Pharmazie, im Maschinenbau und der Elektrotechnik, in allen Biowissenschaften und den damit verbundenen Dienstleistungen wird Europa einem massiven Wettbewerb vor allem mit China ausgesetzt sein. Der dortige Staat kennt keine Beihilferegeln, Monopolkommissionen, Kartellrechte, Steuergesetzgebung, Vorschriften für öffentliche Ausschreibungen oder Finanzierungsbedingungen, wenn es um die Bereiche geht, die aus Sicht der chinesischen Führung Leitindustrien sein müssen. Damit soll China von einem gigantischen Technologie-Importeur zu einem weltweit tätigen Technologie-Exporteur werden.

Damit nicht genug: Seit Jahren sucht China Verbindungen und Bindungen zu den wichtigsten Rohstofflieferanten zum Beispiel in Afrika. Verbunden mit der Entwicklung von Infrastrukturen in vielen afrikanischen Staaten verschafft sich das Land Zugang zu den wichtigsten Rohstoffquellen, ohne dabei über Fragen der Korruption, schlechter Regierungsführung, Menschenrechte oder Umweltschutz allzu viel Gedanken zu machen. Die Kobalt- und Kupferminen in der demokratischen Republik Kongo, die zentrale Voraussetzung für die Entwicklung der Elektromobilität sind, gehören schon heute größerenteils chinesischen Unternehmen. Eine einzige westliche Firma, der Schweizer Rohstoffhändler Glencore, hält dort noch Minenrechte und steht dafür massiv in der Kritik. Im März 2018 wurde bekannt, dass Glencore rund ein Drittel seiner dortigen Kobalt-Kapazitäten an den chinesischen GEM-Konzern veräußert hat. Wenn Glencore aus diesen Kobalt-Minen komplett aussteigen sollte, könnten bald 100 Prozent in chinesischer Hand liegen.

Wie will Europa darauf reagieren? Angesichts der Milliarden-Investitionen Chinas zum Beispiel in die Erforschung künstlicher Intelligenz (KI) – China will dort über einen neugegründeten Fonds in den kommenden Jahren noch einmal rund 47 Milliarden US-Dollar zusätzlich investieren – mutet die Ankündigung der EU-Kommission für ein KI-Programm von 1,5 Milliarden Euro sehr zögerlich und fast homöopathisch an.

Fest steht: Die europäische Zukunft wird bei Weitem nicht nur von der Bewältigung ihrer inneren Spannungen bestimmt. Die äußeren Herausforderungen sind allerdings nur mit einem stärkeren und geeinteren Europa zu meistern. Von beidem sind wir derzeit ein gutes Stück entfernt.

Angesichts dieser Lage ist unser Verständnis für die notwendige (Neu-)Aufstellung der Europäischen Union beinahe furchterregend. Wir gehen mit der EU um, als hätten wir noch eine zweite auf Lager. Das wäre ja vielleicht als sozialwissenschaftliche Versuchsanordnung interessant. Als Politikansatz ist das völlig untauglich und gefährlich. Da wird auf andere gezeigt, da wird offen gedroht, da gibt es Blockaden, Kampfabstimmungen und nicht zuletzt giftige Klischees. Wir sollten die Warnung von Eugen Roth beherzigen: *»Zu fällen einen schönen Baum, braucht's eine halbe Stunde kaum«*, hat der Dichter geschrieben, »zu *wachsen, bis man ihn bewundert, braucht er, bedenk' es, ein Jahrhundert.«*

»Stronger Europe?«

Vor Kurzem sagte jemand zu mir: Die Zeiten, da die deutsche Außenpolitik nur hohe Kompetenz im Ost-West-Konflikt erforderte und alles andere als eine intellektuelle Übung betrachten konnte, seien ja lange vorbei. Und wir Deutsche hätten in den letzten 20 Jahren eine hohe Kompetenz im Urteil über die meisten Regionen der Welt und die wichtigsten Fragen der Weltpolitik erworben. Als ich das hörte, wurde mir bewusst, dass das bereits nicht mehr ausreicht. Heute lautet die Frage: Wie können wir die Weltpolitik, von der wir angeblich ziemlich viel verstehen, nachhaltig beeinflussen und aktiv gestalten?

Aus einleuchtenden Gründen ist dies nur im europäischen Rahmen möglich. Doch sind wir Europäer mit unserer Europäische Union eigentlich weltpolitikfähig? Sind wir mit unseren Handlungsstrukturen und unserem Politikverständnis kompatibel und anschlussfähig an die weltpolitisch einschneidenden und tektonischen Gewichts- und Machtverschiebungen?

Auf den ersten Blick mag diese Frage für überzeugte Anhänger der EU provokativ klingen. Sind wir doch vom Klimaschutz bis zu den UN-Development-Goals in alle multilateralen Prozesse eingebunden. Dennoch bezweifele ich, dass wir anschlussfähig an die Welt und ihre rasanten Veränderungsprozesse sind.

Das ist keine Anklage. Die EU ist nicht als weltpolitischer Akteur konzipiert worden. Sie sollte Frieden und Wohlstand für ihre Mitglieder schaffen. Diese Aufgabe hat sie über Jahrzehnte mit einer wachsenden Zahl ihrer Mitglieder hervorragend erfüllt. Die Erweiterung, insbesondere die nach Osten, hatten weltpolitische Qualität. Sie war im Kern nicht ökonomisch begründet, sondern geopolitisch. Die Osterweiterung verdeutlichte unserem großen Nachbarn Russland, dass die neuen Mitglieder ihre Selbstbestimmung und Westbindung für ihre Entwicklung unumkehrbar machen wollten.

Die Osterweiterung war aber auch ein Echo auf den Kalten Krieg: Europa hatte unter amerikanischem Schutz eine gewichtige

Rolle im Ost-West-Konflikt zu spielen. Dies machte vor allem die Europäer glücklich. Sie konnten weltpolitische Rivalitäten, die in der Vergangenheit zu Zerwürfnissen geführt hatten, vermeiden und dabei noch Geld sparen. Manche Europäer haben daraus, besonders gegenüber dem amerikanischen Weltpolizisten, ein Gefühl der moralischen Überlegenheit abgeleitet. Das war im Unterschied zum amerikanischen ein europäischer Exzeptionalismus. Der »*american exceptionalism*« war überzeugt, dass ein Land, welches das beste Modell geschaffen hatte, dieses der ganzen Welt zur Verfügung stellen sollte. Notfalls auch mit Gewalt. Wir Europäer waren von unserem Modell überzeugt, aber wir wollten es niemandem empfehlen oder gar aufdrücken. Wir wollten es gegen den Rest der Welt schützen.

Diese Instinkte wirken bis heute. Sie sind verständlich, aber sie sind gefährlich. Francis Fukuyama hatte recht, als er in seinem Buch *The Origins of political order* schrieb: «*Political decay occurs when political systems fail to adjust to changing circumstances. There is something like a law of conservation of institutions.*«[40]

Wir haben den Wechsel zu der neuen, sich stets verändernden Weltordnung noch nicht geschafft. Wir sind aber nach dem Fall des Eisernen Vorhangs der Außenwelt viel näher gerückt. Die Flüchtlingsströme aus Nordafrika, Syrien oder Afghanistan sind ein Beispiel. Handelskonflikte mit Ländern wie China, die wir lange für reine Vertriebsmärkte oder preiswerte Zulieferer hielten, sind dafür ebenso ein Beispiel wie die Rückkehr des Nationalismus in die internationale Politik.

Die Begegnung mit dieser neuen, oft unfriedlichen und gefährlichen Außenwelt macht viele Menschen bei uns unsicher. Wir neigen dazu, uns abschotten zu wollen. Nicht wenige fühlen sich enttäuscht, dass die EU sie nicht vor dieser »bösen« Welt schützen kann oder will. Wenn wir unsere neue Rolle in der Welt nicht definieren und unsere Bürger nicht dafür gewinnen, ist unsere Zukunft gefährdet. Das hat nichts mit dem Ehrgeiz von Politikern zu tun. Wenn ich warne, Europa könne in der Bedeutungslosigkeit versinken, klingt das für die meisten abstrakt. Aber das ist es nicht. Wir haben ein System geschaffen, das das Kriegsrisiko unter uns Europäern praktisch ausgeschlossen hat. Aber wir haben nicht gelernt, wie wir mit der Realität der Kriege außerhalb der EU und im Extremfall in Europa selbst umgehen. Wenn dieses Gefälle länger bestehen bleibt, können wir uns nicht mehr darauf verlassen, die Gefahr des Kriegs von uns fernzuhalten.

Ich halte nichts vom Kulturpessimismus. Krieg und Frieden sind keine Jahreszeiten, die aufeinander folgen. Wir treten nicht einfach in die Jahreszeit der Kriege ein. Aber wir müssen zu verstehen lernen, dass wir Teil einer Welt sind, in der Kriege leider nach wie vor zu den Instrumenten der Politik zählen. Dieser so unfriedlichen und gewaltbereiten Welt können wir uns nicht entziehen.
Angst ist ein deutsches Wort, das in viele Sprachen der Welt eingegangen ist. Aber ich bin überzeugt, dass unsere Politik nicht *»angstdriven«* ist. Wir sind und wir bleiben ein nüchternes Volk, kein Volk von Romantikern oder Kulturpessimisten. Darüber können unsere Nachbarn und Partner froh sein. Wir durchleben in Europa eine Vertrauenskrise. Das ist kein psychologisches Phänomen, sondern eine politische Herausforderung, der wir uns stellen müssen. Die EU beruht auf einer Art institutionalisiertem Vertrauen: Selbst, wenn die Führungspersönlichkeiten sich manchmal nicht besonders mögen, kann das Vertrauensverhältnis zwischen den Staaten intakt sein oder gut werden. Diese Integration ist eine der größten Stärken der EU, die wir nicht aufs Spiel setzen dürfen. Die Alternative ist ungezügelte Rivalität, die zerstörerische Kräfte entfalten kann.

Vertrauen kann allerdings nicht dadurch wiederhergestellt werden, dass wir uns in kleinere Gruppen zurückziehen. Ja, es gibt bereits heute in Europa unterschiedliche Geschwindigkeiten – oder sagen wir lieber unterschiedliche Integrationsgrade. Die Staaten der Euro-Währungsunion haben einen höheren Integrationsgrad erreicht als Nicht-Euro-Staaten. Ähnlich verhält es sich mit dem Schengener Grenzabkommen. Unterschiedliche Integrationsgrade wird es auch in der Sicherheits- und Verteidigungspolitik geben. Unser wirkliches Problem ist nicht »Multi-Speed«, sondern »Multi-Track«: Wir verfolgen mit unterschiedlichen Geschwindigkeiten nicht alle die gleichen Ziele, sondern gehen in verschiedene Richtungen.

Europa zusammenzuhalten, obwohl es unterschiedliche Richtungen in der Orientierung seiner Mitgliedsstaaten gibt, ist weitaus schwieriger, als mit verschiedenen Geschwindigkeiten gleichgerichteter Bewegungen klar zu kommen. Doch so weit wir Deutsche und Franzosen uns von der derzeitigen Richtung Ungarns und Polens unterscheiden, wir werden das aushalten müssen und auch immer wieder den Versuch der Einigung unternehmen müssen. Die Amputation ist keine akzeptable Behandlungsmethode, weder gegenüber Griechenland oder Italien noch gegenüber Mitgliedsstaaten, deren innere Verfasstheit auf Kritik anderer Mitglieder oder der europäischen Institutionen stößt.

Wir müssen stattdessen das innere Gleichgewicht der EU wiederherstellen. Kein Land darf sich als Verlierer sehen. Wir müssen eine Verantwortungskultur auf der europäischen, aber auch auf der nationalen Ebene wiederbeleben. Es erfordert den Mut, über konventionelle Lösungen hinauszugehen.

Wir dürfen die drängende Aufgabe, Europa zu überdenken, nicht denen überlassen, die es zerstören wollen. Wir sollten vor allem darüber diskutieren, was der Kern des Europäischen Projektes ist und wie wir es stärken können. Für mich entsteht ein *»stronger Europe«* vor allem durch eine engere Zusammenarbeit in vier Bereichen.

Erstens muss die Europäische Union im Alltag ihrer Bürger ihren Nutzen unter Beweis stellen. Am Ende helfen keine volkswirtschaftlichen Theorien oder Angstszenarien, was alles an Gefahren auf uns zukäme, wenn es den Euro oder die EU nicht mehr gäbe, sondern nur die Aussicht auf konkret verbesserte Lebensverhältnisse. Europa braucht einen Hoffnungs- und keinen Angstüberschuss.

Die Idee des französischen Präsidenten Macron, ein Europa, »das schützt«, zu schaffen, ist deshalb richtig. Neben schwierigen Themen wie einer gemeinsamen Sicherheitspolitik und der Stärkung des Euroraums brauchen wir »nordkurvenfähige« Zielsetzungen. Ein faires Steuersystem ohne »Steueroasen« mitten in Europa, die in Wahrheit Gerechtigkeitswüsten sind.

Warum setzen wir uns nicht konkrete Ziele? Warum ist es so undenkbar, dass wir überall in Europa wenigstens die gleichen Grundlagen für eine gerechte Besteuerung von Kapitaleinkünften und Unternehmen haben, damit der unsinnige Steuerdumping-Wettbewerb endlich ein Ende hat, bei dem jeder kleine Handwerksmeister inzwischen höhere Steuersätze zu bezahlen hat als internationale Konzerne? Könnte man nicht vereinbaren, in fünf Jahren überall in Europa den gleichen Benzinpreis, den gleichen Strompreis und den gleichen Gaspreis zu bezahlen? Gleiche Wettbewerbsbedingungen für alle sind eine faire Ausgangsbedingung für unsere gemeinsame Marktwirtschaft und für konkurrierende Standorte in der Welt. Der politische Streit über den Weg dahin würde eine europäische Öffentlichkeit entstehen lassen. Davon lebt die Demokratie.

Zweitens darf, wer die Flughöhe der Vorschläge des französischen Präsidenten erreichen will, nicht kleinteilig antworten. Deutschland sollte Frankreich anbieten, in den kommenden Jahren im UN-Sicherheitsrat nie gegeneinander abzustimmen. Beide Länder sollten sich im Sicherheitsrat stets mit allen europäischen Partnern abstimmen. Sollte der Sicherheitsrat eines Tages reformiert werden, muss Europa dort vertreten sein, nicht nur einer seiner Mitgliedsstaaten. Für Frankreich wäre dies sicher schwer zu akzeptieren. Aber es könnte der Lackmus-Test sein, wie ernst es dem französischen Präsidenten mit seinem gemeinsamen Europa ist.

Drittens muss der Binnenmarkt zu einer sozialen Marktwirtschaft weiterentwickelt werden, die neben unternehmerischer Freiheit und gleichen Wettbewerbsbedingungen auch mehr soziale

Sicherheit und Verantwortung generiert. Das Wohlstandsversprechen der EU muss mit Investitionen in die Wettbewerbsfähigkeit, in Forschung, Bildung, Entwicklung und in neue Arbeitsplätze wiederbelebt werden.

Zu allem gehören faire Steuersysteme, denn wenn wir Europa stärken wollen, wird das auch Geld kosten. Und wer die Stärkung der gemeinsamen Verteidigungs- und Sicherheitspolitik nicht in einen Verteilungskampf über die Mittel für Wachstum, Arbeit und soziale Sicherheit münden lassen will, muss dafür sorgen, dass dem unseligen Steuerdumping in Europa Grenzen gesetzt werden. Eine Billion Euro jährlich geht Europa nach Angaben der EU-Kommission derzeit verloren, weil sich die EU-Mitgliedstaaten noch immer diesem spalterischen Wettbewerb um möglichst niedrige Unternehmenssteuersätze leisten.

Viertens gehören zur Sicherung der europäischen Außengrenzen eine europäische Flüchtlings- und Migrationspolitik und ein gemeinsames Asylrecht. Trotz aller Spannungen und Herausforderungen, die dieses Thema für unsere europäischen Gesellschaften und für den Zusammenhalt Europas mit sich bringt, muss dabei klar sein, dass Europa seiner humanitären Verpflichtung zur Hilfe und zur Mitmenschlichkeit nachkommen will und wird.

Das trifft gerade auch auf die Rettung aus dem Mittelmeer zu, auch wenn es Teil der perversen Strategie von nordafrikanischen Schlepperbanden ist, Flüchtende in überladene und völlig untaugliche Boote zu setzen, um sie anschließend von europäischen Schiffen aufnehmen und vor dem Ertrinken retten zu lassen. An der Pflicht zur Seenotrettung darf es keinen Zweifel geben. Ja es stimmt: Diese Seenotrettung hat einen sogenannten »*Pull*-Effekt«. Je besser sie von Europa aus organisiert ist, desto mehr Schlepper werden Menschen in Seenot bringen. Trotzdem darf das nicht dazu führen, dass die Seenotrettung nur eingeschränkt ausgeübt, nicht staatliche Rettungsinitiativen kriminalisiert werden oder Rettungsschiffe nicht an europäischen Häfen anlegen dürfen. Wir würden damit eine elementare Idee der europäischen Aufklärung aufgeben, die weltweit so einzigartig ist: Das für uns jedes Leben gleich viel wert ist. Es wäre eine Rückfall in koloniale Zeiten und eine große Schande für Europa.

Allerdings hat diese grundsätzliche Haltung eine Konsequenz: Menschen, die nach den europäischen Asyl- und Zuwanderungsregeln keine Aufenthaltsberechtigung in Europa oder einem seiner Mitgliedsstaaten haben, müssen zurück in ihre Herkunfts- bzw Heimatländer. Das bedeutet aber für Deutschland, dass es bereit sein muss, sich den durchaus strengeren Anforderungen anderer EU-Staaten zu stellen, unter denen Asyl gewährt oder verweigert werden kann. Das ist nicht selbstverständlich, denn das deutsche Asylrecht ist unter dem Eindruck der politischen Verfolgung des Nazi-Regimes entstanden. Zur rechtlichen Einordnung massenhafter Migration ist es nie gedacht gewesen. Ein relativ hoher Anteil der Zugewanderten hat keine Möglichkeit zu einem dauerhaften oder auch nur befristeten Aufenthalt in praktisch allen europäischen Nachbarstaaten.

Unsere europäischen Nachbarstaaten kennen in ihrer Geschichte das deutsche nationale Trauma der politischen Verfolgung und des Rassismus nicht, sondern besitzen ganz andere und sehr unterschiedliche historische Erfahrungen und Verantwortungen. Frankreich, Spanien und auch die Niederlande sind beispielsweise eher geprägt von einer mit ihrer Kolonialgeschichte verbundenen Einwanderung, was häufig genug auch mit nicht aufgearbeiteten historischen Traumata verbunden ist.

Hier sollte die deutsche Politik die Bevölkerung nicht im Unklaren lassen, dass sich ein gemeinsamer europäischer Grenzschutz, ein gemeinsames europäisches Asylrecht und eine gemeinsame europäische Asylbehörde nicht nur mit der Öffnung legaler Zuwanderungswege und einer fairen innereuropäischen Verteilung von Geflüchteten zu befassen hätte. Auch den unangenehmen Folgen der Ablehnung von Asylanträgen und zurückgewiesener illegaler Migration an Europas Außengrenzen wird sich die Politik stellen müssen. Und einem sehr durchsetzungsfähigen Grenzsicherungssystem der EU-Außengrenzen. Unfair wäre es, neue Strukturen zu schaffen und alle schwierigen innenpolitischen Auseinandersetzungen darüber wieder einmal mit der in Europa üblichen Ausrede zu versehen, dafür seien »leider die in Brüssel zuständig«.

Die Einmaligkeit Europas erhalten – trotz Zuwanderung

Und noch etwas ist bei der Debatte um Zuwanderung nach Deutschland und Europa von Bedeutung: Die Zuwanderer müssen wissen, dass sie nicht in einen beliebigen Wohlstandskontinent einreisen. Das zielt auf Flüchtende vor Krieg, Bürgerkrieg und bitterster Not, aber noch mehr auf diejenigen, die aus anderen Gründen Europa erreichen wollen und von denen wir ja in den kommenden Jahrzehnten durchaus auch viele brauchen werden, denn der ungünstige Altersaufbau in fast allen europäischen Gesellschaften wird ja Zuwanderung erfordern.

Jeder der kommt, muss wissen, was Europa für ein Kontinent ist und wir wie hier leben wollen. Denn Europa ist wirklich einzigartig auf der Welt. Nirgendwo sonst auf der Erde ist die Idee Wirklichkeit geworden, dass jeder Mensch sich frei machen und selbstbestimmt leben kann: frei von den Bestimmungen seiner Religion, ja sogar frei von Gott selbst, wenn er das will, frei von Herkunft, Rasse oder Geschlecht. Es ist ein sehr abendländisches und kühnes Projekt, dass jeder Mensch autonom entscheiden kann, was er annimmt für sein Leben und was nicht. Und dass wir alle nur eine verpflichtende Norm kennen: die unserer geschriebenen oder ungeschriebenen freiheitlichen Verfassungen in Europa.

Europa sollte also offen sein für all die, die bei uns einen neuen Anfang machen *möchten*. Es muss dabei klar sein, dass wir hier darauf drängen, die Einmaligkeit des europäischen Projektes zu erhalten. Und jeder, der das nicht will, in Konflikte mit unseren europäischen Gesellschaften kommen wird. Die Offenheit für Migration gerade aus Afrika sollte in Europa also nicht vor dem Hintergrund eines Schuldkomplexes für die Zeiten des Kolonialismus erfolgen, sondern mit Bewusstsein für das Besondere und Erhaltswerte in Europa.

Das erfordert Grenzen der Zuwanderung, aus Prinzip, nicht aufgrund der Zahl! Um Klarheit über diese Prinzipien zu schaffen, wäre es vermutlich gut, in den sozialen Netzwerken und Medien offensiv zu zeigen, was andere möglicherweise provoziert: von der Berufstätigkeit und Gleichberechtigung der Frauen bis hin zu den Christopher Street Day-Paraden. Das sind Beispiele unserer Ausdrucksformen der Selbstbestimmtheit jedes Individuums.

Mutige Visionen für Europa statt Nettozahler-Legenden

Europa ist unsere Zukunft. Und diese Zukunft ist zu gestalten und nicht kaputt zu reden. Die Frage nach der Gestaltung Europas, wie wir es reformieren wollen, ist die wahre Herausforderung, der wir uns jetzt stellen müssen. In Europa wurde viel zu lange Politik nach der Devise »Fahren auf Sicht« betrieben. Auch Deutschland hat seinen Teil dazu beigetragen. Wir haben uns nicht mehr getraut, mutige Visionen für Europa zu formulieren. Dieses Defizit macht sich jetzt schmerzlich bemerkbar.

Dies spüren wir umso mehr, da wir jetzt mit Emmanuel Macron in Frankreich einen Staatspräsidenten haben, der es wagt, solche Visionen zu formulieren. Und der damit auch eine Wahl deutlich gewonnen hat. Ich kenne Macron lange genug, um zu wissen, dass er seine ganze Kraft für Europa einsetzen wird. Europa ist für ihn »die Trumpfkarte in den Wirren der Welt.« Aber ein Visionär allein kann Europa nicht verändern.

Wir Deutschen sind also gefordert. Und wenn wir es ernst meinen mit unseren Treueschwüren zu Europa, dann heißt es aufhören, ständig die falschen Geschichten über Europa zu wiederholen. Denn es sind nicht nur die Gegner Europas von rechts- und linksaußen, die uns weismachen wollen, dass die europäische Einigung gegen ihre jeweiligen nationalen Interessen gerichtet sei. Das erledigen seit Langem in unterschiedlichsten Formen auch proeuropäische Parteien in ihren nationalen Wahlkämpfen. Es gibt eben nicht erst seit dem amerikanischen Präsidentschaftswahlkampf *Fake News*.

Schauen wir nach Deutschland, so wird seit Jahrzehnten von Politik, Medien und Teilen der deutschen Wirtschaft immer wieder behauptet, unser Land sei der »Lastesel« der Europäischen Union. Deutschland sei »Nettozahler-Land«, das weit mehr in Europa einzahle, als es jemals wieder herausbekomme. Konsequenterweise sind praktisch alle Bundesregierungen der letzten drei Jahrzehnte bei den Verhandlungen über die Finanzplanung der EU immer wieder gemeinsam für eine Verringerung unserer »Nettozahler-Position« eingetreten – vorzugsweise zusammen mit den euroskeptischen Briten. In den letzten Verhandlungen hat das dazu geführt, dass Mittel für die europäischen Strukturfonds gekürzt wurden und damit weniger Geld für die ärmeren Regionen zur Verfügung stand. Das wiederum wurde prompt »Europa« angekreidet.

Im offiziell so europafreundlichen Deutschland hat sich auf diese Weise seit langer Zeit eine verzerrte Sichtweise tief in das politische Alltagsbewusstsein eingegraben. Investitionen in Europas Zusammenhalt und Zukunft wurden zu einer Bürde für die Deutschen umdefiniert. Die rechtsradikale Übernahme dieses Narrativs lautet, dass der »Schuldkomplex Deutschlands« uns angeblich dazu verleite, zu viel Geld der hart arbeitenden Deutschen für die »faulen Europäer« auszugeben. Und dass wir nach Lesart von AfD-Funktionären am besten gleich die ganze Erinnerungskultur in Deutschland beenden. Gemeint ist die Erinnerung an den militärischen Überfall unserer Nachbarländer durch die deutsche Wehrmacht im Zweiten Weltkrieg und der industrielle Massenmord an den europäischen Juden, der sich für immer mit dem Konzentrationslager Auschwitz verbindet.

Die Wahrheit ist, dass Deutschland kein europäisches Nettozahler-, sondern ein Nettogewinner-Land ist. Natürlich stellen wir mehr Steuergelder für den europäischen Haushalt zur Verfügung, als wir aus den europäischen Fördertöpfen zurückbekommen. Aber das ist bei Weitem nicht einmal die Hälfte der Rechnung: Wir exportieren fast 60 Prozent unser Waren und Dienstleistungen in die Länder der EU und nicht einmal zehn Prozent nach China und in die USA. Millionen von Arbeitsplätzen hängen davon ab, dass es den Menschen in anderen EU-Ländern so gut geht, dass sie sich unsere Produkte leisten können. Billig sind sie zum Glück aufgrund ihrer hohen Qualität und unserer relativ hohen Löhne ja nicht. Jeder Euro, den wir für den EU-Haushalt zur Verfügung stellen, kommt also mehrfach zu uns zurück. Eine Investition in Europas Zukunft ist deshalb immer auch eine Anlage in das Wohlergehen unserer Kinder und Enkel.

Auch die nicht versiegende Debatte über den angeblichen Souveränitätsverzicht der Nationalstaaten ist eine falsche Erzählung des europäischen Einigungsprozesses. Denn in Wahrheit gewinnen wir Europäer durch unsere Union weltweit erst die Souveränität zurück, die wir als Nationalstaaten in der Welt des 21. Jahrhunderts, in der Asien, Lateinamerika und Afrika wachsen und wir Europäer schrumpfen, niemals mehr allein erhalten könnten.

Wer die Zustimmung zu Europa erhöhen will, darf nicht die falschen Geschichten erzählen und endlos weiterverbreiten. Das passiert natürlich nicht nur in Deutschland, sondern auch in unseren Nachbarländern. Deutschland trägt nicht die Schuld daran, dass anderenorts undurchschaubare Steuer- und Justizsysteme und auch Korruption sowie administratives Versagen zu mangelnder Investitionsbereitschaft führen.

Aber Deutschland, als größte Volkswirtschaft Europas, bevölkerungsreichster Mitgliedsstaat und größter Gewinner der europäischen Einigung, hat eine ganz besondere Verantwortung für die richtige europäische Erzählung. Dazu gehört auch, mit dem falschen Nettozahler-Narrativ zu brechen. Deutschland sollte das bei der nächsten Verhandlungsrunde über die europäischen Finanzen tun, mit der bisherigen Tradition brechen und bereit sein, mehr für Europa zu leisten. Es sind übrigens netto etwa 13 Milliarden Euro, um die unsere Zahlungen in den Haushalt die direkten Rückflüsse im Schnitt pro Jahr übersteigen. Viel Geld, kein Zweifel. Aber wer sich die Ausgabepositionen des Bundeshaushaltes anschaut, wird schnell feststellen, dass eine solche Summe vergleichsweise keine überragende Bedeutung für uns hat. Jedenfalls dann nicht, wenn man die großen Sonntagsreden über die Bedeutung Europas dazu ins Verhältnis setzt. Und pro Kopf zahlen einige EU-Partner zum Teil deutlich mehr ein, die Schweden, die Niederländer und bislang sogar die Briten.

In Europa investieren, in Bildung, Forschung und Entwicklung, in die modernste digitale Infrastruktur, in Wachstum und Arbeitsplätze – das wäre ein Beitrag Deutschlands für Europa, der sich sehen lassen könnte und aufhorchen ließe in unseren Nachbarstaaten. Wir dürften dann sogar über die Bedingungen reden, unter denen wir unsere Investitionen erhöhen würden.

Stärken, was uns zusammenhält

Gemeinsam können Deutschland und Frankreich vieles bewegen. Die deutsche Zurückhaltung gegenüber den französischen Vorschlägen ist deshalb fatal. Denn das Fenster, das Präsident Macron geöffnet hat, beginnt sich wieder zu schließen. Statt den Schwung und die Dynamik zu nutzen, die nach den französischen Präsidentschaftswahlen entstanden waren, hat die deutsche Regierung nicht reagiert. Bräsig und dickfellig kalkulierte die deutsche Politik schlicht damit, dass die wirtschaftliche Stärke des eigenen Landes schon ausreichen werde. Das deutsche Zuwarten und Nichtstun ist deshalb mitverantwortlich für das Erstarken populistischer und antieuropäischer

Parteien in Italien. Erst nachdem das italienische Kind im wahrsten Sinne »in den Brunnen gefallen« war und der Euro wieder einmal unter dem Druck globaler Spekulanten geriet, hat sich die deutsche Politik zaghaft zu kleinen Schritten in Richtung Frankreich bequemt.

So wie bisher jedenfalls kann es nicht weitergehen. Ralf Dahrendorf hatte recht: Man kann Europa nicht durch die Hintertür einführen. Vor der Haustür wird sich um den Binnenmarkt gekümmert und der politische Rest eines geeinten Europas ergibt sich entweder aus Zwang oder quasi »heimlich« durch die Arbeit der Brüsseler Kommission. Dieses Projekt ist gescheitert. Nötig sind größere und mutigere Schritte, die gerade auch von den politischen Mehrheiten der EU-Mitgliedsstaaten getragen und verantwortet werden müssen. Ich habe dafür einige Vorschläge.

Eine gemeinsame europäische Verteidigungspolitik

Eine der vermutlich am schnellsten konsensfähigen Projekte ist die Verteidigungsfähigkeit Europas. Und diese hängt weiterhin von den USA in einem Maße ab, das auf Dauer nicht akzeptabel ist – weder für die USA noch für uns in Europa. Nicht erst seit Donald Trump weisen die USA mit Recht darauf hin, dass die Volkswirtschaften Europas und der USA annähernd gleich groß sind und deshalb die Vereinigten Staaten nicht auf Dauer 70 Prozent der Verteidigungslasten übernehmen können. Europa muss mehr eigene Verantwortung übernehmen – auch für seine Sicherheit.

Inzwischen ist unstrittig: Wenn wir die NATO erhalten wollen, die nach wie vor ein unverzichtbarer Pfeiler der europäischen Ordnung ist, sind wir Europäer gefragt, mehr dafür tun. Nicht Donald Trump zuliebe, sondern weil diese Forderung legitim ist. Das gemeinsam vereinbarte Ziel der NATO, die nationalen Verteidigungshaushalte in Richtung von zwei Prozent des Bruttoinlandsprodukts zu entwickeln, soll dieser berechtigten Kritik der Vereinigten

Staaten begegnen. Auch Deutschland erhöht seinen Verteidigungsetat und will dies mit der Steigerung seiner Ausgaben für Entwicklungshilfe und Krisenprävention verbinden. Eine bemerkenswerte Koppelung, die gegen den internationalen Trend deutlich machen soll, dass allein militärische Stärke noch keinen Frieden schafft. Sondern, dass Krieg und Bürgerkrieg am Ende nur dann der Boden entzogen werden kann, wenn den Menschen in diesen Konfliktregionen Hoffnung auf ein Ende von Not und Armut und stattdessen die Aussicht auf Bildung, Arbeit und soziale Entwicklung gegeben werden kann.

Dennoch ist für die notwendige Erhöhung der Verteidigungshaushalte gleichermaßen richtig: Mehr Geld allein ist nicht genug. Die politisch bedeutendste Frage lautet, wie und wo das Geld am sinnvollsten eingesetzt werden kann. Anfang der 1990er-Jahre entschied Schweden, nicht noch mehr Geld in den Umweltschutz an der schwedischen Ostseeküste zu investieren, solange die anderen Ostseeländer keine wesentliche Verbesserung der Wasserqualität anstrebten. Schweden investierte stattdessen konsequent in den Umweltschutz an der polnischen Ostseeküste. Die Effizienzsteigerung war erheblich, der Vorteil für beide Seiten offensichtlich. Inzwischen braucht Polen die Unterstützung nicht mehr, aber der Denkansatz hat nicht an seiner Gültigkeit verloren.

Nun ist Verteidigung nicht gleich Umweltschutz. Und trotzdem könnte man erwägen, ob der Grundgedanke nicht auch auf den Verteidigungsbereich zu übertragen ist. Den Ausgangspunkt bilden zwei Überlegungen: Erstens hat sich Deutschland verpflichtet, seine Verteidigungsausgaben zu erhöhen. Allerdings herrscht bei vielen Deutschen die historisch gewachsene Sorge, dass eine jährliche Investition von zwei Prozent des BIP aus unserem Land nicht nur eine wirtschaftliche und politische, sondern auch eine dominante militärische Führungsmacht werden lässt. In jedem Jahr 70 bis 80 Milliarden Euro in die nationale Armee Deutschlands zu stecken, dürfte auf Dauer zum Beispiel auch in Frankreich Sorgen entstehen lassen.

Zum Vergleich: Deutschlands westliches Nachbarland gibt nur rund die Hälfte dieses Betrages aus, obwohl es eine Atommacht ist. Man mag diese Sorge teilen oder nicht, sie existiert jedenfalls. Auch das Gefälle zwischen Deutschland und Polen würde durch derart hohe Verteidigungsausgaben noch größer werden.

Aus meiner Sicht gibt es eine Lösung, die Deutschlands Rolle in Europa deutlich verändern würde. Deutschland könnte doch schrittweise 1,5 Prozent in seine eigene Verteidigungsfähigkeit investieren und 0,5 Prozent in die von Europa. Die Lösung würde zeigen, dass die Deutschen bereit sind, Verantwortung für das öffentliche Gut Sicherheit zu übernehmen. Sie demonstrierten damit eine Verantwortungsbereitschaft für Europa, die bislang nur von den USA getragen wurde.

Um es weiter zu verdeutlichen: Es gibt die gemeinsame Einschätzung der NATO und der EU, dass die Ostflanke die wohl empfindlichste Stelle des Bündnisgebietes ist, also die baltischen Länder und Polen. Deshalb werden NATO-Truppen, auch deutsche, nach einem Rotationsprinzip in der Region stationiert, wobei ihre Präsenz mit Rücksicht auf Russland klein gehalten wird. Diese physische Präsenz hat eine militärische, vor allem aber auch eine politische Signalwirkung. Deutschland sollte bereit sein, angemessen finanziell in die Verteidigungsfähigkeit der NATO in Ost- und Mitteleuropa zu investieren.

Bei aller Bedeutung der klassischen Territorialverteidigung ist dabei zu bedenken, dass die militärischen Bedrohungen weder dieselben Formen noch die Eindeutigkeit haben werden, die uns aus der Geschichte bekannt sind. Die möglichen Konflikte der Zukunft werden wohl wenig den Kriegen ähneln, die wir aus der Vergangenheit kennen. Wahrscheinlicher sind »*Cyber Wars*«, denen keine formelle Kriegserklärung vorausgeht. Wichtiger als die traditionellen militärischen Mittel wird deshalb »*Cyber Defense*« sein. So relevant die klassischen Technologien bleiben: Die künstliche Intelligenz hat das Potenzial, nicht nur unseren Lebensalltag, sondern auch unsere Sicherheit neu zu prägen. Die baltischen Staaten gehören zu den ersten, die nicht ganz freiwillig die Brisanz der neuen Bedrohungen erkannt und zum Beispiel von Beginn ihrer EU-Mitgliedschaft an ganz erheblich in den Auf- und Ausbau ihrer IT investiert haben. Sie sind in dem Bereich inzwischen an der Spitze der EU.

Nicht nur Europas NATO-Mitglieder, sondern auch Länder außerhalb des Bündnisses brauchen ein »*European Defence Investment Programm*«. Der Schwerpunkt dieses europäischen Investitionsprogramms für Verteidung wäre die Ostflanke der Allianz, die die militärische Bedrohung ganz unmittelbar empfindet.

Die Sicherheit dieser Region ist auch für Deutschland von entscheidender Bedeutung. Ein Programm, an dem sich Deutschland maßgeblich beteiligen würde, könnte auch ein wertvoller Beitrag zur Vertrauensbildung sein. Ein Ziel, das gerade im jetzigen Verhältnis zwischen Deutschland und Polen nicht zu vernachlässigen ist.

Deutschland würde eine Verantwortung und eine Rolle in der Sicherheitspolitik Europas übernehmen, die uns bislang gar nicht zugetraut wird. Die Bundesrepublik würde unter Beweis stellen, dass es auch dort, wo es ein geringeres nationales Interesse vertritt, im Interesse seiner Nachbarn zu handeln bereit ist. Nicht zuletzt würden deutsche Abrüstungs- und Entspannungsinitiativen innerhalb Europas und der NATO enorm an Glaubwürdigkeit gewinnen. Denn Verteidigungsfähigkeit und Dialogbereitschaft gehören, wie der Harmel-Bericht bereits 1967 forderte, auch heute noch zusammen.

Ein »*European Defence Investment Programm*«, von Deutschland und seinen östlichen Partnern initiert, könnte für andere Länder geöffnet werden. Insbesondere die nordeuropäischen Staaten gewinnen an sicherheitspolitischer Bedeutung, ob sie NATO- oder EU-Miglieder sind. Die skandinaschen Staaten haben wirtschaftliche und militärische, aber auch technologische Ressourcen, die Europa dringend braucht. Sie verfügen außerdem über gute Gesprächskanäle in Washington, wo ihr Pragmatismus geschätzt wird. Und sie werden auch in Moskau respektiert. Die nordeuropäischen Staaten sind sowohl für Deutschland als auch für die osteuropäischen NATO-Staaten wichtige, bisher eher unterschätzte Partner.

Die wachsende Bereitschaft Deutschlands, mehr in die europäische Verteidigungsfähigkeit zu investieren, bietet die Chance, neue Kooperationsformate zu schaffen, die die zwei wichtigsten westlichen Institutionen NATO und EU näher zusammenführen. Die Verteidigungsfähigkeit ist der wohl sensibelste Bereich der Politik. Dort ist Vertrauen unter Partnern besonders wertvoll, Misstrauen hingegen besonders gefährlich. Die Tendenzen zur Renationalisierung sind auch in Europa unübersehbar, und eine Krise der NATO würde sie noch dramatisch verstärken. Die Sicherheits- und Verteidigungspolitik muss deshalb besonders geschützt werden. Sie ist politisch wie militärisch derzeit unsere letzte gemeinsame europäische Verteidigungslinie, die Ost- und Westeuropa ebenso eint wie Nord- und Südeuropa.

Warum bieten wir Frankreich nicht eine Konföderation mit Deutschland in der Sicherheitspolitik an? Zu deren Beginn kann sich jeder Soldat aussuchen, in welcher Armee der beiden Länder er seinen Dienst antreten will. Warum streben wir nicht eine gegenseitige Anerkennung der militärischen Ausbildung an? Warum sollten die in Deutschland ausgebildeten Unteroffiziere und Offiziere nicht in die französische Armee und umgekehrt wechseln können? Das wäre ein Modell, dem sich andere EU-Staaten anschließen könnten. So würden wir Voraussetzungen für eine eng miteinander verbundene militärische Sicherheitsarchitektur schaffen, die in einer europäischen Armee münden könnte. Sie sollte die NATO nicht ersetzen, sondern eine effiziente europäische Struktur innerhalb der Allianz sein.

Für Deutschland wäre diese militärische Konförderation mit Frankreich übrigens mit einer unbequemen Diskussion verbunden. Denn solche gemeinsamen Verteidigungsstrukturen in Europa unterliegen nach unserem Grundgesetz dem Parlamentsvorbehalt für den Einsatz der Bundeswehr. Niemand in Europa wird aber mit Deutschland ein System vernetzter Sicherheit bilden, wenn er nicht sicher sein kann, dass ihm die militärischen Fähigkeiten Deutschlands etwa in einer Friedensmission der UNO auch zur Verfügung stehen. Die Bereitstellung deutscher Armee-Einheiten darf nicht davon abhängen, ob in Deutschland gerade Wahlen bevorstehen und die politischen Parteien im Deutschen Bundestag sich vor einer unbequemen Entscheidung drücken möchten.

Noch schwieriger wird in Deutschland die Frage des nuklearen Schutzschildes zu beantworten sein. Wir profitieren zwar seit Jahrzehnten von dessen Abschreckungspotenzial, möchten daran aber ungern erinnert werden. Denn er dokumentiert einerseits unsere Verletzbarkeit und Schwäche, andererseits widerspricht er unserer eher pazifistischen Grundhaltung. Auf seine »*Force de frappe*« wird Frankreich ebenso wenig verzichten wie die NATO auf ihre nuklearen Fähigkeiten, solange es nicht zum endgültigen Abbau von atomaren Massenvernichtungswaffen kommt. Derzeit ist eher eine neue Spirale nuklearer Aufrüstung zu befürchten. Darüber brauchen wir gerade in Deutschland eine aufgeklärte öffentliche Debatte. Verschweigen wir dieses sicherheitspolitische Dilemma, verbreitern wir die Distanz zwischen der Bevölkerung und den politisch Handelnden. Unser Land ist »erwachsen« genug, sich dieser strategischen Debatte zu stellen.

Eine gemeinsame europäische Außenpolitik

Europa verkauft sich weit unter Wert: Es spielt in der Welt eine Rolle, die seinen menschlichen, politischen und wirtschaftlichen Ressourcen bei Weitem nicht entspricht. Zur gleichen Zeit verschärfen sich die politischen Machtrivalitäten und der globale Wettbewerb. Das relative Gewicht der westlichen Welt geht zurück, die autoritär regierten Staaten gewinnen auch in Europa an Einfluss. Der französische Präsident Macron hat die Aufgabe präzise formuliert: Statt autoritäre Demokratien braucht Europa wieder mehr Autorität der Demokratie.

Die Schwäche Europas ist ein Risiko für eine friedliche, auf Freiheit und Demokratie orientierte Weltordnung Diese Schwäche bedroht vor allem die eigene Zukunft Europas. Wir können auf diese Herausforderungen nicht mit Abschottung oder Rückzug antworten, sondern nur mit der Öffnung zur Welt. Wir müssen bereit sein, unsere Interessen klar zu definieren und auch konsequent zu verfolgen. In vielen Fällen, vor allem in der Sicherheitspolitik, wird dies nur im Rahmen der transatlantischen Gemeinschaft möglich sein. In der Wirtschaft braucht es unseren Beweis, dass wir nicht nur in den traditionellen Industrien, sondern auch auf den digitalen Technologiefeldern unseren Führungsanspruch erheben können. Nur ein wirtschaftlich erfolgreiches Europa wird politisch respektiert werden und Partner finden.

Europas muss seine Rolle in der Welt offensiv annehmen, sich globale Gestaltungskraft zutrauen und seine Werte behaupten. Die europäische Politik sollte sich zu mehr Verantwortungs- und Risikokultur wandeln. Ich bin überzeugt, dass die Potenziale der europäischen Staaten und Nationen besser genutzt werden können, um gemeinsame Strategien gegenüber den für uns wichtigen Regionen und Mächten wie Russland und China, aber auch Afrika zu entwickeln.

Europa leistet heute einen relativ geringen, nicht seiner Bedeutung entsprechenden Beitrag zur Lösung der großen Probleme der Welt. Der Grund dafür liegt auf der Hand: Die Gründung der Europäischen Union erfolgte nach innen: Zur Sicherung von Frieden, zur Verhinderung des Rückfalls in Nationalismus und zur Entwicklung gemeinsamen Wohlstands. Nicht zuletzt die Vereinigten Staaten haben diese Entwicklung konzeptionell, politisch und ökonomisch vorangetrieben. Das integrierte Europa wurde geschaffen, um seine eigenen historisch gewachsenen Probleme zu lösen. Trotz aller derzeit sichtbaren Schwierigkeiten innerhalb der Europäischen Union ist dies weitgehend gelungen, sowohl in politischer als auch in wirtschaftlicher Hinsicht. Geostrategische Überlegungen, die Haltung Europas zu anderen Teilen der Welt, waren dagegen nicht Kern des Europäischen Projektes. Diese wurden den europäischen Mitgliedern des Sicherheitsrats, das Vereinigte Königreich und Frankreich, vor allem aber dem transatlantischen Partner USA überlassen.

Der aktuelle Zustand sowie die absehbaren Entwicklungen sind ein Ausdruck und zugleich eine Ursache für die Schwäche der Gemeinschaft in der Welt. Die Krise, die Europa heute erlebt, hat innere Ursachen, ist aber auch auf die veränderten weltpolitischen Realitäten zurückzuführen, auf die Europa nicht vorbereitet ist. Die Reformen, über die viel diskutiert wird, müssen deshalb auch zum Ziel haben, Europa weltoffener und dadurch auch weltpolitikfähig zu machen. So sehr sich Europa als weltoffen versteht und in vielfacher Hinsicht mit anderen Regionen politisch und wirtschaftlich verbunden ist, so sehr beschränkt sich sein Einfluss häufig auf normative Festlegungen und den Schutz vor Veränderungen von außen, aber zu wenig auf die wirksame Durchsetzung seiner mittel- und langfristigen Interessen. Als ein Beispiel sei Afrika genannt, das noch immer als Problemgebiet und als Herkunftsort von Flüchtlingen definiert wird. Demgegenüber tritt China auf diesem Kontinent zur Wahrung seiner langfristigen strategischen Interessen auf, ohne auch nur einen afrikanischen Flüchtling befürchten zu müssen. Der traditionelle amerikanische Exzeptionalismus wird durch einen europäischen mit umgekehrten Vorzeichen gespiegelt: Europa soll eher vor den Veränderungen der Welt bewahrt werden als sich in diese Veränderungen einzumischen. Tatsächlich ist Europa, trotz aller Probleme, weiterhin für viele Menschen (auch in den USA) ein enger und attraktiver Partner und geradezu ein Modell-Kontinent mit erheblicher *Soft Power* und Anziehungs- wie Strahlkraft.

Die Warnungen vor einem Bedeutungsverlust Europas in der Welt werden oft so verstanden, als ob es um die Ängste ehrgeiziger Politiker ginge, die befürchten, nicht mehr in der ersten Reihe zu sitzen. In Wirklichkeit geht es um elementare Interessen der Bürger, deren Wohlstand und Sicherheit mehr denn je die Folge einer starken weltwirtschaftlichen Einbindung sind. Diese Einbindung ist wechselseitig vorteilhaft. Die Angst, von außen bestimmt zu werden, trägt allerdings zur Unsicherheit vieler Europäer bei. Die Europäische Union vermag nicht Sicherheit und Wohlstand durch Protektionismus zu gewährleisten. Europa muss vielmehr bereit sein, sich stärker zur Welt zu öffnen. Die Öffnung Europas zu einer unbequemen und risikobehafteten, zugleich aber chancenreichen Welt erfordert einen Kulturwandel, an dessen Gestaltung Politik, Wirtschaft und Kultur gleichermaßen teilnehmen sollten. Wenn das gelingt, werden die Europäer ein neues Selbstbewusstsein entwickeln. An menschlichen, materiellen und geistigen Ressourcen mangelt es jedenfalls nicht.

Europa als Einheit zusammenzuhalten, ist die Voraussetzung, in der Welt noch wahrgenommen zu werden. Eine EU, die wirtschaftlich schwächer wird, ihre Konkurrenzfähigkeit einbüßt oder am Euro zerbricht, wird in der Welt des 21. Jahrhunderts keine Rolle mehr spielen. Dennoch ist dieser Reformprozess nach innen nur eine notwendige und keine hinreichende Bedingung für ein wahrnehmbares Gewicht Europas in der Welt. Die EU muss sich weit mehr zu einer aktiven, gemeinsamen Außenpolitik bekennen. Dort, wo sich die USA nicht mehr verantwortlich fühlen, werden wir Europäer Verantwortung zu übernehmen haben, nicht überall, aber in weit mehr Regionen der Welt als in der Vergangenheit. Wenn wir das versäumen, werden andere das von den USA hinterlassene Vakuum besetzen, etwa Russland und China, die damit ja auch schon begonnen haben.

Europa wird sich mit einer gemeinsamen Außen- und Sicherheitspolitik Schritt für Schritt zum Interessenvertreter seiner Bürger in der Welt wandeln müssen. Wir haben nur die Alternative, entweder eine gemeinsame Stimme in der Welt zu haben oder keine.

Europa darf deshalb außen- und sicherheitspolitisch nicht länger unterhalb seiner Gewichtsklasse antreten. Bei den Friedensbemühungen etwa in Syrien ist die Rolle der EU überschaubar, obwohl

Europa durch die Flüchtlingsströme unmittelbar betroffen ist. Europa wird seine Kräfte bündeln müssen und auf Augenhöhe mit den USA, Russland oder China agieren lernen.

Deutsche Außenpolitik war Teil des transatlantischen Bündnisses mit den USA und seinen Westalliierten. Sie erweiterte ihre in Grenzen eigenständige Rolle seit der Kanzlerschaft Willy Brandts auf die Deutschland- und Ostpolitik. Selbst die deutsche militärische Beteiligung an der Konfliktbewältigung im ehemaligen Jugoslawien und in Afghanistan war Teil einer transatlantischen Außenpolitik im Rahmen des NATO-Bündnisses. Nur das Nein des SPD-Bundeskanzlers Gerhard Schröder, sich am Irakkrieg 2003 zu beteiligen, blieb eine spektakuläre Ausnahme.

Auch nach dem Fall des Eisernen Vorhangs und der Wiedervereinigung Deutschlands setzte sich die nach innen gerichtete europäische Konzeption fort. Und mit Europa ging es aufwärts: Der Euro war beschlossene Sache, die massive Erweiterung nach Osten wurde vorbereitet, und schon begann eine erneute und anspruchsvolle Debatte über die Finalität Europas. Gerade diese Frage ist bis heute unbeantwortet geblieben. Für die europäische Außen- und Sicherheitspolitik hat aber gerade sie eine enorme Bedeutung.

Das vegetarische Europa in einer Welt voller Fleischfresser

Unsere Werteorientierung, wie sie gern als Gesinnungsethik von uns Deutschen für unsere Außenpolitik in Anspruch genommen wird, wird allein jedenfalls nicht ausreichen, um sich in dieser von wirtschaftlichen, politischen und auch militärischen Egoismen geprägten Welt zu behaupten. Insofern wies Lord Dahrendorf in seiner unbarmherzigen Art zu Recht auf ein Problem hin, dessen Tragweite uns erst jetzt so richtig klar wird: Die EU ist kein echter Machtfaktor in der Welt. Und ohne die enge Bindung an die Vereinigten Staaten wird sie es künftig erst recht nicht sein. Wir müssen uns fragen, ob und wie wir diese Bindung zu den USA in veränderter Form beibehalten können. Und definieren, was wir als Europäer zu tun haben, um zu einem Faktor der Weltpolitik zu werden. Dazu gehören wirtschaftliche, politische und kulturelle Mittel, aber im Zweifel auch die Bereitschaft, militärische Mittel einzusetzen. Ohne eine wirkliche Machtprojektion wird Europa kein globaler Akteur sein können, werden sich nicht einmal fragile Staaten an uns wenden, wenn sie Hilfe und Partner suchen.

Wie sehr wir Europäer entgegen allen hehren Bekenntnissen zu unserer Friedensverantwortung in einer ohnmächtigen Randlage verharren, erweist sich in unserer unmittelbaren Nachbarschaft. Im Nahen Osten, dem brisantesten Konfliktherd der Welt, ist Europa eine zu vernachlässigende Größe. Um unsere humanitären Appelle, unsere Werte und unsere Klagen über die dortigen Völkerrechtsverletzungen kümmert sich niemand. Als wir gebraucht wurden, waren wir nicht da. Und heute, in der Welt der Fleischfresser, sind wir als Vegetarier schlicht uninteressant. Wir stehen am Spielfeldrand des Konflikts, denn die Strategie »Wasch mir den Pelz, aber mach mich nicht nass« hat dazu geführt, dass wir Europäer gleichwohl die kostspieligen Konsequenzen dieses kriegerischen Konfliktes zu tragen haben: Millionen von Migranten und einen vermutlich erheblichen Anteil am Wiederaufbau Syriens und des Irak. Aber einen Einfluss auf den Verlauf oder das Ende der Konflikte haben wir nicht, Deutschland am allerwenigsten. Wir sind hilflose Zuschauer, während andere die Machtachsen auf Dauer zu verschieben suchen.

Bei den jüngsten militärischen Interventionen wurde die Regierung in Berlin noch nicht einmal mehr gefragt. Die Bemerkung der deutschen Bundeskanzlerin, Deutschland werde sich an dem Waffengang in Syrien nicht beteiligen, war mehr als verständlich. Denn die zuvor eskalierende Rhetorik zwischen den USA und Russland hatte hierzulande die wachsende Angst vor einer direkten Konfrontation zur Folge. Wir Deutschen wollten ja auf keinen Fall militärisch in diesen Konflikt verwickelt werden. So weit, so richtig. Ehrlicherweise muss man aber zugeben, dass das Auseinanderfallen der Haltungen Frankreichs, Großbritanniens und der USA einerseits und Deutschlands (zusammen mit anderen weniger prominent sichtbaren EU-Mitgliedsstaaten) andererseits einmal mehr deutlich gemacht hat, wie weit wir von einem gemeinsamen Verständnis Europas zu den globalen Herausforderungen entfernt sind – von einer abgestimmten Haltung des Westens unter Einschluss der USA ganz zu schweigen.

Seien wir realistisch: Die Europäische Union von heute ist nur eingeschränkt handlungsfähig, ihr innerer Zusammenhalt hat in den letzten Jahren angesichts finanzieller, wirtschaftlicher und politischer Krisen gelitten. Deshalb ist es zentral, in den nächsten Jahren die innere Spaltung Europas zu überwinden und die Europäische Union als starken globalen Akteur neu zu begründen. Es ist ein Irrglaube, dass damit ein Souveränitätsverlust einhergeht. Das Gegenteil ist richtig: Nur eine handlungsfähige EU gibt uns in der heutigen Welt voller Umwälzungen die nötige Souveränität und Sicherheit, um unsere Interessen zu wahren. Wir werden im 21. Jahrhundert nur dann souverän unser Leben gestalten können, wenn wir mittels der transnationalen EU wieder Souveränität zurückgewinnen. Diese besitzen wir als Nationalstaaten mangels Größe und Gewicht schon nicht mehr. Das heißt nicht, dass wir immer und überall *mehr* Europa brauchen, aber oftmals eben ein *anderes* Europa.

Macrons Credo lautet denn auch keineswegs »*Brussles takes it all*«, sondern »*L' Europe reprend le controle*«. Nationalstaat und Europäische Einigung sind kein Widerspruch, sondern in der Welt des 21. Jahrhunderts zwei Seiten derselben Medaille.

Ein Europa als zivile Großmacht

Wir Europäer müssen verstehen lernen, dass wir nur Teil einer Welt sind, in der Machtpolitik und Interessen notfalls mit kriegerischen Mitteln durchgesetzt werden. Oft prallt eine moderne Friedensdiplomatie in dieser gewaltbereiten Welt auf eine Realität, die für die betroffenen Menschen von Krieg, Flucht und Vertreibung geprägt ist.

Welche Folgen eine mangelnde Geschlossenheit oder Spaltung der EU-Partner zeitigt, lässt sich an zahlreichen weiteren und gefährlichen Fehlentwicklungen festmachen, die andere Mächte ermuntern, uns zu testen. Die Versuche der Destabilisierung an den Ostgrenzen der Europäischen Union, in der Ukraine, im westlichen Balkan oder im Umgang mit der Türkei sind unübersehbar. Wer Europa einen will, muss immer die Perspektive des jeweils am meisten »gefährdeten« Landes in den Blick nehmen: In der Sicherheitspolitik die Perspektive der Balten und der Polen; in der Finanz- und Wirtschaftspolitik die Lage im Süden Europas; in der Flüchtlingspolitik die Situation Italiens und Griechenlands. Wer die »America first«-Doktrin kritisiert, darf es in Europa nicht genauso halten, wenn es die Interessen des eigenen Landes betrifft. Die Perspektive des Schwächeren einzunehmen, sollte dazu führen, dass man die existenziellen Bedürfnisse eines Landes nicht ignoriert, sondern ihnen, soweit es möglich ist, auch nachkommt.

Besondere Sorgen machen uns Europäern aktuell zwei Konflikte: Der Streit zwischen den USA und Europa in internationalen Handelsfragen und das Schicksal des Nuklearabkommen mit dem Iran nach dem Bruch durch die USA. Auf einmal befinden sich die Europäer in einem Boot mit den Signatarstaaten Russland und China. Vorteilhaft ist das nicht. Stärker macht es uns auch nicht. Ein schwaches Europa wird von niemandem respektiert. Weder von den Starken – USA, Russland, China – noch von den Schwachen – etwa vielen afrikanischen Nationen.

Wir müssen beim Handel und beim Nuklearabkommen zu unseren Überzeugungen und Prinzipien stehen. Wir müssen unsere Interessen wahren, sie in Verhandlungen behaupten und stets der Friedensdiplomatie den Vorzug geben – selbst vor einem von einigen »Falken«, wie Trumps Sicherheitsberater John Bolton, in Washington angestrebten »*Regime Change*« im Iran. Als einer der dominanten Wortführer für den Krieg gegen Saddam Hussein ist Bolton damit im Irak gescheitert. Ohne die Invasion der USA an der Spitze einer »Koalition der Willigen« wäre die jüngste Geschichte womöglich anders verlaufen – wäre die Saat für den Terror des Islamischen Staates (IS) nicht so einfach aufgegangen oder der Einfluss der Regionalmacht Iran im Konflikt zwischen der schiitischen und sunnitischen Welt eingehegt geblieben.

Wir Europäer haben allerdings auch etwas einzubringen in die Welt. Wir wissen aus unserer eigenen Geschichte: Krisen und Kriege werden am Ende nie militärisch, sondern politisch und diplomatisch beendet und überwunden. Dagegen steht leider, dass die Welt um uns herum dies viel zu oft anders zu sehen scheint. Aber gerade, weil das so ist, müssen wir – muss auch Deutschland – jetzt seine Stimme erheben und Europas zivile Krisenmanagementfähigkeiten stärken. Denn noch immer ist Europa die stärkste zivile Interventionsmacht der Welt.

Ich weiß um die Gefahr, dass manche diese Vorsätze angesichts der Krisen, die uns umgeben, für weltfremd halten mögen. Schließlich ziehen die Friedensforscher des Stockholmer SIPRI-Instituts eine alarmierende Bilanz des Jahres 2017: Global betrachtet gab es mehr Rüstungsausgaben, mehr Waffenhandel, mehr gewaltsame Konflikte. SIPRI stellt die bange Frage, welche Folgen die »Wiederkehr des strategischen Wettbewerbs zwischen den Großmächten« zeitigen werden.[41] Syrien, Jemen, der Konflikt am Golf, die Auseinandersetzung zwischen Saudi-Arabien und dem Iran, aber auch die keineswegs gesicherte Lage auf der koreanischen Halbinsel sind nur die aktuellsten Indizien dafür, dass eine militärische Konfliktlogik das Denken der politischen Verantwortlichen prägt. Gewalt pariert man am besten mit Gewalt – diese Gleichung gibt es anscheinend nicht mehr nur für Autokraten, Warlords und Milizenführer.

Natürlich kann man diese Entwicklungen nicht ignorieren. Spätestens mit der russischen Annexion der Krim und dem Ausbruch des Konflikts in der Ostukraine ist auch Europa zum Austragungsort militärischer Stärkebeweise geworden. NATO und EU haben darauf reagiert. Mit dem Aufbau einer glaubwürdigen Präsenz der NATO in den Mitgliedstaaten Mittel- und Osteuropas, mit Sanktionen, aber auch mit dem jüngsten Erfolg der EU: 24 Mitgliedstaaten haben beschlossen, gemeinsam die ersten, kleinen Schritte auf dem weiten Weg zu einer Europäischen Verteidigungsunion zu gehen.

Diese militärische Machtprojektion fällt uns nicht leicht. Denn die EU ist nicht als globaler Akteur gegründet worden. Aus dieser Tradition heraus wachsen aber große Stärken, derer wir uns gerade angesichts der Renaissance heißer Kriege in manchen Teilen der Welt bewusst werden sollten. So waren die Europäer die treibende Kraft bei der Entschärfung des Konflikts um das iranische Atomprogramm. Das Nuklearabkommen, das die Trump-Administration infrage stellt, ist eines der besten Beispiele für den hohen Wert der Diplomatie und friedlichen Konfliktlösung. Um im Bild zu bleiben: Europa muss ein »Flexitarier« werden, ein »Vegetarier zweiten Grades« sozusagen, der Fleischkonsum gelegentlich zulässt und militärische Macht nicht scheuen darf, aber der zivilen Macht den Vorrang einräumt.

Für Deutschland ist das Ansporn genug, weiter auf friedliche Wege der Konflikteindämmung zu setzen. Denn als ziviler Akteur ist die EU schon jetzt eine respektable Größe. Sie betreibt zur Zeit elf Missionen, in denen es um sehr handfeste Sicherheitsfragen geht: Europäische Experten beraten die palästinensischen Polizeibehörden bei der Korruptionsbekämpfung, bilden die somalische Küstenwache für den Kampf gegen Schmuggler und Piraten aus und begleiten mit einer Rechtsstaatsmission im Kosovo den zähen Kampf gegen die organisierte Kriminalität. Keine dieser Missionen macht Schlagzeilen, es fahren keine Panzer durchs Bild, und es wird nicht geschossen. Aber um die Ursachen für Konflikte zu vermeiden, sind sie effektiver als Schießübungen. Auf diesem Feld ist die EU eine Macht, sie kann Dinge, die andere Akteure nicht kennen oder können. Wie überzeugend sähe wohl eine russische Initiative zur Bekämpfung der Korruption aus? Oder eine chinesische zur Ausbildung unabhängiger Richter?

Wir sind auf diesen Gebieten im Vergleich zu anderen schon so stark, wie wir militärisch erst werden sollten. Wenn wir diesen Weg konsequent weitergehen, werden die EU und auch wir in Deutschland für solche Missionen mehr finanzielle Mittel aufbringen müssen. Aber wenn damit Staatszerfall und am Ende militärische Stabilisierungsmissionen vermieden werden können, ist dies gut investiertes Geld. Deshalb hat Deutschland mit einigen Partnerstaaten in Brüssel eine Initiative für eine zivile Verteidigungskooperation gestartet. Nach PESCO, der Ständigen Strukturierten Zusammenarbeit, in Verteidigungsfragen wird es nun – als gleichgewichtiges Pendant geplant – »PESCO Plus« für zivile Krisenprävention geben. Nach dem Vorbild der in Brüssel geplanten militärischen Operationszentrale wollen wir auch ein ziviles Hauptquartier aufbauen. Wie bei den Militärs, müssen auch zivile Missionen in einer Hand geplant, kontrolliert und am Ende evaluiert und mit dem neuen militärischen Hauptquartier koordiniert werden.

Die EU muss dazu, salopp gesagt, lernen, besser mit sich selbst zusammenzuarbeiten. Und die Mitgliedstaaten müssen die Ressourcen und das Personal stellen, das europäisch eingesetzt werden soll. Deshalb benötigen wir auch nach europäischen Standards trainierte und schnell einsatzbereite Teams aus Juristen, Medizinern, Polizisten und anderen Experten, die im Krisenfall zügig entsandt werden können. Die Bundesregierung baut über das Zentrum für Friedenseinsätze in Berlin seit Jahren einen solchen Expertenpool auf. Als Rahmennation können wir auch Experten aus anderen EU-Ländern aufnehmen. Das Ziel ist klar: Der militärischen Logik soll eine zivile und diplomatische entgegengestellt werden. Wir wollen und dürfen eine Verengung auf die Welt und die Weltsicht der »Fleischfresser« nicht zulassen.

Ein Europa mit strategischer Kultur

Wir brauchen in Europa eine strategische Kultur. Und Deutschland muss daran mitwirken.

Ich will an einem Beispiel deutlich machen, worum es mir geht: Nichts erregt die innenpolitische Debatte in Deutschland mehr als Waffenlieferungen an die Türkei. Die innenpolitische Repression der Türkei und der wieder entflammte Krieg gegen die PKK innerhalb und außerhalb der türkischen Grenzen lassen es für viele Menschen als unmoralisch und nicht vertretbar erscheinen, der Türkei Rüstungsgüter zu liefern. Zuletzt erregte deshalb eine Lieferung deutscher U-Boote die öffentliche Debatte.

Die Diskussion zeigt, dass wir zu einer strategischen Diskussion über die Türkei nicht willens oder nicht in der Lage sind. Die Türkei ist ein NATO-Partner. Selbst während der Militärdiktatur wurde das Land nicht aus dem Bündnis gedrängt – ebenso wenig übrigens wie Griechenland nach einem Militärputsch in den siebziger Jahren. Der Grund lag auf der Hand: Niemand im Westen wollte diese Länder in Richtung der früheren Sowjetunion abdriften lassen. Auf die heutige Situation übertragen kann man sagen, dass es auch jetzt nicht in unserem strategischen Interesse liegen kann, die Türkei zu Waffenimporten aus Russland zu bewegen. Sie hat damit schon begonnen und Luftabwehrraketen aus russischer Produktion gekauft.

Die Bande der NATO zur Türkei zu lockern oder am Ende sogar zu lösen, hätte für uns in Europa und auch in Deutschland dramatische und bedrohliche Konsequenzen. Denn ein türkischer Sonderweg könnte so unberechenbare Gefahren mit sich bringen wie einst der deutsche. Ohne den Schutz von Artikel 5 des NATO-Vertrags würde die Türkei vermutlich sehr schnell zu einem Land werden, das sich mit der Entwicklung eigener nuklearer Fähigkeiten unangreifbar zu machen sucht. Allein die Bindung an die NATO bleibt ein Garant, dass die Türkei nicht die Fähigkeiten einer Atommacht anstrebt. So berechtigt unsere Kritik an der gegenwärtigen Situation in der Türkei ist, so klar muss unser strategisches Interesse sein, die Westbindung der Türkei nicht zu lockern. Deshalb kann man nur den Kopf darüber schütteln, wie über den Besuch des türkischen Staatspräsidenten Erdoğan in Deutschland im Vorfeld diskutiert wurde. Allein die Frage zu stellen, ob man diesen Staatsgast denn angesichts seiner Innenpolitik in der Türkei mit militärischen Ehren empfangen dürfe, zeigt nur eines: dass wir an unserem Rigorismus und unserer selbstzufriedenen Moral zu ersticken drohen.

Ein zweites Beispiel sind die Diskussionen über Waffenlieferungen an Ägypten. Das Land, ganz sicher keine Demokratie in unserem Sinne, hat eine mehrere tausend Kilometer lange Grenze zu Libyen. Wenn der libysche Diktator etwas hinterlassen hat, dann Unmengen an Waffen. Diese werden von Waffenhändlern durch Ägypten nach Westafrika geschmuggelt und landen dort in den Händen von Terrororganisationen wie Boko Haram, die Frauen und Kinder entführen und ganze Regionen destabilisieren. Die zum Schutz der Zivilbevölkerung entsandten Soldaten der Bundeswehr oder Frankreichs stehen dann diesen Gewehrläufen gegenüber. Sollen wir also dem ägyptischen Präsidenten as-Sisi Radpanzer liefern, mit der er seine Grenzen schützen und den Sinai von den Terrormilizen des IS befreien kann? Oder sollen wir den Waffenhandel verbieten, weil diese Radpanzer auch gegen friedliche Demonstranten auf dem Tahir-Platz in Kairo eingesetzt werden können? Man kann sich immer schuldig machen, ob man Waffen liefert oder nicht liefert. Von Belang ist eigentlich nur, sich dieser Verantwortung bewusst zu sein und nicht zu glauben, man wäre mit der einen oder anderen Entscheidung auf der moralisch sicheren Seite. Ich jedenfalls habe mich für die Lieferung entschieden – und bin mir bewusst, dass ich dadurch Schuld auf mich laden könnte.

Ähnliche strategische Diskussionen ließen sich über unser Verhältnis zu Russland, Saudi-Arabien und anderen schwierigen Partnern führen. Es gibt gute Argumente für jene, die Kooperationen etwa bei der Rüstung oder der Energie wegen der Innen- oder Außenpolitik dieser Staaten ablehnen. Aber auch für jene, die diese Kooperationen dennoch für notwendig halten. Wichtig ist, dass wir uns als Deutsche und Europäer dieser Diskussion stellen. Der Streit polarisiert mitunter – und wird hoffentlich auch Wahlen beeinflussen. So aber wird politisches Handeln begründet und kann nicht einfach für alternativlos erklärt werden.

Auf unserem Weg zu einer strategischen Kultur brauchen wir diesen politischen Diskurs und Wettstreit über die verschiedenen strategischen Alternativen für Deutschland und für Europa. Wir werden mit Entscheidungsfreiheiten und -notwendigkeiten konfrontiert, die wir bislang nicht kannten. Diese Freiheit birgt das Risiko, Fehler zu machen. Sich in einer veränderten und unbequemeren Welt bewegen zu müssen, verunsichert viele Menschen oder macht sie ratlos. Auf diese Menschen müssen wir mit wahrhaftigen Erklärungen über die neuen Bedingungen in dieser aus den Fugen geratenen Welt zugehen. Wir werden deutlich machen müssen, dass es keine vermeintliche Sicherheit und keine »gute alte Zeit« mehr gibt, in die wir zurückkehren könnten. Denn der Lockruf rechter oder linker Populisten und Nationalisten ist eine Retro-Utopie, die sich nicht erfüllen lässt.

Ein krisenfestes und soziales Europa

Zur Einigung und Stärkung nach außen gehören auch massive Investitionen, um die internationale Wettbewerbsfähigkeit Europas zu stärken. Gegenwärtig hat die Europäische Union relativ klare und eindeutig definierte Instrumente zur Sicherung der Finanz- und Währungsstabilität innerhalb seiner Währungsunion sowie für die gesamte europäische Staatengemeinschaft. Was fehlt, ist ein vergleichbares Instrumentarium für notwendige Investitionen in die Wettbewerbsfähigkeit des Kontinents.

Forschung und Entwicklung, Bildung, transeuropäische Netze im Schienenverkehr und logistische Wertschöpfungsketten sowie der Ausbau der Energieinfrastruktur erfordern gemeinsame europäische Anstrengungen. Statt abstrakt über Investitionshaushalte zu sprechen, müssen die Staats- und Regierungschefs in Europa zunächst klären, wofür investiert werden muss. Nicht der kleinteilige Streit um geringere oder größere Investitionsbudgets begeistert die Menschen für Europa, sondern nur ein erkennbarer europäischer Mehrwert. Den aber erreicht man nicht allein. Europa braucht große Ziele, etwa gemeinsame medizinische Vorhaben im Kampf gegen die großen Volkskrankheiten wie Alzheimer, Demenz und den Krebs. Wir sollten Zentren für die Forschung in der Biotechnologie und die Entwicklung künstlicher Intelligenz schaffen, ebenso für die nächste Generation der Batterietechnik bei der Elektromobilität. Statt mehr als 40 Prozent des EU-Haushaltes für die Agrarsubvention auszugeben und nur zwölf Prozent für Forschung und Entwicklung, könnten wir nachhaltiges Wachstum schaffen und beweisen, dass Europa den Wettbewerb aufzunehmen bereit ist.

Europa muss zeigen, dass es in Krisen handlungsfähig ist. Vor allem, wenn es die Währungsunion des Euro betrifft. Dazu gehören die Bankenunion, aber vor allem die von Macron geforderten »automatischen Stabilisatoren«, die das Abrutschen einer Volkswirtschaft in Zeiten der Krise abfedern. Eine europäische Arbeitslosenversicherung ist dafür sicher kein vernünftiger und durchsetzbarer Vorschlag. Zwischen Bulgarien und Deutschland ein von den Beitragszahlern finanziertes gemeinsames Arbeitslosengeld zu schaffen, würde Europa noch mehr auseinandertreiben. Entweder wären die Beiträge für Bulgarien zu hoch oder das Arbeitslosengeld für Deutschland zu niedrig. Gegen diesen Streit wäre die Auseinandersetzung um den Euro in der Griechenlandkrise ein laues Sommerlüftchen.

Ebenso wenig werden viele der Vorschläge helfen, um die derzeit heftig gestritten wird. Ein europäisches Einlagensicherungssystem zum Beispiel würde gerade mal 0,8 Prozent der Einlagen sichern. Damit könnten einzelne Bankenkrisen bewältigt werden. In einer flächendeckenden Krise jedoch wird auch in Zukunft nur die Europäische Zentralbank zu tragfähigen Hilfen und Lösungen in der Lage sein. Manche der gegenwärtigen Vorschläge sind eher geeignet, noch mehr Menschen davon zu überzeugen, dass Europa von Technokraten regiert wird und demokratische Wahlen keine Bedeutung haben. Wer etwa jetzt den Hilfsmechanismus der Eurokrise – den Europäischen Stabilitätsmechanismus (ESM) – zu einem Europäischen Währungsfonds ausbauen will, muss auch das Ziel definieren, beispielsweise, weil damit die Vergabe kurzfristiger Kredite unter massiven Auflagen zur Verringerung staatlicher Ausgaben, insbesondere bei Löhnen und sozialer Sicherheit, ermöglicht werden würde. Unter diesen Bedingungen funktioniert nämlich der Internationale Währungsfonds (IWF), der als Vorbild für seinen europäischen Ableger gelten soll. Nicht die nationalen Regierungen, Parlamente oder Tarifpartner entscheiden also in Krisenzeiten über die einzuleitenden Schritte, sondern ein technokratisches Gebilde in Brüssel. Ein besseres Thema im italienischen Wahlkampf konnte man sich kaum vorstellen.

Genauso verhält es sich mit der Idee eines europäischen Finanzministers. Sollte diese Position als »Vorgesetzter« der nationalen Finanzpolitiken verstanden werden, würde ich gern die französische Nationalversammlung erleben, die sich mehr als 200 Jahre nach der französischen Revolution wieder das Budgetrecht nehmen lassen würde.

Die Währungsunion hat Europa zweifellos wettbewerbsfähiger gemacht. Der Euro ist eine stabile Währung. Die Verschuldung des Euroraums rangiert mit rund 86 Prozent des europäischen Bruttoinlandsprodukts weit hinter der des US-Dollarraums mit 108 Prozent oder des japanischen Yen mit sogar rund 235 Prozent. Sie nimmt allerdings den wirtschaftlich schwächeren Euro-Staaten die Möglichkeit, ihre Wettbewerbsfähigkeit durch Abwertung ihrer nationalen Währung mindestens kurzfristig zu erhöhen. Zwar haben solche Abwertungen in der Vergangenheit durch die damit verbundene Inflation zur Entwertung von Löhnen und Gehältern geführt. Es entstand aber kein derartiger Anpassungszwang an die stärkeren Nachbarländer wie jetzt in der Währungsunion.

Gegenwärtig bleiben den weniger starken und wettbewerbsfähigen Euro-Staaten drei Instrumente der Währungs- und Finanzpolitik: die interne Abwertung, also die Verringerung von Löhnen, Sozialleistungen und staatlichen Ausgaben; die Migration, also die Auswanderung eines Teils der Bevölkerung in wirtschaftlich attraktive Nachbarstaaten; die Transferleistungen anderer Mitgliedsstaaten zur Stützung der wirtschaftlich Schwächeren. Nichts anderes passiert übrigens im Währungsverbund der USA, in denen es natürlich auch wirtschaftlich schwächere Mitgliedsstaaten gibt wie etwa Michigan oder Ohio.

Auch innerhalb Deutschlands verhält es ich ähnlich: Die nach wie vor mangelnde Wettbewerbsfähigkeit ostdeutscher Regionen ohne große und kapitalkräftige Unternehmen befördert eben diese Nutzung dieser drei Instrumente: geringere Löhne, Abwanderung der jungen und besser Qualifizierten nach Westen und nach wie vor erhebliche Transferzahlungen nach Ostdeutschland. Im Unterschied zu den USA und Ostdeutschland haben wir es in der Eurozone jedoch mit 28 unterschiedlichen Staaten, Sprachen und Kulturen zu tun. In den nächsten Jahren wird es wohl immer wieder eine Mischung dieser drei Instrumente geben. Die jeweilige Intensität ihres Einsatzes wird dabei im Zeitablauf variieren. »Muddling through« ist daher weiterhin die erfolgversprechendste Strategie. Radikalkuren würden Europa nur weiter auseinandertreiben.

Zu einer verbesserten Krisenfestigkeit Europas gehört auch die Stärkung der sozialen Pfeiler der europäischen Einigung. Dafür sollten wir in Krisenzeiten die Verschuldungsmöglichkeit eines Landes deutlich erleichtern – Deutschland ist das beste Beispiel, warum das so sein sollte. Wir hatten 2003 eine zu hohe Verschuldung und haben die Maastricht-Kriterien nicht einhalten können. Hätten wir die Einhaltung versucht, wären die Investitionen weiter geschrumpft und die Arbeitslosenquote gestiegen. Deutschland hat damals jedoch auf Haushaltskürzungen in Höhe von mehr als 20 Milliarden Euro verzichtet und diesen Betrag stattdessen in Forschung, Entwicklung, erneuerbare Energien und Bildung investiert. Gleichzeitig haben wir unsere sozialen Sicherungssysteme reformiert und dadurch krisenfester gemacht. Im Ergebnis kam Deutschland schneller aus der Finanz- und Wirtschaftskrise der Jahre 2008 und 2009 heraus als jedes andere EU-Land. Seit Jahren erwirtschaften wir nun sogar Haushaltsüberschüsse und können Schulden abbauen.

Wer im eigenen Land notwendige Reformen auf dem Arbeitsmarkt, etwa zur Stärkung der Sozialpartnerschaft, im Steuersystem, in der Bekämpfung der Korruption oder in der öffentlichen Verwaltung vorantreibt, muss dafür von der EU Unterstützung erhalten. Wer, wie derzeit Frankreich oder die damalige italienische Regierung unter den Sozialdemokraten Matteo Renzi und Paolo Gentilone, mutige Strukturreformen durchsetzt, darf nicht an den finanzpolitischen Hardlinern aus Deutschland scheitern. Wer allerdings die notwendigen Reformen der öffentlichen Verwaltung, des nationalen Steuersystems und seines Finanzsektors verweigert und stattdessen lediglich die Haushaltsdefizite durch Steuersenkungen für Wohlhabende und Mehrausgaben im Sozialbereich drastisch erhöht, sollte innerhalb der Euro-Zone mit Konsequenzen zu rechnen haben. Denn so wenig die »schwarze Null« als Ziel nationaler Haushaltspolitik ein ehernes Gesetz ist, so wenig sind es schuldenfinanzierte Dauerausgaben. Die Politik der beiden Parteien Lega und Fünf-Sterne, die jetzt in Italien die Regierung bilden, steuert exakt auf diesen Konflikt zu. Ein Ausweg wäre, Italien in seinen Kosten für die Migration aus Afrika deutlich zu entlastet. Denn das bisherige Asylsystem schützt Länder wie Deutschland und bürdet den europäischen Grenznationen einen Großteil der Lasten auf.

Der weise Satz von Jacques Delors, dem langjährigen Präsidenten der Europäischen Kommission, behält seine Gültigkeit: »Niemand verliebt sich in einen Binnenmarkt«. Vielmehr hängen das Vertrauen und die Glaubwürdigkeit der EU davon ab, dass die Bürger im Alltag und vor allem in schwierigen Lebenssituationen den Mehrwert der europäischen Einigung spüren können. Deshalb braucht Europa in der Besteuerung mehr Gerechtigkeit und mehr soziale Sicherheit auf den Arbeitsmärkten. »Ein Europa, das schützt« – auch mit diesem Motto hat Macron die richtige europäische Erzählung gefunden.

Dass große Konzerne sich innerhalb Europas ihrer Verpflichtung gegenüber dem Steuerzahler entziehen können, während jeder Arbeitnehmer und jeder Mittelständler deutlich höhere Steuersätze zu zahlen hat, ist ebenso gefährlich für die Glaubwürdigkeit des europäischen Projekts wie einige Regeln des Binnenmarktes, die Arbeitnehmer schutzlos machen, wie fehlende verbindliche Unternehmensmitbestimmung oder das dem Wettbewerbsrecht geschuldete europäisch erzwungene Lohn- und Sozialdumping. Unbeschränkter Wettbewerb im Binnenmarkt ist gut, aber nicht zum Preis der schlechtesten Löhne und der geringsten sozialen Sicherung. Die EU-Regel »gleicher Lohn für gleiche Arbeit am gleichen Ort« würde ohne die Initiative Frankreichs bis heute nicht existieren.

Ein Europa mit Mütter- und Vaterländern

Zu einem neuen Aufbruch Europas gehört schließlich auch Ehrlichkeit: Die »immer engere Europäische Union«, die zu einer Art »Vereinigter Staaten« zusammenwächst, kann auf absehbare Zeit kein Ziel sein, für das es in Europa Mehrheiten geben wird. Im Gegenteil, diese Vision gefährdet die Europäische Union, weil Geschichte und Geografie auch heute die Identität der europäischen Völker bestimmen. Wer dies als »gestrig« und »nationalistisch« abtut, ignoriert die Sehnsucht unserer Gesellschaften nach politischer, kultureller und gesellschaftlicher Herkunft.

Wir brauchen eine EU, die sich um die großen europäischen Aufgaben kümmert. Und wir brauchen eine EU, die den Mitgliedsstaaten gleichzeitig Luft zum Atmen lässt. Alles, was nicht auch besser auf europäischer Ebene geregelt werden könnte, bleibt im Sinne des Subsidiaritätsprinzips nationale Aufgabe. Daneben sollte auch die politische Teilhabe der kommunalen Ebene finanziell gestärkt werden. Wir brauchen einen starken europäischen Bund, aber keinen EU-Superstaat.

Die Vertreter der EU-Mitgliedsstaaten werden entscheiden müssen, ob das Europäische Projekt wieder an Kraft gewinnt oder an Schwindsucht zugrunde geht. Kein Europäisches Parlament – und erst Recht keine EU-Kommission – kann diesen politischen Willen ersetzen. Der Dauerstreit ein »Europäisches Vaterland« oder ein »Europa der Vaterländer« sollte jedenfalls endlich ad acta gelegt werden. Dieser Disput ist längst zugunsten eines Europas der Vater- und Mutterländer entschieden. Gerade in einer Zeit, in der Menschen auf der Suche nach Identität sind, ist das auch gut so. Die Voraussetzung für ein stärkeres Zusammenwachsen der Union bleibt das intergouvernementale Europa. Gleichzeitig muss aber jeder Mitgliedsstaat ein Hüter der Verträge bleiben. Die starken und großen Länder dürfen die kleineren oder schwächeren nicht dominieren. Deshalb sind starke europäische Institutionen kein Gegensatz zum Europa der Vater- beziehungsweise Mutterländer. Das Spannungsverhältnis zwischen Nationen und europäischen Institutionen ist kein Sprengsatz für Europa, sondern ein überaus nützlicher Klebstoff für den Zusammenhalt.

Die Autorin Thea Dorn ist der Suche nach Identität in ihrem Buch »Deutsch, nicht dumpf. Ein Leitfaden für aufgeklärte Patrioten« klug auf die Spur gekommen: Mit der Vaterlandsliebe verhält es sich wie mit jeder Form der Liebe.[42] Um aufrichtig und von Dauer zu sein, setzt sie eine tiefe Kenntnis und vor allem ein Verständnis für das Objekt der Liebe mit all seinen guten und weniger guten Seiten voraus, mit seinen Schwächen und Stärken, aber auch mit seinen Irrungen und Wirrungen, die das Leben mit sich bringt. Bleibt die Liebe nur ein emotionales Feuerwerk, ist sie nicht von Dauer. Und wird sie obsessiv, verklärend und starr, so entwickelt sie eine zerstörerische Dynamik.

Der Diskurs über die Sehnsucht nach Heimat ist auf vielfältige und vielschichtige Weise schwierig, manchmal unnötig beladen und oft missbraucht worden. Mit ein wenig Anstrengung kann man aber die überidealisierte, auf Abgrenzung, Herabsetzung und Überhöhung zielende deutschtümelnde populistische Verklärung des Nationalen als das entlarven, was sie ist: Eine fiebrige Wahnvorstellung.

Allerdings darf man die ängstlichen Protagonisten der links-liberalen Postmoderne auch nicht schonen. Deren überpädagogisierender Umgang mit den Sehnsüchten der »*somewheres*« nach Identität, Zugehörigkeit und Orientierung in einer verwirrend erscheinenden Welt muss als intellektuelle Flucht der »*anywheres*« vor einer aufgeklärten, aber auch unbequemen Auseinandersetzung mit scheinbar belasteten Begriffen wie Leitkultur, Heimat, Identität und Nation identifiziert werden.[43] Die bloße Erwähnung lässt liberale Geister nahezu in einem pawlowschen Reflex zusammenzucken. Patriotismus als braune Ideologie oder überholte Sentimentalität abzutun, ist ein fataler Fehler. Die Deutungshoheit über Begriffe wie Heimat und Nation ist keineswegs der extremen Rechten vorbehalten.

Wir müssen uns ein im besten Sinne emanzipatorisches Bild unseres und jedes anderen demokratischen Landes machen. Die säkularisierte Staat braucht Voraussetzungen, die er aus sich selbst heraus nicht zu schaffen vermag, hat der Verfassungsrechtler und Sozialdemokrat Ernst-Wolfgang Böckenförde es treffend formuliert.[44] Dazu zählt in erster Linie die Idee einer aufgeklärten Zivilität der Bürger. In unserem Grundgesetz hat diese Zivilität ihren wichtigsten und zugleich schönsten Ausdruck gefunden: »Die Würde des Menschen ist unantastbar«. Nicht die Würde der Deutschen, sondern aller Menschen. Das Grundgesetz beschreibt in Artikel 1 einen universellen Anspruch, verknüpft diesen jedoch im zweiten Satz bewusst als Auftrag an den deutschen Nationalstaat: »Sie zu achten und zu schützen ist Verpflichtung aller staatlichen Gewalt.« Die Nation und ihr Staat erhalten hier ihren wichtigsten Auftrag. Ich kenne keinen anderen und besseren Adressaten für eine rechtsstaatliche und freiheitliche Demokratie als den heutigen demokratisch verfassten Nationalstaat. Die Bundesrepublik Deutschland ist das beste Deutschland, dass es je gegeben hat. Ich will es erhalten und beschützen. Das hat nichts mit Nationalismus zu tun, wohl aber mit einem aufgeklärten Patriotismus. Tatsächlich schafft der Nationalstaat den Referenzpunkt für diesen großartigen Satz unseres Grundgesetzes. Der Nationalstaat bleibt bis auf Weiteres die einzige Einheit, die nachhaltig Solidarität und Frieden zu schaffen vermag, solange die Europäische Union nichts annähernd Gleichwertiges bieten kann.

Es ist also möglich, »in Liebe« zur Bundesrepublik Deutschland zu verfallen, ohne in eine monströse, zerstörerische und narzisstische Obsession abzudriften. Die legendäre Antwort Gustav Heinemanns auf die Frage, ob er als Bundespräsident Deutschland liebe, bleibt gleichwohl eine schöne Abwehr überbordender Ersatzhandlungen im Nationalen. Er liebe nur seine Frau, antwortete Heinemann. Dieser vom Nationalismus streng unterschiedene Patriotismus funktioniert aber nur unter der Voraussetzung, dass sich Politik und Bürger gleichermaßen damit auseinandersetzen, wie der Status quo erreicht werden konnte. In Deutschland zählen dazu die Gräueltaten der Nationalsozialisten, gegen deren Relativierung man sich immer wehren muss.

Die kalkulierten und provozierenden Grenzverschiebungen der AfD im Deutschen Bundestag werden nicht zu korrigieren sein, wenn versucht wird, sie schlicht nicht zu beachten. Es ist schlimm, wie weit der Gewöhnungseffekt, deutsche Geschichte zu relativieren, schon fortgeschritten ist. So ebbte die Empörung über die

Bemerkung des AfD-Politikers Alexander Gauland, die Nazi-Zeit sei nur »ein Vogelschiss« in der deutschen Geschichte, nach noch nicht einmal drei Tagen ab. Wenn man bedenkt, dass ein des Rechtsradikalismus völlig unverdächtiger Bundestagspräsident Philipp Jenninger (CDU) einst wegen einer missverständlich vorgetragenen Rede zurücktreten musste, spürt man, wie weit es der AfD bereits gelungen ist, unsere Nerven durch den Gewöhnungseffekt zu sedieren. Einzig der Berliner *Tagesspiegel* reagierte mit einer ganzen Fotoseite über die Massenmorde des Hitler-Regimes angemessen auf Gaulands gezielte Provokation. In der deutschen Geschichte sind Licht und Schatten, Recht und Unrecht untrennbar miteinander verwoben. Nur wer dies anerkennt, kann aufgeklärt patriotisch sein.

Der Schlüssel für einen aufgeklärten Patriotismus liegt also darin, das Bewusstsein dafür zu schaffen, was Deutschland ist: Ein Land der Widersprüche – der Erfolge, der Niederlagen, der Verluste und Errungenschaften. Erst in der Fülle aller Facetten des Landes liegt sein Wesen und weist den Weg zu einem pragmatischen und aufgeklärten Patriotismus. Aufgeklärter Patriot und überzeugter Anhänger Europas zu sein, schließen sich nicht aus. Man kann sich als Deutscher, Franzose, Italiener oder Pole seiner Besonderheiten bewusst sein, ohne zu vergessen, was an Gemeinsamkeit notwendig ist und ohne die Vielfalt zu leugnen. Wer sich zu seiner Nation bekennt, trennt sich damit nicht von Europa oder der Welt. Bertolt Brechts *Kinderhymne* ist mir in der Debatte um das Europa der Vaterländer oft eingefallen: »Und weil wir dies Land verbessern, lieben und beschützen wir's. Und das liebste mag's uns scheinen. So wie andern Völkern ihrs.«

Politik und Werte in und für Europa

Es spricht einiges dafür, Immanuel Kant als den deutschen Philosophen der Aufklärung und als Quelle fortschrittlicher Politik wiederzuentdecken. Nur wer bereit ist, die gegebenen Zustände entlang von Werten und Prinzipien grundlegend progressiv zu verändern, überschreitet die Grenzen von »Realpolitik«. Dass solche Grenzüberschreitungen durchaus vernünftig sind, haben die Kanzler Adenauer, Brandt, Schmidt, Kohl und Schröder bewiesen. Ihre Politik war von leidenschaftlichen Idealen, Werten und Prinzipien getragen. Sie handelten gewiss auch mit Kalkül, aber immer mit einem Blick, der über die Landesgrenzen hinausreichte.

Ideale sind eben nicht daran messbar, ob sie der Wirklichkeit entsprechen. Im Gegenteil: Die Wirklichkeit muss danach beurteilt werden, ob sie den Idealen gerecht wird. Die Vernunft muss sicherstellen, dass Erfahrung nicht das letzte Wort hat. Stattdessen muss sie dafür sorgen, den Horizont unserer Erfahrungen zu erweitern, indem sie uns mit Ideen ausstattet, denen wiederum die Erfahrungen zu gehorchen haben. Ohne diesen Prozess wäre das permanente Krisenmanagement in Europa die letzte Regung demokratischer Politik. Wohin das führt, mag man sich nicht vorstellen. Auf keinen Fall in eine zweite Phase der Aufklärung und Emanzipation auf unserem Kontinent.

Fest steht, dass die großen Menschheitskatastrophen des 20. Jahrhunderts die »Realpolitik« in ihrer beinahe zynischen Form eines ziellosen Orientierens am vermeintlich Möglichen nicht verhindern konnte. Sie verschärfte im Gegenteil die Konkurrenz zwischen den europäischen Mächten, die über ihren Status eifersüchtig wachten. Deshalb darf eine so verstandene »Realpolitik« heute keine Richtschnur für verantwortungsvolle Politik mehr sein. Schon gar nicht dort, wo es um die europäische Integration, eines der großen Zivilisationsprojekte, geht.

Eines lässt sich heute mit Gewissheit sagen: Die Europäische Union steht nach drei Jahren Krise noch immer nicht auf einem sicheren Fundament. Den hart umkämpften Stillstand aber, den sie erreicht hat, bezahlt sie mit einem kaum zu unterschätzenden Verlust an Vertrauen. Wer mit einer solchen ebenso anspruchs- wie visionslosen Politik auf Sicht Europa gegen die Folgen von Spekulation und Maßlosigkeit verteidigen will, untergräbt die einzige Ressource, auf die Politik im Ringen mit der Gier der Finanzmärkte noch bauen kann. Das ist die Hoffnung seiner Bürgerinnen und Bürger auf mehr Gerechtigkeit und Freiheit. Die Hoffnung drauf, dass Europa einen Fortschritt befördert, der mehr Zusammenhalt, Sicherheit und Lebensqualität bringt, statt mehr existenziellen Wettbewerb, weniger staatlichen Schutz und niedrigere Einkommen. Wer Hoffnung erstickt, verhindert eine politische Mobilisierung für ein anders gestaltetes Europa.

Es bleibt dabei: Eine realistische Politik muss die Welt dort besser gestalten wollen, wo sie nicht gut funktioniert. Sie muss den Bürgern vor allem zutrauen, dass eine vereinte Anstrengung von Männern und Frauen die Welt, wie sie ist, einem besseren Zustand annähern kann. Kühle Realisten können vielleicht über das Bestreben, eine bessere, eine gerechtere und vor allem eine freiere Welt zu schaffen, nur verächtlich die Nase rümpfen. Aber was ist ein solcher Realismus wirklich wert, der weder eine wirtschaftliche Krise noch ihre Ursachen beseitigen kann? Er bietet weder Schutz noch Hoffnung. Die werden nur dadurch genährt, dass Ungerechtigkeit kein dauerhafter Teil der Realität sein muss und dass die Aussicht, die Realität zum Besseren verändern, kein utopischer Traum ist.

Konservative und Liberale dämpfen die Erwartungen der Menschen damit, dass sie behaupten, die Welt sei schlecht und gefährlich. Und wenn wir nicht aufpassen, so erzählen sie uns gern, dann nimmt uns der Nachbar auch noch die Butter vom Brot. Aber fortschrittliche, aufgeklärte Menschen wissen aus dem täglichen Zusammenleben, dass es ohne Zusammenarbeit und gegenseitiges Vertrauen am Ende weder Butter noch Brot geben wird. Deshalb arbeiten sie solidarisch zusammen. Sie wissen aus Erfahrung, dass dort, wo die Ungleichheit groß ist, der Neid wächst. Deshalb sind sie für die gleiche Verteilung von Freiheit und damit für eine gerechtere Welt. Sie wissen, dass Ungerechtigkeit Gewalt hervorbringt. Deshalb streben sie sozialen Ausgleich und friedliche Konfliktlösungen an. Sie haben die Erfahrung, dass ein Mangel an Hoffnung den inneren Antrieb lähmt. Deshalb richten sie ihr Leben an Ideen, Idealen, Werten und Prinzipien aus.

Man mag diese Art aufgeklärten, fortschrittlichen Denkens verächtlich als unpraktischen Idealismus schelten. Aber eine Demokratie mit Leidenschaft und Augenmaß braucht ebenso wie eine dynamische Wirtschaft das Streben der Menschen, die etwas erreichen wollen. Für sich und für das Gemeinwesen. Das ist die Wirklichkeit, wie wir sie uns wünschen müssen. Dafür braucht es Werte und die Vorstellung einer noch zu schaffenden besseren Welt, in der jeder aus seinem oder ihrem Leben etwas machen kann.

Das gilt besonders für das Europäische Projekt. Warum sollten Menschen dieses für sie meist fern erscheinende Gebilde unterstützen, wenn es ihnen kein besseres, sondern immer wieder nur ein anstrengenderes Leben verheißt? Ohne eine wertorientierte Politik, die einen Hoffnungsüberschuss besitzt, schaffen wir kein eigenständiges, politisch gewolltes und dem Willen der Menschen gerecht werdendes Europa. Wo Menschen ihr Schicksal miteinander wie in der Europäischen Union teilen, benötigen sie Institutionen, die ihnen die demokratische Gestaltung ihres Schicksals selbst in die Hand geben. Und wo wäre das besser aufgehoben als in einem gemeinsamen Europäischen Parlament, das über wirklich wirksame Rechte verfügt. Dies wäre ein echter Schritt zur zweiten Aufklärung in Europa.

Es reicht gewiss nicht, nach einem anderen Europa zu rufen, das etwas anderes sein soll als das übliche »mehr Europa«. Wir müssen ein besseres Europa schaffen, jenseits von »Realpolitik«, wie wir sie zurzeit erleben. Und jenseits einer reinen Binnenmarktlogik, die Europa in den letzten 20 Jahren beherrscht hat. Europa muss endlich wieder mehr werden als diese degenerierte Ideologie des Binnenmarktes, die Konservative und Liberale, leider aber auch nicht wenige Sozialdemokraten wie eine Monstranz vor sich hertragen. Wir brauchen ein Europa, in dem bewusst in die Innovations- und

Wettbewerbsfähigkeit investiert wird, das an langfristigen Entwicklungszielen über Grenzen und Generationen hinweg orientiert ist. Ein Europa das für die Menschen da ist, die hier leben, aber auch für jene, die hier auch künftig leben werden. Ein Europa, das sich wieder traut, seine Gemeinschaftsaufgaben durch Steuern und nicht durch Schulden zu finanzieren. Ein Europa, in dem Deutschland sich nicht weigert, den Zinsspekulationen der Finanzmärkte gegen unsere Nachbarn und gegen den Euro Einhalt zu gebieten. Ein Europa also, dass gemeinsam mehr Politik wagt.

Das ist ein Angebot, für das sich leidenschaftlich zu streiten lohnt. Weil es der Wiedergewinnung der Glaubwürdigkeit linker und progressiver Kräfte hilft. Und weil es die Hoffnung der Menschen wieder nähren würde, mit Mut, Ideen und Visionen zu demokratischen Veränderungen zu gelangen. Für die Stärkung eines demokratisch verfassten Europas ist übrigens kein finanzieller Preis zu hoch. Schon aus ökonomischen Gründen muss Deutschland daran ein vitales Interesse haben.

Frankreichs Präsident hat das, was uns zusammenhält, zum Auftakt der Frankfurter Buchmesse 2017 sehr leidenschaftlich auf den Punkt gebracht.[45] Macron, ein sehr belesener Politiker, hat beschrieben, dass es immer wieder deutsche und französische Autoren waren, die die Werke aus der jeweils anderen Kultur besonders gut verstanden und in beiden Ländern für ein größeres Publikum aufbereitet haben. Ihm selbst hat erst der deutsch-jüdische Philosoph Walter Benjamin den großen französischen Dichter Charles Baudelaire nähergebracht. Distanz schärft wahrscheinlich zunächst den Blick für das Besondere. Gerade wir Deutschen und Franzosen haben gelernt, dass »das Andere« nicht die eigene Identität bedroht oder infrage stellt. Die Andersartigkeit unserer nächsten Nachbarn nährt im Gegenteil unsere Identität – die französische wie die deutsche, aber auch die europäische. Denn Europa lebt mit und von seiner Verschiedenheit. Eben diese Vielfalt macht Europas Stärke aus.

8.

Der Kampf um Deutschlands Seele

An den Anfang dieses Kapitels möchte ich nochmal mein Bekenntnis setzen: Ja, für mich ist die Bundesrepublik Deutschland das beste Deutschland, das es je gab. Und ja, ich finde dieses Deutschland mit seiner Verfassung, seinen Ideen von sozialer Marktwirtschaft, von einer Gesellschaft voller Engagement und Hilfsbereitschaft und seiner starken, innovativen Wirtschaft gut und erhaltenswert. Ich wünsche mir kein anderes Deutschland.

Damit meine ich nicht, dass es in Deutschland fehlerlos zugeht. Weiß Gott nicht, denn unser Land wird von Menschen gestaltet, und die machen gelegentlich Fehler. Und ich meine mit diesem Bekenntnis auch nicht, dass es nichts zu verbessern gäbe. Es gibt in Deutschland ganz erhebliche und schwerwiegende Missstände. Die soziale Ungleichheit ist viel zu groß, die Arbeit schafft nicht für alle ein selbstbestimmtes Leben, die Renten sind oft zu niedrig. Und im Bildungswesen hat sich ein neuer Feudalismus entwickelt, in dem Beziehungen und das Geld der Eltern mehr bedeuten als die Lern- und Leistungsbereitschaft der Kinder.

Unser Land kennt viele individuelle Rechte, aber immer weniger individuelle Pflichten. Ohne die aber kann ein Land nicht bestehen. Wir sind oft zu bürokratisch, und die Entwicklung des Rechts(wege)staats hat die Rechte der Bürger stetig vermehrt.

Damit wurden aber zugleich die politischen Gestaltungsmöglichkeiten immer mehr eingeschränkt. Im Ergebnis sind wir nicht einmal mehr in der Lage, eine Rheinbrücke bei Leverkusen in einer angemessenen Zeit zu erneuern. Die Rechte auf Bürgerbeteiligung im Planungsprozess gehen zulasten des Rechts der Bürger auf Lärmschutz und gesunde Luft in den Stadtteilen, durch die sich im Laufe des jahrelangen Planungsprozesses nun der Verkehr quälen muss.

Die Liste der Unzulänglichkeiten und der Fehler in unserem Land kann man beliebig verlängern. Das tun diejenigen, die sich verächtlich über die Trägheit unserer Demokratie äußern, die über Politikerinnen und Politiker schimpfen oder die mit der berechtigten Unzufriedenheit von Bürgern ihr politisches Süppchen kochen. Oder auch jene, die ihre Zeitungen so verkaufen, weil sich über die Unzulänglichkeiten unserer Republik so schön polemisieren lässt.

Uns sollte aber bewusst sein, welchen Schatz wir trotz aller Unzulänglichkeiten mit dieser Republik in den Händen halten. Es brauchte viele Jahrhunderte und zwei Weltkriege, um das Maß an Freiheitsrechten zu erreichen, das wir heute genießen. All die Missstände und Schwächen können wir mit unserem demokratischen Engagement abstellen, mildern oder zum Guten wenden. Ich plädiere so leidenschaftlich für dieses Deutschland, weil es alle Voraussetzungen bietet, die man für ein freies, friedliches und sozial gerechtes Leben aller benötigt.

Nicht wenige Deutsche hätten es in unserer unübersichtlichen und unbequemen Welt gern, wenn die Bundesrepublik so bliebe, wie sie das alte Westdeutschland in Erinnerung haben: mit weniger Zwang, sich entscheiden zu müssen, und mehr Sicherheit. Der abendliche Blick auf die Fernsehbilder, die Nachrichten über ein scheinbar zerfallendes Europa und das Gefühl der Instabilität im eigenen Land macht die Menschen unruhig und nervös. Was mag wohl geschehen, wenn die wirtschaftliche Situation schlechter wird, die Arbeitslosenquote wieder steigt und die Sorge um das eigene Einkommen noch hinzukommt? Gilt dann der moderne Dreisatz: Bei fünf Prozent Arbeitslosigkeit liegt der Wähleranteil der AfD bei nur knapp 15 Prozent. Verdoppelt sich die Arbeitslosigkeit auf zehn Prozent, gewinnt dann die AfD auch doppelt so viel Prozente?

Europas Stabilität hängt an Deutschlands Mitte

Mir geht es nicht darum, Schreckensszenarien zu entwerfen. Aber eines ist gewiss: Die Stabilität Europas hängt von der Stabilität Deutschlands ab. Und die Stabilität unseres Landes hängt von seiner wirtschaftlichen, sozialen und politischen Mitte ab. Wird diese Mitte aus Arbeitnehmern, Selbstständigen, Technikern, Ingenieuren, Pflegekräften, Facharbeitern oder Polizisten, die jeden Tag arbeiten gehen, die sich in ihrer Freizeit um ihre Nachbarschaft, ihre Gemeinde, ihren Verein oder ihre Angehörigen kümmern, noch unsicherer und instabiler? In diesem Fall werden nicht nur in unserer eigenen Gesellschaft die Konflikte zunehmen. Dann wird auch Europa scheitern.

Auf eben dieses Szenario arbeiten die rechten Populisten und Propagandisten hin. Wie einst linke Verschwörungstheoretiker und Fantasten, glauben heute die extremen Rechten, dass alles besser wird, wenn es vorher für alle schlechter wird und möglichst ganz schlimm kommt.

Berlin ist nicht Weimar. So sehr dieser Satz auch heute noch stimmt, so wenig sollten wir uns darauf verlassen, dass das auch in Zukunft noch so bleibt. Die Zersplitterung unserer Parteienlandschaft und der Rückfall in längst überwunden geglaubten Nationalismus erinnert sehr an die schweren Krisen der ersten deutschen Demokratie. Nichts ist von Dauer und auf ewig gewiss, auch die Demokratie und der Frieden in unserem Land und Europa nicht.

Deutschland hat zu viel Angst

Ich bin überzeugt, dass es ein Fehler wäre, denen zu folgen, die uns empfehlen, diese Propagandisten von rechts einfach zu überhören, sie zu ignorieren, um sie nicht unnötig aufzuwerten. Das Gegenteil ist richtig: Wir dürfen ihnen keinen Quadratmillimeter schenken. Wir dürfen ihre Grenzverletzungen nicht ignorieren, denn sie setzen auf Gewöhnung, indem sie die Linien häufig nach rechts verschieben.

Der Kampf um Deutschlands Seele hat längst begonnen. Die einen nutzen die Angst vor der unbekannten und unbequemen Welt und predigen den Rückzug aus unserer modernen und offenen Gesellschaft. Die anderen, wir als Demokraten, müssem Mut machen, an das Selbstvertrauen appellieren und darauf verweisen, was dieses Land alles kann, wenn es zusammenhält. Gewiss, die Welt ist risikoreicher und birgt noch vieles im Unbekannten. Das größte Risiko aber ist der Glaube, ein Rückzug ins Nationale und eine Sehnsucht nach weniger Vielfalt und mehr Homogenität würde uns stärker machen. Das Gegenteil ist richtig: Wir würden uns isolieren und schwächer werden. Und die Starken dieser Welt würden uns ihren Willen aufzwingen.

Vor allem progressive und linke Demokraten in Deutschland sollten lernen, die Menschen hierzulande zu loben. Sie haben es nämlich verdient und dürfen durchaus stolz auf das sein, was in diesem Deutschland nach 1945 erarbeitet wurde. Die Aufbauleistung unserer Eltern und Großeltern und die Leistung von Millionen Menschen, die pflichtbewusst und engagiert einfach ihren Job machen, ist es wert, viel häufiger gewürdigt zu werden. Von der Kassiererin beim Aldi bis zum Chefarzt, vom Hausmeister in den Schulen bis zur Software-Entwicklerin, von der Pflegekraft, dem Polizisten oder dem Lagerarbeiter bis zum Meister, der Managerin oder den Masterabsolventen: Sie alle und viele andere machen dieses Land so erfolgreich. Wer die täglichen Nachrichten liest oder die Debatten der

Politik verfolgt, kann dagegen den Eindruck gewinnen, wir lebten in einem völlig zerrütteten Land, in dem nichts funktioniert.

Deutschland hat gegenwärtig trotz exzellenter Wirtschaftsdaten zu viel Angst. Nur ein Hoffnungsüberschuss motiviert eine Gesellschaft zu neuem Aufbruch, zur Riskobereitschaft und zur Neugierde auf das Unbekannte und Fremde. Nur ein Hoffnungsüberschuss macht sie resistent gegen die Propaganda der Angstprediger. Gute Laune, Fröhlichkeit und Selbstbewusstsein sind die größten Gegner der Populisten, der Verschwörungstheoretiker und Hassprediger. Es ist nicht das Thema, den harten Kern der rechten Szene oder der AfD zur Umkehr zu bewegen. Das wird nicht gelingen. Wir müssem ihren Wählern klar machen, dass die Propaganda der rechten Populisten und Nationalisten allem entgegensteht, was wir unseren Kindern und Enkeln zu Hause und in der Schule beibringen. Wir müssen offen sagen, dass diese Propaganda den Völkermord relativiert und in Sprache und Ideologie zur Verrohung unserer Gesellschaft beiträgt. Dass sie den Frieden im Land ebenso gefährden wie den Frieden mit unseren Nachbarn. Wir müssen unsere Stimme erheben und deutlich aussprechen, dass das antieuropäische Programm der AfD den Weg in die Massenarbeitslosigkeit weist. Denn die Exportnation Deutschland hat nur dann Arbeit für alle, wenn es den Menschen in unseren Nachbarländern auch dauerhaft gut geht.

Mehr Programme und weniger Gründe

Deutschland und Europa brauchen eine Doppelstrategie: Die harte Abgrenzung von der extremen Rechten muss durch einen stärkeren sozialen Zusammenhalt nach innen ergänzt werden. Denn die Abgrenzung nach rechts allein wird nicht reichen. Der demokratische Teil der Politik muss den Beweis erbringen, dass sein Handeln Probleme zu lösen vermag, bessere und sichere Lebens- und Arbeitsbedingungen schaffen kann und Teilhabe für alle am wirtschaftlichen und gesellschaftlichen Fortschritt ermöglicht. Nur so wird es gelingen, den täglich steigenden Frust über den politischen Alltag in Deutschland und den anderen europäischen Staaten zurückzudrängen.

So wenig man den nationalistischen Bewegungen nachgeben und ihre Grenzverletzungen zulassen darf, so sehr muss man die Motive jener Menschen in den Blick nehmen, die sich von dieser rechtsextremen Propaganda angesprochen fühlen. Die viel gescholtenen Anti-Establishment-Bewegungen in unseren westlichen Gesellschaften haben ja durchaus Gründe, an den demokratischen Gesellschaften und ihren politischen Strukturen zu verzweifeln. Und die jahrelange Heilsversprechungen völlig entgrenzter Finanzärkte in der Gobalisierung waren auch schlichte interessengeleitete Propaganda, wie hunderte von Millionen Menschen bei der Finanzkrise 2008 bitter erfahren mussten. Die gleichen neoliberalen Ideologen, die zuvor Jahrzehnte den Staat verächtlich gemacht hatten, brauchten jetzt genau diesen Staat, um ihr bankrottes System vor dem totalen Zusammenbruch zu retten.

Die Donald Trumps, Marine Le Pens, Matteo Salvinis und Alice Weidels dieser Welt knüpfen ihre extremistische Propagda ja an Realitäten, die im Alltag vieler Menschen sichtbar sind: der Rückzug des Staates aus vielen Verantwortungsbereichen, die Überbürokratisierung des Sozialstaates, der Verlust an sozialer und innerer Sicherheit oder die Abgehobenheit mancher wirtschaftlicher, politischer und medialer Eliten. Und ja, auch das gehört dazu: Die Unfähigkeit unseres Staates, arabische Clanstrukturen in deutschen Großstädten nachhaltig zu bekämpfen und zugleich Zuwandererinnen und Zuwanderer nicht in angemessener Zeit zu fördern, sodass ihre Integration in Arbeitsmarkt und Gesellschaft gelingen kann.

Es gibt sie ja, die Alltagssorgen vieler Menschen, die Unfähigkeit demokratischer Institutionen zu schnellen Entscheidungen und tatsächlichen Veränderungen erkannter Missstände zu kommen oder die misslungene Integration und unkontrollierte Zuwanderung. Wir

Demokraten sind schuld, weil wir diese Zustände allzu lange zugelassen haben.

Populisten haben es einfacher. Sie sind Ignoranten gegenüber der Zeit, gegenüber dem Gestern ebenso wie gegenüber dem Morgen. Sie kennen nur das Heute.

Noch immer gilt das Motto: Wer nichts bewegen kann oder will, nennt dafür Gründe. Wer ein Ziel hat, entwickelt ein Programm. Wir haben zu viele »Gründe« und zu wenig »Programme«. Die zentrale Frage lautet: Wie schaffen wir wieder einen starken und handlungsfähigen Staat? Denn je unterschiedlicher und vielschichtiger eine Gesellschaft ist, desto handlungsfähiger und erkennbarer muss der Staat sein. »Stark« meint dabei etwas anderes als autoritär, nämlich Sichtbarkeit und Handlungsfähigkeit. In der Vergangenheit mag es modern gewesen sein, den Staat zu schwächen. Die Konservativen und Liberalen wollten den schwachen Staat, um dem Markt mehr Rechte zu geben und dem Kapital freien Lauf zu lassen. Die progressiven und linken Demokraten wollten den schwachen Staat, weil sie ihm misstrauten und er deshalb nicht zu mächtig werden sollte. Und weil sie sich den Sparzwängen nicht widersetzen konnten. Beide Beweggründe haben dazu geführt, dass der öffentliche Dienst seit der Wiedervereinigung etwa ein Drittel seiner Beschäftigten hat einsparen müssen. Wir leisteten uns weniger Polizei, weniger Lehrer, weniger Krankenhäuser, weniger öffentlichen Nahverkehr außerhalb der Ballungsgebiete und weniger sozialen Wohnungsbau.

Im Ergebnis dauert es in einer Großstadt wie Berlin mehrere Monate, bis man einen Termin zum Heiraten oder eine Geburtsurkunde erhält. Für Gerichtsentscheidungen braucht es eine kleine Ewigkeit, und Termine beim Facharzt sind für gesetzlich Versicherte nur auf einer langen Warteliste zu haben. In den Großstädten explodieren die Mieten und sind für Familien und Rentner kaum bezahlbar, während in 20 Prozent der deutschen Gemeinden weder ein Arzt, eine Apotheke, ein Laden, noch eine Schule oder eine Bushaltestelle zu finden sind.

Ostdeutschland ist ein Paradebeispiel: Dort häufen sich diese negativen Entwicklung und die Menschen fühlen sich allein gelassen und von der Politik vergessen. Und noch immer ist der Staat unfähig, genug Lehrer, Erzieherinnen und andere dringend benötigte Fachkräfte einzustellen. All das bestärkt den Eindruck, dass von dem ständigen Gerede aller Parteien und aller Politikerinnen und Politiker über die Bedeutung des Bildungssystems nichts zu erwarten ist.

Zivile Leitkultur

Wenn dazu die Dreistigkeit völlig überzogener Managergehälter kommt, während der Mindestlohn von eben diesen Eliten infrage gestellt wird, wenn die Finanzjongleure Monopoly spielen, während im Alltag vieler Menschen eher Malefiz-Blockaden dominieren, dann muss sich niemand wundern, warum die Stimmung »die da oben, wir hier unten« entsteht. Oben herrscht Selbstbedienung im Luxus-Shop und unten Mangelwirtschaft im Alltag. Das hat sich lange angekündigt, nun ist es unüberhörbar geworden. Doch noch immer meinen die politischen, wirtschaftlichen und medialen Eliten, moralische Appelle, gewürzt mit dem Vorwurf mangelnder Bildung, reichten aus, um diese massive Vertrauenskrise zu überwinden. Manchmal habe ich den Eindruck, einige werden erst aufwachen, wenn es zu spät ist.

Wenn wir das verhindern wollen, liegt viel Arbeit vor uns. Wir müssen den Sozialstaat revitalisieren. Aus diesem einst emanzipatorischen Projekt, das Menschen vor Not, Armut, Krankheit und Arbeitslosigkeit schützen sollte, ist ein kafkaeskes bürokratisches Gebäude geworden. Es muss den Menschen wie ein feindliches Gegenüber vorkommen. Die einen finden den Sozialstaat zu teuer, die anderen müsse sich »ausziehen«, um an Leistungen zu kommen. Während sich nicht wenige schämen, wenn sie nach jahrzehntelanger Arbeit weder ihre Familie ohne staatliche Hilfe ernähren noch die Miete bezahlen oder mit ihrer Rente über die Runden kommen können, suchen andere hemmungslos nach jeder Möglichkeit, soziale Leistungen zu ergattern, die eigentlich für andere Zwecke gedacht waren.

Ich treffe zum Beispiel in letzter Zeit vermehrt relativ gut verdienende Eltern der Mittelschicht, die das Elterngeld nicht dazu nutzen, dass Mutter und Vater etwas weniger arbeiten, um sich die Kindererziehung besser teilen zu können, sondern die ihre Elternzeit zusammen nehmen, um gemeinsam drei Monate mit ihren Kindern auf ausgedehnte Reisen zu gehen. Das ist für die, die sich das leisten können, sicher schön und führt zu einer intensiven Zeit des gemeinsamen Erlebens für die Kinder. Aber zur sozialen Realität heute gehört, dass viele andere sich nicht einmal einen jährlichen Sommerurlaub leisten können, was zeigt, wie weit sich unsere Wohlstandsgesellschaft inzwischen fragmentiert hat.

Wenn dann noch hinzukommt, dass unsere sozialen Sicherungssysteme ganz offensichtlich missbraucht werden, dann wirkt das wie ein Katalysator für die Enttäuschung, die Wut und das Ohnmachtsgefühl vieler Menschen. Das ist einer der Gründe, warum ich in der letzten Regierungsperiode versucht habe, den Kindergeldbezug auf deutschem Niveau davon abhängig zu machen, dass die Kinder von Eltern aus europäischen Nachbarstaaten auch tatsächlich in Deutschland leben. Andernfalls sollte das Kindergeld der in Deutschland ohne ihre Kinder lebenden Eltern auf dem Niveau des Herkunftslandes erfolgen. Denn was passiert, wenn wir Kindergeld auf deutschen Niveau auch dann zahlen, wenn die Kinder gar nicht in Deutschland leben, kann man in einigen Großstädten unseres Landes sehr anschaulich besichtigen: In Gelsenkirchen zum Beispiel kauften und kaufen immer noch ausländische Investoren sogenannte »Schrott-Immobilien« auf und organisierten den Zuzug von Osteuropäern in diese Wohnungen – vorzugsweise sozial ausgegrenzte Minderheiten zum Beispiel aus Rumänien. Die völlig überhöhten Mieten kassieren diese »Vermieter«, die man wohl eher als Menschenhändler bezeichnen muss, dann aus den deutschen Kindergeldzahlungen. Die Kombination aus Schwarzarbeit und Kindergeldbezug für mehrere nicht in Deutschland lebende Kinder ist dann ein lohnendes Geschäft – vor allem für die Schlepper. Da in diesen Wohngebieten dann die sozialen Verhältnisse schwieriger werden, ziehen andere Bewohner in andere Stadtteile um. Das wiederum schafft neue Möglichkeiten für dieses »Geschäftsmodell«, zusätzlichen Wohnraum für erneuten Zuzug zu erwerben. Ganze Stadtteile drohen dadurch zu »kippen«. Dagegen hilft nur, den materiellen Anreiz zu nehmen, also Kindergeld nur auf dem Niveau des Herkunftslandes zu zahlen, und zugleich diese Schleppermodelle durch alle Möglichkeiten des Ordnungs-, Gesundheits- und Strafrechts zu bekämpfen.

Die Antwort der Europäischen Kommission in Brüssel lautete, dies alles verstoße gegen das Diskriminierungsverbot in Europa, nach der auch im Sozialhilfebezug alle Bürgerinnen und Bürger eines EU-Mitgliedsstaates gleich behandelt werden müsse unabhängig von ihrer Staatsangehörigkeit. Diese Regel ist aber für den Normalfall gedacht: Jemand lebt zeitweise oder dauerhaft in einem EU-Mitgliedsstaat, arbeitet dort und zahlt dort seine Steuern. Natürlich muss dann auch ganz normal und unabhängig von der Herkunft jede staatliche Leistung für alle gleich gezahlt werden. Hier geht es aber um gezielte Einwanderung lediglich in die Sozialsysteme eines Mitgliedsstaates – und zwar nicht mal zum vorrangigen Vorteil der betroffenen Eltern, sondern vor allem zum Vorteil ihrer Schlepper.

Wenn die europäische Politik davor die Augen verschließt, aus Angst sich eine unangenehme Diskussion an den Hals zu holen, dann muss sich niemand wundern, wenn die Gegner des europäischen Projektes Zulauf erhalten. Besonders zornig werden Menschen, die diesen Alltag unmittelbar erleben, übrigens dann, wenn ihnen Politiker, Wissenschaftler, Medien oder Beamte erklären, das alles sei ja nur ein Minderheitenproblem und im Durchschnitt verhielten sich doch alle rechtstreu und vernünftig. Das ändert an der konkreten Alltagserfahrung in großen Teilen unserer Ballungszentren gar nichts und mit Hinweisen auf den statistischen Durchschnitt hat noch nie jemand real existierende Probleme gelöst. Nicht nur im Fußball ist eben »die Wahrheit auf'm Platz«. Die ignorante Haltung jedenfalls von Teilen der europäischen Bürokratie und Politik gegenüber den unangenehmen Themen, insbesondere der Zuwanderung, hat am Ende den Brexit-Befürwortern den notwendigen Zulauf verschafft. Etwas mehr Bereitschaft zu akzeptieren, dass auch die Freizügigkeit innerhalb Europas klare Regeln gegen Missbrauch und Überforderung von Nationalstaaten braucht, hätte den Brexiteer eines ihrer wichtigsten »Argumente« genommen.

Manches muss sich ganz grundlegend ändern, damit in Deutschland die breite Mehrheit der Gesellschaft den Eindruck hat, dass sich Leistung lohnt, Fairness und soziale Gerechtigkeit gelten und ein selbstbestimmtes Leben möglich ist. Nur dann wird unsere Gesellschaft stabil bleiben und damit zugleich ein fester Anker in der europäischen Einigung.

Der frühere US-Präsident Bill Clinton hat für diese Aufgabe ein kluges Motto ausgegeben: sich um die Menschen kümmern, die jeden Tag hart arbeiten und sich an die Regeln halten (»*People who work hard and play by the rules*«).[46]

Zu Großem bereit sein, auch im Sozialen

Man kann von Donald Trump etwas lernen: Die Ausreden, dieses oder jenes ginge nicht, müssen ein Ende haben. Gerade aufgeklärte Demokraten müssen das, was sie für richtig halten, auch tun. Sonst brechen andere mit unseren Gewohnheiten. Besser ist, wenn wir selbst mit den schlechten Gewohnheiten brechen.

Das muss damit beginnen, unsere gute wirtschaftliche Lage nicht als selbstveständlich zu empfinden. Das ist sie nämlich überhaupt nicht. Weil der konjunkturelle Aufschwung nun schon zehn Jahre lang anhält, scheinen wir davon auszugehen, dass das auch in den kommenden Jahren so weitergeht. Es gibt aber keinen dauerhaften Aufschwung, sondern mindestens eine konjunkturelle Abkühlung wird irgendwann eintreten. Abseits dessen wachsen aber für eine Exportnation wie Deutschland mit den aktuellen protektionistischen Tendenzen und dem drohenden Handelskrieg zwischen den USA, China und vielleicht sogar Europa natürlich Risiken ganz besonders. Wenig aber ist für die politische Stabilität Deutschlands so wichtig wie sein wirtschaftlicher Erfolg, seine Innovationskraft und seine industrielle Stärke.

Wer Europa stabil halten will, wer mehr Engagement – auch finanzielles – von Deutschland für Europa für nötig hält, der muss dieses Land auf wirtschaftlichem Erfolgskurs halten. Dieses Bewusstsein scheint aber schrittweise verloren zu gehen, offenbar, weil dieser wirtschaftliche Erfolg als quasi naturgesetzlich vorausgesetzt wird. Ein folgenschwerer Irrtum.

Wäre unser Problembewusstsein anders, würden wir unsere finanziellen Spielräume anders nutzen, etwa in dem wir beginnen, unseren Forschungs- und Entwicklungsanteil weiter zu steigern. Statt dessen sonnen wir uns darin, die in Europa verabredeten Anteil von zwei Prozent am Bruttoinlandsprodukt bereits erreicht zu haben. Das ist mehr als fast alle anderen Länder in Europa, das stimmt. Aber unsere Wettbewerber sitzen in Kalifornien und vor allem in Südostasien, dort gibt es das Ziel, vier oder sogar fünf Prozent des BIP für Forschung und Entwicklung auszugeben.

Auch die Art und Weise, wie in Deutschland seit vielen Jahren Infrastrukturentwicklungen betrieben werden, wie langsam vieles voranschreitet und vor allem wie sehr beinahe jede notwendige Erneuerung oder Erweiterung unserer Infrastruktur unter öffentlichen Druck gerät – seien es nun Stromleitungen, Rohstoff-Pipelines für die chemische Industrie, Straßen- oder Schienenverkehr – zeigt nur eines: Wir haben vergessen, woher unser wirtschaftlicher Erfolg rührt: Von der Bildung und Qualifikation der Menschen, von einer exzellenten Bildungs- und Forschungslandschaft, guten Investitionsbedingungen vor allem für kleinere und mittelständische Unternehmen, aber eben auch von einer sehr gut funktionierenden Infrastruktur.

Statt Risiken abzuwägen und uns dann zu entscheiden, versucht unser Land mehr und mehr der Illusion zu folgen, eine vollständig risiko- und belastungsfreie Gesellschaft sein zu können. Wir wollen weder Atomenergie noch Kohlekraftwerke, aber am besten auch keine Windräder, die »die Landschaft verschandeln«, und schon gar keine Strommasten. Wir möchten schnelle Datenverbindungen, aber keinen UMTS-Masten in Sichtweite. Wir wollen möglichst früh am Morgen an den Urlaubsort fliegen, aber eigentlich keinen Fluglärm.

In Wahrheit müssen wir wieder lernen, uns nach einer angemessenen Abwägung für eines der vertretbaren Risiken zu entscheiden, statt uns vorzumachen, es gäbe noch eine Lösung, die uns vollständig von jedem Risiko befreit. Es gab aber noch nie eine erfolgreiche Industriegesellschaft ohne jedes Risiko.

In gewisser Weise ist auch die in der Politik sehr ausgeprägte Vorstellung, alles per Gesetz regeln zu wollen, Ausdruck dieser Sehnsucht nach Risikofreiheit. Ein Ausweg könnte sein, Verantwortung zu delegieren. Angesichts der Forderungen nach größerer Flexibilität etwa der Arbeitszeitgesetzgebung in einer globalen Ökonomie könnte der Gesetzgeber auch entscheiden, keinerlei Vorgaben für Branchen und Unternehmen zu machen, wenn dort Tarifverträge mit den Gewerkschaften vorliegen. Das würde einerseits die Attraktivität solcher Verträge auch für die Arbeitgeber erhöhen, andererseits zu einem ganz erheblichen Abbau von Bürokratie auf Seiten des Staates beitragen.

Die Wirtschafts- und Innovationskraft Deutschlands zu stärken, ist untrennbar mit der Stabilität des Landes und ganz Europas verbunden. Nur ein starkes Deutschland kann auch ein sicherer Stabilitätsanker für die Europäische Union sein. Und umgekehrt. Das eine ist nicht ohne das andere zu haben.

Richtig ist allerdings auch, dass das alleinige Setzen auf wirtschaftliche Prosperität noch keine soziale Stabilität schafft. Es muss ein massives Engagement gegen die immer weiter wachsende soziale Spaltung hinzukommen. Denn mit dem Niedriglohnsektor und den daraus resultierenden niedrigen Renten, der schlechteren Entlohnung in klassischen Frauenberufen, Armut unter Alleinerziehenden, fehlenden Aufstiegsmöglichkeiten und steigenden Lebenshaltungskosten bei Mieten und Energie gibt es längst wieder eine »neue soziale Frage«, die bei näherem Hinsehen allerdings die alte ist: Die Spaltung unserer Gesellschaft in arm und reich, in diejenigen mit Chancen auf Aufsieg und Erfolg und jene, denen dies ihr Leben lang versperrt bleiben wird. Und längst gibt es in den Bildungsverläufen unserer Kinder so etwas wie einen Neo-Feudalismus: Einkommen und Beziehungen der Eltern entscheiden mehr über den Bildungsverlauf der Kinder als deren Leistungsfähigkeit.

Das zu thematisieren und Strategien dagegen zu entwicken, widerspricht nur scheinbar der Stärkung wirtschaftlicher Leistungsfähigkeit, denn auf den zweiten Blick ist gerade der Erfolg Deutschlands nach 1945 vor allem der Idee zu verdanken, dass sich Leistung für alle lohnen muss. Eine Erkenntnis, die früher schon einmal eine Zusammenarbeit zwischen Sozialdemokraten und Liberalen in Deutschland möglich gemacht.

Genau das ist aber bei Millionen Menschen in Deutschland nicht mehr der Fall. Knapp drei Millionen Menschen arbeiten in Deutschland in befristeten Beschäftigungsverhältnissen. Von sogenannter »prekärer Arbeit«, also Beschäftigungsverhältnisse, von denen man nicht leben kann, sind immerhin 1,2 bis 1,3 Millionen Menschen betroffen, wenn man nur diejenigen zählt, deren Lohn unterhalb der Grundsicherung liegt. Geht man darüber hinaus, so dürfte die Zahl der »arbeitenden Armen« oder »*working poor*« deutlich darüber liegen. In Ostdeutschland, wo Tarifverträge eher die

Ausnahme als die Regel sind, wird selbst im qualifizierten Facharbeiterbereich sehr wenig bezahlt. Ein besonders drastisches Beispiel habe ich über einen Facharbeiter in einem Presswerk in Sachsen-Anhalt erfahren, der im Vierschichtbetrieb mit nur 1300 Euro netto nach Hause geht. Die gleiche Beschäftigung im Südwesten Deutschlands erzielt im Übrigen fast das doppelte Gehalt. Grund genug, sich in Ostdeutschland schlecht behandelt zu fühlen. Diejenigen, die diesen Teil Deutschlands über Jahrzehnte zum Experimentierfeld für Niedriglöhne gemacht haben, tragen Mitverantwortung für die hohen AfD-Stimmergebnisse dort.

Und ein letztes Beispiel für die sozialen Unwuchten: Nach Aussagen der Präsidentin des Sozialverbandes VdK Deutschland, Verena Bentele, beziehen 8,6 Millionen Menschen eine Rente, die unter der Grundsicherungsschwelle von 814 Euro liegt.[47] Deshalb war es ein großer Fehler der Unionsparteien, aber auch der verantwortlichen Sozialdemokraten, zum Ende der letzten Legislaturperiode gegen die Einführung einer Mindestrente zu entscheiden, obwohl sie im Koalitionsvertrag vereinbart worden war.

Wer also soziale Stabilität will, der darf Armut trotz Arbeit nicht akzeptieren. So muss der Mindestlohn endlich ein Niveau erreichen, auf dem man nicht nur überleben, sondern auch an der Gesellschaft teilhaben kann. Die Mindestgrenze dafür dürfte bei mindestens zwölf bis 13 Euro in der Stunde liegen. Und wenn jemand eine zeitliche befristete Stelle annimmt, dann muss er dafür mindestens zehn Prozent mehr Gehalt bekommen als der unbefristet Beschäftigte, denn schließlich verzichtet er auf Sicherheit.

Was auch immer unsere Versicherungsmathematiker für Gründe angeben mögen, warum eine Mindestrente angeblich nicht machbar ist: In Deutschland darf nach 40 Arbeitsjahren und Vollzeitbeschäftigung keine Rente unter 1000 Euro im Monat liegen. Und eigentlich ist selbst diese Höhe angesichts steigender Mieten in vielen Städten Deutschlands noch zu wenig. Gerade um ältere Menschen vor den dramatischen Mietpreisentwicklungen zu schützen, brauchen wir dringend ein Gesetz, dass eine Wohnngskündigung bei Mietern im Alter ab 70 Jahren schlicht verbietet.

Ganz generell gilt: Die Zustimmung zu unserer demokratischen und sozialen Marktwirtschaft lebt seit 1945 von dem Grundsatz, dass sich Arbeit lohnen muss. Damit ist nicht nur die materielle Seite von Arbeit und Rente, sondern auch die immaterielle Wertschätzung von Arbeit angesprochen.

Anstelle defensiver Konzepte wie das bedingungslose Mindesteinkommens gegen die Dequalifizierung und Vernichtung von Arbeit durch die fortschreitende Digitalisierung zu fordern, muss der Sozialstaat seine emanzipatorischen Ideen neu entdecken. So macht die Digitalisierung endlich wieder ein neues Verhältnis von Arbeiten und Leben möglich. Nicht nur samstags sollen Vati und Mutti den Kindern gehören, wie es die Gewerkschaften Anfang der 1960er-Jahre für die Einführung der Fünf-Tage-Woche forderten, sondern von montags bis freitags ebenfalls. Denn die Effizienzgewinne der Digitalisierung dürfen nicht nur den Unternehmen, sondern müssen auch den Arbeitnehmern zugute kommen. Beispielsweise mit dreißig Stunden Arbeit im Betrieb und fünf Stunden Qualifizierung am Computer zu Hause.

Wir müssen uns um die wachsende soziale Ungleichheit energischer kümmern, als wir das bislang tun. Ein schlimmes Beispiel ist der Einkommensunterschied von Frauen und Männern in Deutschland. Trotz der Tarifautonomie hat der Staat gerade in Zeiten von Fachkräftemangel einen großen Hebel in der Hand, um die durchschnittlich 20 Prozent niedrigeren Gehälter von Frauen anzuheben: Die schlechtere Bezahlung kommt in Deutschland in den allermeisten Fällen nicht mehr aus einer Lohndiskrimierung von Frauen gegenüber ihren männlichen Kollegen innerhalb eines Unternehmens zustande, sondern durch die traditionell schlechtere Bezahlung in typischen Frauenberufen wie in den pädagogischen und pflegerischen Berufen. In der Tradition von Industriegesellschaften waren typischerweise die gewerblichen und kaufmännischen Berufe wichtig und wurden entsprechend ihrer messbaren Produktivität schrittweise immer besser bezahlt. Während die sozialen Aufgaben und Tätigkeiten Aufgabe des Staates, von Kirchen und Wohlfahrtsverbänden waren. Ihre Produktivität war schwieriger messbar und wurde für den Erfolg von Industriegesellschaften eher als zweitrangig angesehen. In der Folge gingen Männer in die besser bezahlten, Frauen in die karitativen Berufe. Bis heute verdient man beim Bewegen einer Tonne Stahl im Stahlwerk mindestens doppelt so viel wie beim Bewegen von Kleinkindern in Kitas oder älteren Menschen in Pflegeheimen. Meine Mutter hörte als »Krankenschwester« noch den Rat von Vorgesetzten, dass man diese Arbeit doch vor allem für »Gotteslohn« mache. Dies überzeugte sie allerdings nicht nachhaltig und sie wurde später Mitglied der Gewerkschaft ÖTV und Personalrätin.

Wenn also die öffentlichen Arbeitgeber beginnen würden, die sozialen und pflegerischen Berufe deutlich besser zu bezahlen, wäre bei der Forderung nach gleichem Lohn für Frauen und Männer ein gewaltiger Sprung nach vorn möglich. Wir würden vielen alleinerziehenden Frauen deutliche materielle Entlastung bieten. Und wir bräuchten für ein Ende der Lohnlücke zwischen Frauen und Männern in Deutschland keine bürokratischen Monster, die lediglich den Berichtsaufwand in den Betrieben erhöhen.

Wer langfristig etwas gegen den demografischen Wandel tun will, muss Familien in Deutschland stärken. Natürlich durch flächendeckende und möglichst kostenlose Angebot für Kindertagesstätten und Ganztagsschulen. Aber auch die finanzielle Leistungsfähigkeit für Familien muss sich verbessern. Statt Steuersenkungen mit der Gießkanne auch für die, die sie nicht brauchen, wäre die Einführung eines Freibetrages für Kinder in der Sozialversicherung wesentlich sinnvoller. Anders als die Steuergesetzgebung ist die Sozialversicherung mit Ausnahme der Krankenversicherung nämlich blind dafür, ob jemand Kinder hat oder nicht. Statt Eltern zum Beantragen von Kindergeld, Lernmittelbeihilfe oder Wohngeld zu zwingen, wenn ihr Nettoeinkommen nicht ausreicht, um die Familie zu ernähren, wäre es weit sinnvoller, sie von Anfang an bei den Sozialabgaben je nach Anzahl ihrer Kinder zu entlasten. Genau hier nämlich und nicht bei der Steuerlast ist die deutsche Abgabenquote gerade bei mittleren und niedrigen Einkünften im europäischen Vergleich überdurchschnittlich hoch und wird deshalb jedes Jahr erneut kritisiert. Statt ihnen erst Geld über Steuern und Abgaben wegzunehmen, um es ihnen dann über staatliche Fürsorge auf Antrag wieder zu erstatten, wäre es sinnvoller, es ihnen gleich zu belassen. Das jetzige Familienfördersystem nennt der frühere Darmstädter Sozialrichter Jürgen Borchert nicht ganz zu Unrecht »Rückgabe von Diebesgut«.[48]

Und wie wäre es, wenn wir innerhalb von vier Jahren die Zahl der Lehrer und Sozialpädagogen verdoppeln? Die Schulstrukturdebatten über Gesamtschule oder gegliedertes Schulwesen sind überholt. Und auch mit dem Ruf nach Inklusion sollten wir uns nicht überfordern, solange dafür nicht genug Fachkräfte verfügbar sind. Wenn unsere Schulen nicht mal barrierefrei sind, klingt der Ruf nach Integration und Inklusion aller behinderten Kinder in das Regelschulsystem völlig illusorisch. Er überfordert Eltern, behinderte und nicht behinderte Kinder und Lehrer. Es gibt für die Inklusion wirklich viel zu tun. Aber gerade im sensibelsten System, den Schulen, anzufangen, führt nur zu Enttäuschungen auf allen Seiten.

Verdoppeln wir hingegen die Lehrerstellen, produzieren wir weniger Schulabbrecher. Kinder von Zuwanderern könnten ihre Leistungsfähigkeit entdecken. Und die Eltern, die es sich leisten können, sollten ihre Kinder wieder gern in die staatlichen Schulen schicken statt auf Privatschulen. Wenn es keinen Unterrichtsausfall mehr gibt, bleibt genug Zeit für individuelle Förderung, die Klassen können kleiner werden und Sozial-, Sport- und Theaterpädagogen könnten gemeinsam mit den Lehrern aus unseren Schulen ein pädagogisches Gesamtkunstwerk machen. Wir sollten dies als staatliche Aufgabe des Bundes und nicht als zersplitterte Aufgabe der Länder begreifen, die in den letzten 30 Jahren je nach Kassenlage mal Lehrerstellen schufen oder wieder abbauten. Dazu brauchen wir ein großes Schulinvestitionsprogramm, das in den sozial schwierigsten Stadtteilen beginnt. Eben dort müssen Schulen Leuchttürme sein, in die man gerne geht – Schülerinnen und Schüler gleichermaßen wie Lehrkräfte.

Sicher gibt es andere Vorschläge. Und mir geht es gar nicht darum, hier ein umfassendes politisches Programm für Deutschland zu formulieren. Aber dass wir wieder mehr Mut zur Politik aufbringen müssen, dass wir zu Großem und Nachhaltigem bereit sein müssen, scheinbt mir unverzichtbar zu sein. Das politische Kurzpassspiel, bei dem wir immer viele Gründe finden, warum sich leider nichts verändern kann und wir ansonsten den politischen Gegner täglich dreimal beschimpfen, hat ausgedient. Trump macht es vor – und das ist tatsächlich etwas, was man lernen kann –, man kann den Mut haben, mit Gewohntem und scheinbar Unveränderbarem zu brechen. Wenn wir als Demokraten dazu keine Courage haben, werden es andere tun.

Auch in meiner Zeit als Vorsitzender der SPD waren wir, war ich, oft zu sehr im technokratischen Denken verfangen, um mutig meine Vorstellungen einer besseren und gerechteren Gesellschaft umzusetzen. Wir hatten immer Gründe, warum manches angeblich nicht ging. Und wir hatten zu wenige wirklich umsetzbare und damit realistische Programme, wohin wir unsere Gesellschaft eigentlich führen wollten. Rückblickend weiß ich, dass auch ich zu sehr vom Politikbetrieb vereinnahmt und immer mehr in den Strukturen und Systemen eines politischen Apparates, der frühere Begeisterung und Authentizität für große Themen mitunter dämpfte, gefangen war. Wir dürfen es aber nicht bei der Resignation im Politikbetrieb belassen, sondern müssen bei allen Irrtümern und Versäumnissen die Freude am Gestalten behalten.

Natürlich kostet die Umsetzung der Vorschläge viel Geld. Doch die Erosion der arbeitenden Mitte unserer Gesellschaft und die schrittweise Zerstörung der Demokratie ist viel kostspieliger, sie ist unbezahlbar. Wir bezahlen diese Zerstörung am Ende mit unserer Freiheit.

Neue Ehrlichkeit in der Flüchtlingspolitik

Die deutsche Gesellschaft droht besonders an der Flüchtlingsfrage fragmentiert zu werden, gespalten ist sie bereits. Mein Eindruck ist: Wir sind mental erschöpft und aufgerieben in dieser Debatte. Seit drei Jahren bestimmt kein anderes Thema die deutsche Innenpolitik so sehr wie die Auseinandersetzung im Umgang mit den Menschen, die ihre Hoffnung auf ein besseres Leben zu uns treibt. Der politische Streit darüber führt zu immer ungeduldigeren Reaktionen der Menschen unseres Landes. »Macht endlich was, und redet nicht nur immer – und hört auf, ständig Maßnahmen anzukündigen, die dann zerredet werden!«, ist der Satz, den ich immer häufiger zu hören bekomme.

Der Ton der öffentlichen Debatte hat sich dramatisch verändert, er hat sich um 180 Grad gedreht. So sehr wie in den Jahren 2015 und 2016 ein Überschwang der Emotionen zugunsten der Flüchtlinge dazu geführt hat, dass die erheblichen Anspannungen übersehen wurden, die dabei auf Deutschland und Europa zukamen, so sehr passiert jetzt das genaue Gegenteil: Obwohl die Zahlen der Zuwandererinnen und Zuwanderer pro Jahr weitaus geringer sind als damals und zugleich die Aufnahme des weitaus überwiegenden Teils der Flüchtlinge weitgehend problemlos erfolgte, herrscht jetzt ein harter und abweisender Ton vor. Erneut widerspricht dieser politische Ton der Wirklichkeit – nur dieses Mal zulasten der Flüchtlinge. Angela Merkels Willkommenskultur wird von ihr selbst nicht mehr verteidigt, inzwischen sind es die Kirchen, die die unchristliche Haltung von Teilen der Christdemokratischen Union und ihrer Schwesterpartei, der Christlich Sozialen Union, zurückweisen.

Allein, dass es ohne öffentlichen Aufschrei der Empörung für das Bundesinnenministerium von CSU-Chef Horst Seehofer trotz eines gegenteiligen Gerichtsbeschlusses möglich war, einen Asylbewerber abzuschieben, der jetzt möglicherweise aus seinem Heimatland zurückgeholt werden muss, zeigt, wie sehr sich das politische Klima verändert hat. Dass für diese Abschiebung Gründe vorliegen, ist dabei unzweifelhaft, denn terroristische Gefährder haben in Deutschland nichts zu suchen und dürfen auch in ihre Heimatländer abgeschoben werden. Aber in einem rechtsstaatlich einwandfreien Verfahren und nicht unter Missachtung von Gerichtsentscheidungen. Scheinbar ist das alles im bayerischen Landsrechtsverständnis inzwischen herzlich wenig wert. Hartes Durchgreifen ist die Parole, notfalls auch gegen Recht und Gesetz. Da erscheint es fast schon als Petitesse, dass der gleiche Minister seinen »Masterplan« zur Reduzierung der Zuwanderung in einer Nacht- und Nebelaktion auf dem Briefbogen der CSU verschickte statt auf dem seines Ministeriums. Was die Qualität und Rechtsstaatlichkeit seines Regierungshandelns angeht, ist Deutschland auf dem Niveau eines Dilettantenstadls angekommen.

Die Menschen, das ist meine Erfahrung seit vielen Jahren, wollen praktische und konsequente Problemlösungen und keine endlosen Debatten, inbesonderes bei der Flüchtlingspolitik. Es geht um die weitere Zuwanderung, um die Integration in Schulen, Hochschulen und Unternehmen derer, die ein dauerndes Aufenthaltsrecht haben. Aber es geht auch um die Rückführung derer, die dieses Recht nicht haben. Die Menschen wollen, dass die Politik das Gefühl vermittelt, Herr der Lage zu sein. Und es geht um die Bekämpfung von schwerer Kriminalität durch Clanstrukturen und das Ausnutzen unserer Sozialsysteme vor allem in Großstädten und Ballungsgebieten. Die durchaus seriösen Reportagen darüber in den öffentlich-rechtlichen Medien oder die Erfahrungsberichte unserer Oberbürgermeister treibt vielen Menschen zu Recht die Zornesröte ins Gesicht. Dass es parallel dazu eine viel größere Anzahl von Zugewanderten gibt, die längst zum kulturellen, wirtschaftlichen und sozialen Erfolg unseres Landes beitragen, ist absout richtig – und doch kein Argmuent für die offenkundige Hilfslosigkeit unseres Rechtssystems, mit diesen Zuständen besser fertig zu werden.

Vor allem aber ist eines wichtig: So unbequem es ist, wir müssen in der Auseinandersetzung um die Zuwanderung den Menschen die Wahrheit sagen und sie ihnen zumuten. Die Wahrheit ist, dass wir vor der größten Herausforderung unseres Jahrhunderts stehen. Migration ist neben dem Klimawandel die zweite große Jahrhundertaufgabe.

Schnelle und einfache Lösungen gibt es nicht. Und auch meine Vorschläge können nur Bestandteile eines Rahmens sein, in dem wir in den kommenden Jahren vieles ausprobieren, verwerfen, neu entwickeln und anpassen müssen. Wer die mentale Überforderung vieler Bürger nicht weitertreiben will, darf nicht ständig mit Vorschlägen kommen, die weder geeignet sind, die Herausforderung in ihrer Dimension angemessen zu begreifen, noch eine dauerhafte Lösung bieten. Wer schnelle Lösungen oder radikale Maßnahmen predigt, wird neue Enttäuschung und noch stärkere Wut ernten, die den dumpfen Gegnern jeder Zuwanderung in die Hände spielt. Deshalb dürfen wir den Menschen nichts vormachen. Die weltweite Fluchtbewegung, aus Kriegs- und Krisengebieten oder aus bitterster Armut, muss uns konsequenter nach den Fluchtursachen fragen lassen. Es ergibt keinen Sinn, ständig so zu tun, als sei politische Verfolgung ein legitimer Fluchtgrund und bitterste Not und Armut nicht. Moralisch ist der eine wie der andere Grund allemal gerechtfertigt.

Es sind aktuell bereits mehr als 65 Millionen Menschen auf der Flucht. Zumeist innerhalb ihrer Länder oder zwischen armen und ärmsten Staaten und Regionen. Uns in Europa erreicht etwa ein Prozent der Flüchtenden. Die erwartbare Entwicklung allerdings muss alarmieren: In Afrika wird sich bis spätestens 2050 die Bevölkerung von heute 1,5 auf dann drei Milliarden Menschen verdoppeln. Forscher sagen uns 400 Millionen Menschen voraus, die diesen Kontinent in den nächsten Jahrzehnten verlassen wollen, wenn sich die Wirtschafts-, Arbeits- und Lebensbedingungen dort nicht dauerhaft geändert haben werden. Das ist eine Dimension, bei der weder schmale Einwanderungskorridore noch die höchsten Zäune helfen.

Es wäre gut für unser Land, wenn wir ohne Schaum vor dem Mund und Rechthaberei eine Diskussion darüber führen würden, was in den Jahren 2015 und 2016 richtig war, was gelungen ist und was wir falsch oder zu naiv beurteilt haben. Wir müssem über unsere Fehler reden, aber nicht über die in der Arbeit des Bundesamtes für Migration und Flüchtlinge (BAMF). Ich habe die öffentliche Debatte darüber als große Heuchelei und Ungerechtigkeit gegenüber den Mitarbeitern des BAMF empfunden. Jedem war doch damals klar, dass eine Million Zuwanderer in so kurzer Zeit von keiner Behörde der Welt fehlerfrei erfasst und beurteilt werden konnte. Die Diskussion um die Missgriffe des BAMF war ebenso eine Stellvertreterdiskussion wie die von der CSU ausgelöste Regierungskrise im Juni 2018. Da ging es nur scheinbar um den Umgang mit Flüchtlingen an Deutschlands Grenzen. Beide Kontrahenten, die CDU-Vorsitzende Angela Merkel und der CSU-Chef Horst Seehofer, hatten recht: Seehofer mit seinem Argument, dass ein Staat Kontrolle über seine Grenzen braucht und diese sicherstellen muss, wenn die europäischen Außengrenzen nicht geschützt sind. Und Merkel hatte recht, dass dies nicht im nationalen Alleingang Deutschlands entschieden werden durfte. Wenn Deutschland erneut einen Alleingang ohne Rücksicht auf Länder wie Italien unternommen hätte, wäre dies zum endgültigen Sprengsatz für die EU geworden. In Wahrheit ging es bei dem Streit zwischen Angela Merkel und Horst Seehofer um die Vermerke in den Geschichtsbüchern und die politische Deutungshoheit. Dieser Streit hat der Union schwer geschadet, weil sie erstmals nicht mehr als »Union« auftrat und in der Folge zu erheblichen politischen Geländegewinnen der AfD beigetragen hat.

Schon der Beginn des Streits zwischen der CDU-Vorsitzenden und dem CSU-Parteivorsitzenden war von Emotionen und auch von Ideologie geprägt. Denn der Streit zwischen Angela Merkel (»Das Asylrecht kennt keine Obergrenzen«) und Horst Seehofer (»Deutschland brauche eine Obergrenze«) war in der Sache unsinnig. Beide Sätze sind für sich genommen richtig: Die meisten Menschen, die nach Deutschland einreisen wollen, sind auch gar keine Asylbewerberinnen und Asylbewerber. Das Recht auf Asyl im Artikel 16 des deutschen Grundgesetzes kennt keine Begrenzung. Die ist auch gar nicht nötig: So weist das Bundesamt für Migration und Flüchtlinge zwischen 2014 und 2017 Anerkennungsquoten zwischen 0,3 Prozent und 2,3 Prozent aus. Nur dieser sehr kleine Anteil der Zugewanderten bekommt als anerkannte Asylbewerberinnen und Asylbewerber eine dauerhafte Aufenthaltsmöglichkeit in Deutschland.

Kriegs- und Bürgerkriegsflüchtlinge nach der Genfer Flüchtlingskonvention dagegen machen zwischen 17 und 40 Prozent aus. Dieser Teil der einreisenden Flüchtlinge bekommt in der Regel nur eine zeitlich befristete Aufenthaltserlaubnis und muss bei Beendigung des Fluchtgrundes ins Heimatland zurückkehren. Bei lang anhaltenden kriegerischen Auseinandersetzungen verfestigt sich der Aufenthalt allerdings so sehr, dass es kaum zu vertreten ist, die betroffenen Menschen nach jahrelanger Aufenthaltserlaubnis in Deutschland in ihre Heimatländer zurückzuschicken. Vor allem dann, wenn inzwischen in Deutschland Kinder geboren wurden, die mehr mit unserem Land verbunden sind als mit dem Herkunftsland ihrer Eltern. Die Schutzquote insgesamt liegt zusammen mit Familiennachzug und anderen Gründen zwischen 30 und 60 Prozent. Und je nach der jährlich ankommenden Zahl von Flüchtlingen und Zuwanderungswilligen stellt sich natürlich auch die Frage, wie groß die Integrationsfähigkeit unseres Landes ist, denn um die Aufnahme allein kann es ja nicht gehen. Für nachhaltige Integration braucht es Lehrerinnen und Lehrer, Kindertagesstätten, bezahlbaren Wohnraum, Arbeitsplätze und manches andere mehr. Deutschland kann einiges davon bereitstellen, aber natürlich nicht jedes Jahr unbegrenzt viel. Deshalb ist der Hinweis auf eine »Obergrenze« richtig, sofern er sich auf die Fähigkeit zu nachhaltiger Integration bezieht.

Der unsinnige Streit um die »Obergrenzen«, der seit drei Jahren das gesellschaftliche Klima belastet, hat nun also mit dem Schauspiel von Bundesinnenminister Seehofer einen weiteren Höhepunkt erreicht. Angela Merkel und Horst Seehofer zanken noch immer über die Kardinalfrage: Wer hatte im Herbst 2015 recht? Bei ihrem heftigen, öffentlich ausgetragenen Streit im Juni 2018, der fast die gesamte Bundesregierung zum Einsturz gebracht und Deutschland handlungsunfähig gemacht hatte, ging es nicht um die Sachfrage, ob Zurückweisungen an den deutschen Grenzen möglich sind oder nicht. Es ging um Revanche und um die Wiedergewinnung der Kontrolle der entzweiten Unionsparteien. Wer bestimmt den politischen Kompass der beiden Schwesterparteien? Im Kern dieses Streits steckt die Frage, ob das Konservative ein Unterfall des Christlichen ist, wie es die CDU-Vorsitzende beschreiben würde, oder doch umgekehrt, wie ihre Kritiker meinen.

Nicht ohne Grund haben die CSU-Politiker Alexander Dobrindt und Markus Söder eine »konservative Revolution« ausgerufen. Zu lange hatte die liberal-konservative Angela Merkel die Union liberalisiert und sozialdemokratisiert. Hatten die konservativen Teile der Unionsparteien dies noch so lange mit der Faust in der Tasche akzeptiert, wie damit Wahlerfolge zu erzielen waren, so war es mit dieser Geduld angesichts zusehend schlechterer Wahl- und Umfrageergebnisse und der konkurrierenden AfD vorbei. Wäre die Union in der Opposition, wäre dieser Streit gut. Er würde Klarheit und neue Orientierung für die beiden Schwesterparteien CDU und CSU bringen. Leider sind beide in der Regierung. Das macht die deutsche Exekutive inzwischen in der zentralen Frage der Flüchtlingspolitik handlungsunfähig. Und Europa gleich mit.

Besser wäre es, diese Debatte ohne all den parteipolitischen Ballast und ohne Stellvertreterdiskussionen zu führen. Das trifft nicht nur auf die Unionsparteien, sondern im gleichen Maß auch auf uns Sozialdemokraten zu. Auch wir sollten unsere inneren Widersprüche zugeben, denn sie existieren ja in der gesamten Gesellschaft. Je mehr Flüchtlinge und Zuwanderer kommen, desto stärker schlagen zwei Seelen in unserer Brust: Die eine will helfen, die andere hat Sorge vor der damit verbundenen Überforderung. Selbst bei denen, die in den Jahren 2015 und 2016 sich so aufopferungsvoll um die nach Deutschland kommenden Menschen gekümmert haben, gibt es diese beiden widerstrebenden Gefühle.

In meiner Partei drückten sich diese Widersprüchlichkeiten am stärksten zwischen den Kommunalpolitikern und den Bundespolitikern aus. Während vor Ort schnell ein Gefühl der Überforderung aufkam, stand im Parteivorstand und in der SPD-Bundestagsfraktion die humanitäre Hilfe für Flüchtende im Vordergrund. Beide Seiten bemühten sich dabei nach Kräften, sich möglichst selten zu begegnen, sondern immer in Abwesenheit der anderen Seite über deren Haltung den Kopf zu schütteln. Das ging soweit, dass ich im SPD-Parteivorstand meine Partei gerade noch davon abhalten konnte, sich offen gegen den Schutz der europäischen Außengrenzen auszusprechen.

Und ich erinnere mich noch gut an den 12. September 2015, als sich eine ganze Reihe von SPD-Vorstandsmitgliedern weigerten, der von Bundesinnenminister Thomas de Maizière vorgeschlagenen Einführung von punktuellen Grenzkontrollen zu Österreich zuzustimmen. Die Kritiker sahen darin einen »Verrat an europäischen Werten« und am Schengen-Abkommen, das die Offenheit der Grenzen zwischen einer Reihe von EU-Mitgliedsstaaten regelt. Ich habe damals dem Vorschlag des CDU-Innenministers sehr zum Ärger meiner Parteifreunde trotzdem zugestimmt, weil ich es für unverantwortlich gehalten hätte, selbst auf diesen kleinen Versuch zu verzichten, die staatliche Kontrolle über die Grenzen wieder zu gewinnen. Dass Andrea Nahles als SPD-Parteivorsitzende heute darauf hinweist, Deutschland könne nicht alle Flüchtlinge aufnehmen, zeigt einen deutlich größeren Realismus, in dem man sie nachdrücklich unterstützen muss. Diese Binsenweisheit stößt in Teilen der SPD aber leider immer noch auf lautstarken Widerspruch und belegt, dass sie einen realistischen Blick auf die Migrationsbewegungen noch immer scheuen.

Bei dieser Gelegenheit sei darauf hingewiesen: Nicht der Bund und seine Institutionen bewältigten vorrangig die gewaltige Aufgabe, insgesamt 890 000 Menschen allein im Jahresverlauf von 2015 aufzunehmen. Es waren die Gemeinden, Städte, Landkreise und vor allem Hunderttausende freiwillige Helferinnen und Helfer, die Merkels Motto »Wir schaffen das« in die Tat umsetzten. Dass dabei auch die Beschäftigten des öffentlichen Dienstes von Bund, Ländern und Kommunen hervorragende Arbeit geleistet haben, will ich ausdrücklich hervorheben. Die Frauen und Männer haben gezeigt, dass unsere Verwaltung in solchen Extremlagen exzellent und auch engagiert arbeitet.

Bis zur Bundestagswahl 2017 gab es ein echtes Repräsentationsdefizit zum Thema Migration und Flüchtlingsaufnahme, weil die demokratischen Parteien dieses Thema scheuten wie der Teufel das Weihwasser. Die Sorgen der Menschen auch nur anzusprechen, galt bereits als Verrat und Wasser auf die Mühlen rechtsradikaler Propaganda. Gleichzeitig hörte man immer häufiger den Satz: »Für die Flüchtlinge macht ihr alles, aber wenn es um meine Rente geht, ist angeblich kein Geld da.« Ehrlicherweise muss man einräumen, dass dies ja stimmte. Mehr als 21 Milliarden Euro wandten Bund und Länder in den Jahren 2016 und 2017 auf, um die Aufnahme von insgesamt 1,4 Millionen Flüchtlingen zu finanzieren und Fluchtursachen zu bekämpfen. Dagegen scheiterte eine Mindestrente für langjährig rentenversicherte Arbeitnehmerinnen und Arbeitnehmer am Ende der Legislaturperiode an einem einstelligen Milliardenbetrag.

Als Vorsitzender der SPD machte ich im Sommer 2016 den Vorschlag, einen Solidarpakt für Deutschland zu schließen, um allen zu zeigen, dass Deutschland stark genug sei, niemanden zu vergessen – nicht jene, die bereits hier leben und nicht diejenigen, die als Flüchtlinge neu zu uns kommen. Der CDU-Finanzminister nannte meinen Vorschlag »erbarmungswürdig«. Wolfgang Schäuble wusste, dass dieser Solidarpakt für die SPD ein veritables

Wahlkampfthema hätte werden können. Aber auch die SPD mied das Thema und überließ es der AfD und in Bayern der CSU. Das Ergebnis ist bekannt.

Deutschland braucht also so etwas wie eine Katharsis in der Flüchtlingsdebatte. Ohne wütende Vorwürfe der Demokraten untereinander, sondern durchaus mit Stolz zu betrachten, was dieses Land und seine Bevölkerung geleistet hat. Aber auch mit der Bereitschaft, zu lernen, wo unsere Möglichkeiten liegen und wo unsere Grenzen. Wir hätten eigentlich ausreichend Grund dafür: Mehr als eine Million Flüchtlinge in sehr kurzer Zeit weitgehend problemlos aufzunehmen, ist Anlass genug, sich etwas zurückzulehnen und sich einen ehrlichen Blick auf das zuzutrauen, was gelungen und was weniger gelungen ist. Der richtige Ort dafür wäre das Parlament, auch wenn dort die AfD alles unternehmen wird, diese Debatte entgleisen zu lassen. Es wäre eine Probe auf das Selbstvertrauen aller Demokraten.

Aber nicht nur in der Politik ist diese Debatte wünschenswert, sondern auch in den Medien, der Wissenschaft, den Kirchen, Gewerkschaften, Arbeitgebern und unserer Gesellschaft. Wir sind es nicht nur jenen schuldig, die in Zukunft zu uns kommen werden. Wir sind es auch uns selbst schuldig. Vor allem denjenigen, die bis an den Rand der Erschöpfung Großartiges in der Aufnahme der Flüchtlinge geleistet haben und leisten.

Die Wahrheit, was Zuwanderung für unser Land in Europa bedeutet, ist den Menschen zumutbar. Sie sind klüger und gelassener, als wir Politiker manchmal glauben. Sie haben ein Recht auf Erklärung und Einordnung in unsicheren Zeiten, und es ist unsere Pflicht als Politiker, diese Erläuterung zu geben.

Bei dieser Jahrhundertaufgabe muss jede Initiative, jeder Schritt und jede Maßnahme europäisch abgestimmt sein. Das ist die wichtigste Lehre aus Deutschlands nationalem Alleingang bei der Öffnung seiner Grenzen im Jahr 2015. Um die Zuwanderung mit einer nachhaltigen Politik steuern zu können, müssen wir weit mehr in die wirtschaftliche, soziale, schulische und universitäre Entwicklung Afrikas investieren, damit weniger Menschen aus Armut und Hoffnungslosigkeit fliehen müssen.

Unsere Entwicklungspolitik wird sich mehr in die Infrastruktur und die Grundlagen für eine eigenständige wirtschaftliche Entwicklung einbringen müssen, als in noch so interessante Klein- und Kleinstprojekte. Unsere Bedingungen für den Aufbau dieser Infrastruktur müssen weniger feinmaschig gewebt und deutlich robuster sein. Wir werden die Standards deutscher öffentlicher Ausschreibungen, die Anforderungen an Umwelt- und Klimaschutzstandards und an unsere Finanzierungsregeln nicht eins zu eins auf alle afrikanischen Regionen übertragen können. Deutschland wird mit anderen europäischen Staaten ähnlich wie China ein milliardenschweres Programm zur Abdeckung von möglichen Investitionsrisiken für die Infrastrukturinvestitionen in Afrika aufbauen müssen. Dann werden sich auch Unternehmen finden, die diese Projekte schultern.

Daüber hinaus müssen wir Deutsche und Europäer mithelfen, Staaten zu stabilisieren oder beim Aufbau von neuer Staatlichkeit zu helfen. Beispielsweise Länder wie der Libanon oder Jordanien, die derzeit am meisten unter der massiven Zuwanderung von syrischen und irakischen Flüchtlingen zu leider haben und für die Stabilität der Region von ungeheurer Bedeutung sind. Der Libanon hat 6,2 Millionen Einwohner und 1,5 Millionen Flüchtlinge aufgenommen. In Jordanien konkurrieren 9,5 Millionen Einwohner inzwischen mit über einer Million Flüchtlinge um Arbeit, Wohnung, Schulen und Krankenhäuser. Als Deutscher wird man demütig, wenn man sieht, was diese beiden Länder leisten.

Auch mit Staaten, deren Regierungssysteme uns fremder sind und in absehbarer Zeit keine Westminster-Demokratien werden, müssen wir zusammenarbeiten. Mit Ägypten zum Beispiel, weil dort fast 100 Millionen Menschen leben. Eine noch größere Instabilität am Nil kann eine Fluchtbewegung auslösen, gegen die selbst die Zahl der Hilfesuchenden aus Syrien noch vergleichsweise klein erscheint. Wir werden uns auf den mühsamen Weg machen müssen, auch diese Länder zu unterstützen und zu stabilisieren, und trotzdem immer wieder Themen wie Menschenrechte und Pressefreiheit zu thematisieren und auf Fortschritte auch in diesen Bereichen zu bauen.

Reizthema Rüstungsexporte

Selbst das in Deutschland so umstrittene Thema Rüstungsexporte gehört dazu. Abseits der Tatsache, dass fast alle anderen EU-Mitgliedsstaaten deutlich exportfreundlicheren Regeln folgen als Deutschland, geht es auch hier um klare Interessen.

Rüstungsexporte sind unangenehme Entscheidungen. Keine ist frei von Widersprüchen und Risiken. Dazu gehören Beispiele wie Ägypten oder die Türkei, aber auch der Umgang mit nicht staatlichen Ordnungsmächten, mit örtlichen Bürgermeistern, Stammesführern und Warlords. Wer an den Küsten Libyens das Schlepperunwesen und den Menschenhandel bekämpfen will, wird den dort lokal Verantwortlichen wirtschaftliche beziehungsweise geschäftliche Alternativen bieten müssen. Dazu gehören finanzielle Leistungen für Infrastruktur, Bildung und die Unterstützung kleiner Unternehmen. Am Ende geht es schlicht um Geldzahlungen. Diese fließen mehr oder weniger von internationalen Institutionen, etwa der Internationale Organisation für Migration (IOM), kontrolliert, aber auch über afrikanische Institutionen, damit die Geberländer und ihre Vertreter, aber auch die internationalen Organisationen korruptionsfrei bleiben.

Dazu gehört auch, in Libyen Schritt für Schritt wieder funktionierende staatliche Strukturen aufzubauen. Das nordafrikanische Land ist kein armer Staat, sondern ein Erdölexporteur. Die staatliche Erdölfördergesellschaft ist eine der wenigen funktionierenden Institutionen, denn sie verteilt die Einnahmen aus dem Ölverkauf an die unterschiedlichen, zum Teil verfeindeten Gruppen. Der Aufbau staatlicher Strukturen unter Beteiligung aller konkurrierenden Teile des Landes ist die Voraussetzung, die fürchterlichen Sklavenlager aufzulösen, in denen nach Aussage eines benachbarten deutschen Botschafters »KZ-ähnliche Zustände herrschen«. Sie sind unter Kontrolle von bewaffneten Milizen und Sklavenhändlern. Ihre Auflösung wird nur mit militärischer Gewalt möglich sein. Auch dazu wird die Europäische Union – und damit auch Deutschland – bereit sein müssen, wenn die EU versuchen wird, in nordafrikanischen Staaten Auffangzentren unter dem Schutz der Vereinten Nationen zu errichten.

Anders als in der Türkei ist der Staat in Libyen nicht in der Lage, diesen Zentren Schutz und Sicherheit zu geben. Wer ernsthaft diese Idee propagiert, sollte sich schon jetzt mit der Frage befassen, wer den Schutz und die Sicherheit dieser europäischen Außenposten garantieren wird. Die täglich wiederholte Forderung, man möge doch die Prüfung von Asylanträgen bereits in Afrika vornehmen, wird nur glaubwürdig, wenn zugleich die Frage beantwortet wird, ob vor Ort Staaten existieren, die dem zustimmen und ob wir bereit sind, in die Sicherheit solcher Zentren zu investieren.

Alternde Gesellschaft und Zuwanderung

Natürlich muss Deutschland gemeinsam mit Europa neben all diesen Maßnahmen, die im Kern unkontrollierte Zuwanderung abwehren sollen, auch ein Angebot für kontrollierte und legale Zuwanderung schaffen. Und dies nicht etwa in karitativer Absicht, sondern im wohlverstandenen eigenen Interesse.

Hinter dem Begriff »demografischer Wandel« verbirgt sich nämlich die schlichte Tatsache, dass wir zwar die Theorie des Kinderzeugens kennen, die Praxis aber in unserer alternden Gesellschaft vernachlässigt haben. Noch nie hat eine Industriegesellschaft das

Experiment wagen müssen, in nur 15 Jahren mit drei Millionen Arbeitskräften weniger auszukommen, nicht aber mit weniger Menschen. Wenn vor 35 Jahren noch 3,5 Arbeitnehmer die Rente eines Ruheständlers durch ihre Beiträge finanzieren mussten, sind es heute noch 2,5 Arbeitnehmer. 2040 werden 1,6 Arbeitnehmer diese Aufgabe schultern müssen, wenn wir sie nicht durch qualifizierte Zuwanderung auszugleichen schaffen. Die damit verbundenen finanziellen Belastungen für die Beitragszahler sind nicht das einzige Problem. Eine älter werdende Gesellschaft ist weniger innovativ, weniger produktiv und konsumiert auch weniger. All das wird sich zu einem Zeitpunkt auf unsere wirtschaftliche Leistungsfähigkeit auswirken, an dem andere Nationen ihre Fähigkeiten und ihre Leistungsbereitschaft erst richtig ausspielen. Wir sind mithin auf eine kontrollierte und qualifizierte Zuwanderung im größeren Umfang angewiesen.

Diese Zuwanderung soll unser Wirtschafts- und Sozialsystem stützen und nicht stürzen. Derzeit bedarf die Zuwanderung zumindest für einen längeren Zeitraum von vielleicht zehn Jahren einer große Anstrengung. Denn Deutschland ist ein ziemlich anstrengendes Land. Wer hier Arbeit und Einkommen finden will, muss viel können. Die Flüchtlinge der Jahre 2016, 2017 und 2018 kommen aber selten mit den Qualifikationen, die in unserem Land gebraucht werden. Die künftige Zuwanderung muss deshalb an Voraussetzungen und Mindeststandards gebunden sein. Nicht jeder kann kommen, sondern nur jene, die hier mit relativ geringem Aufwand auch Arbeit finden. Eine Möglichkeit wäre, eine bestimmte schulische oder berufliche Erstausbildung zur Voraussetzung zu machen, um die Chancen auf legale Zuwanderung nach Europa zu erhöhen.

Die Angebote, unter diesen Mindestbedingungen nach Europa zu kommen, können von Studien- und Ausbildungsaufenthalten über Fortbildung bis hin zur dauerhaften Einbürgerung und unbefristeten Aufenthaltserlaubnis reichen. Es ergibt Sinn, auch denen, die nicht legal den Weg zu uns geschafft haben oder hier nicht auf Dauer bleiben können, sofort Sprach- und Ausbildungsangebote zu eröffnen. Die staatlich verordnete Tatenlosigkeit vieler Asylbewerber und Flüchtlinge schafft weit mehr Probleme und kostet am Ende viel mehr als die Investition in Ausbildung. Auf jeden Fall sollten diejenigen, die Deutschland wieder verlassen müssen, deutsch gelernt und eine Ausbildung gemacht haben. Das liegt in unserem Interesse und verbessert in den Herkunftsländern die Chancen, ein besseres Leben zu führen.

Es war unfassbar schwer, in den Jahren der großen Zuwanderung ab 2015 die CDU/CSU davon zu überzeugen, dass Ausbildung und Arbeit immer richtig sind, gleichgültig, ob eine Bleibeperspektive existiert. Nur mit großer Mühe konnte ich innerhalb der Großen Koalition 2016 für die SPD ein Gesetz durchsetzen, das jedem Flüchtling das Recht einräumt, eine begonnene Ausbildung zu beenden. Danach sollte ein Migrant selbst dann mindestens zwei Jahre in seinem Ausbildungsbetrieb oder einem anderen Unternehmen arbeiten dürfen, wenn inzwischen der Asylantrag abgelehnt und irgendwann eine Ausreise zwingend ist. Vor diesem Gesetz musste der Ausbildungsbetrieb alle paar Monate nachfragen, ob denn der Asylbewerber noch bleiben darf. Von der Erlaubnis zur Arbeitsaufnahme nach der Ausbildung war gar keine Rede. Es war kein Wunder, dass sich nur wenige Ausbildungsbetriebe bereitfanden. Denn jeder Arbeitgeber bildet auch deshalb aus, weil er hofft, nach der Investition in die Ausbildung eine neue Fachkraft für seinen Betrieb gewonnen zu haben.

Für uns in Deutschland muss klar sein, dass Bildung nie eine Fehlinvestition sei kann. Aus meiner Sicht wäre es für viele der seit längerer Zeit in einem unsicheren Rechtsstatus hier lebenden Ausländer eine Bleiberechtsregelung die beste Lösung. Von einem bestimmten Stichtag an sollten alle hier in Deutschland seit mehr als vier oder fünf Jahren lebenden Zuwanderer, die sich nichts haben zu Schulden kommen lassen, eine dauerhafte Aufenthaltsgenehmigung bekommen, sofern sie nach sechs Monaten entweder eine Ausbildung begonnen oder eine sozialversicherungspflichtige Beschäftigung aufgenommen haben. Das würde Tausende Verfahren beenden, unsere Verwaltungsgerichte und Behörden entlasten, inhumane Abschiebungen nach langem Aufenthalt in Deutschland verhindern und zugleich die administrativen Kräfte des Landes auf die Bearbeitung der Fälle konzentrieren, die erst seit kurzem bei uns sind.

Legale Zuwanderungsmöglichkeiten nach Deutschland und Europa sollten helfen, den Druck zu mildern und Alternativen zum gefährlichen Menschenschmuggel über das Mittelmeer oder andere Routen zu bieten. Klare Kriterien sind dabei nicht nur für die Integration in den hochkomplexen deutschen Arbeitsmarkt wichtig, sondern sollten auch ein Anreiz sein, sich im Heimatland anzustrengen, dort etwas zu lernen und zu leisten.

Legale Zuwanderungsmöglichkeiten würden auch unseren eigenen Fachkräftemangel überbrücken. Die Zuwanderung wird dabei nie die Bildungsinvestitionen in die bereits hier lebenden Kinder, Jugendlichen und Erwachsenen ersetzen. Am weltweiten Wettbewerb um Fachkräfte wird Deutschland sich jedoch beteiligen müssen. Das wird nur gelingen, wenn wir denjenigen, die sich vorstellen können, in Deutschland zu arbeiten, auch Sicherheit für ihren dauerhaften Aufenthalt in Deutschland geben. Sonst gehen sie gleich in Länder, die nicht eine so exotische Sprache sprechen wie wir Deutsche. Auch aus diesem Grund brauchen wir europäische Regeln für legale Zuwanderungskontingente. Denn die Freizügigkeit am europäischen Arbeitsmarkt muss gerade für diejenigen gelten, die wir aus anderen Ländern dazu bewegen wollen, zu uns zu kommen. Wer beim ersten Familienurlaub feststellt, dass seine Bewegungsfreiheit an den Grenzen seines Wohnsitzlandes endet, wird rasch überlegen, ob nicht andere Regionen der Welt besser geeignet sind, die Luft von Freiheit und Selbstbestimmung zu atmen.

Entschlossener handeln: Abschiebung und Grenzschutz

Bis hierher werden die liberalen Eliten Deutschlands gewiss zustimmen. Nichts ist populärer als die Forderung nach legaler und geregelter Zuwanderung durch ein Einwanderungsgesetz und besserer Integration. Und beides ist in der Tat notwendig. Die Kehrseite legaler Zuwanderung ist allerdings ein harter und kompromissloser Schutz der europäischen Außengrenzen und die Abschiebung all derjenigen, die trotz dieses Grenzschutzes den Weg zu uns gefunden haben. Und allemal derjenigen, die in Deutschland oder Europa gegen Recht und Gesetz verstoßen haben. Hier müssen wir auch aus demokratiepolitischen Gründen entschlossener handeln, wenn uns Europa und seine demokratische Verfasstheit wirklich etwas wert ist.

Leider sind wir davon immer noch weit entfernt. In Deutschland bricht eine Debatte über unmenschliche Abschiebungen selbst dann los, wenn es um Schwerstkriminelle, terroristische Gefährder und Personen geht, die nachhaltig ihre Identitätsfeststellung behindern. Exakt auf diese drei Gruppen ist nämlich bislang die Abschiebung nach Afghanistan begrenzt. Auch die Medienberichterstattung verkürzt in der Regel ihre Berichte darauf, dass »schon wieder eine Abschiebung nach Afghanistan« erfolgte. Ich bin überzeugt, dass in diesen Fällen eine Abschiebung nach Afghanistan gerechtfertigt ist.

Auch die völlig verquere Diskussion, ob man nicht aus humanitären Gründen für terroristische Gefährder den Familiennachzug ermöglichen müsse, zeigt, wie weit sich ein überschaubarer, aber wachsender Teil der politischen Elite von den berechtigten Alltagsbedürfnissen nach Sicherheit in unserer Gesellschaft entfernt hat. Als könnten Unterstützer des islamistischen Terrors besser in die verfassungsmäßige Ordnung integriert werden, wenn Mama und Papa mit in Deutschland wohnen können. Niemand darf sich wundern, wenn angesichts solcher wirklichkeitsfernen Vorstellungen selbst die engagiertesten Flüchtlingshelfer den Glauben an den Realitätssinn der Politik verlieren. Die Hitze der Integrationsdebatte scheint die gut klimatisierten Büros von Berlin Mitte noch nicht erreicht zu haben. Wer einmal einen Eindruck davon bekommen will, wie Ausländer über unsere libertären Debatten denken, wird alsbald merken, dass eben dieser Teil unserer Gesellschaft befürchtet, durch übertriebene Liberalität mit Zuwanderern in Mithaftung genommen zu werden. Viele seit Langem hier lebende Migranten fordern, ein deutlich härteres Durchgreifen gegen diejenigen, die die Freiheiten unseres Landes missachten.

Wenn ich daran denke, was wir alles zugelassen haben in der Vergangenheit, dann merkt man schnell, dass sich hinter scheinbarer Liberalität im Umgang mit Zugewanderten in Wahrheit die Faulheit und Bequemlichkeit gerade der politischen Eliten verborgen hat und zum Teil immer noch verbirgt. Noch im Jahr 2017 war in Deutschland umstritten, ob bei der Verweigerung einer vollziehbaren Ausreisepflicht die Polizei unangekündigt eine Abschiebung vollstrecken darf. Geltende Rechtslage war, dass die Polizei oder die Ausländerbehörde eine erzwungene Abschiebung vorher ankündigen musste – was in vielen Fällen einfach zu der sehr menschlichen Reaktion führte, dass der betroffene Ausländer schlicht am Tag der Abschiebung nicht da war oder eines der minderjährigen Kinder fehlte, worauf dann der Abschiebetermin erneut verschoben werden musste. Abschiebungen sind eine unangenehme Aufgabe, denn in den allermeisten Fällen wissen wir, dass die Lebensbedingungen im Heimatland weit schlechter sind als hier in Deutschland. Wer ein Herz im Leib hat, wird jeden Menschen verstehen, der für sich und seine Kinder ein besseres Leben bei uns erhofft.

Wer Verstand hat, wird allerdings einsehen, dass auch die Aufnahmefähigkeit Deutschlands Grenzen hat. Diese Grenzen liegen höher als viele glauben. Und die Aufnahme von einer Million Flüchtlingen ist eine enorme Herausforderung und bringt auch viele Probleme mit sich. Aber sie ist nicht unmöglich und birgt auch keine Gefahr der »Überfremdung« in sich. Eine Million Flüchtlinge in einem Volk von 80 Millionen heißt, dass auf 80 Einheimische ein Flüchtling kommt. Die eigentliche Frage ist doch, wie wir es schaffen, dass dieser eine Mensch mitten unter den anderen 80 Millionen steht und nicht am Rande, weil sich dort sonst Parallelgesellschaften bilden. Wir werden jedoch nicht jedes Jahr eine Million Menschen aufnehmen können. Die Integrationsaufgabe für diejenigen, die wir jetzt aufgenommen haben, wird uns die kommenden zehn Jahre beschäftigen. Die Zahl von rund 200 000 Menschen, die wir pro Jahr aufnehmen und nachhaltig integrieren können, ist deshalb von der jetzigen Koalition durchaus realistisch angesetzt.

Vor dem Hintergrund dieser Zahlen ist die Begrenzung des Familiennachzugs mehr als verständlich. Länder wie Schweden, immerhin von einer rot-grünen Regierung geführt, haben den Familiennachzug vollständig ausgesetzt. Auch hier bleibt es dabei, dass das Asylrecht keine Obergrenze kennt. Die Aufnahmefähigkeit und vor allem die Fähigkeit zu nachhaltiger Integration schon. Bereits jetzt gibt es zu wenig Lehrer und Erzieherinnen, um die Kinder unter den einen Million Flüchtlingen angemessen zu betreuen und auszubilden. Es war eine in hohem Maße dumme und schädliche Debatte, die sich seinerzeit um die Forderung der CSU nach einer Obergrenze entwickelt hat. Dabei ging es nie um das Außerkraftsetzen des Asylrechts, wie vor allem im linksliberalen, grünen und sozialdemokratischen Milieu behauptet wurde. Denn die meisten Menschen, die zu uns kommen, sind keine Asylbewerber, sondern Bürgerkriegs- und Armutsflüchtlinge. Vielen davon können wir eine neue Heimat bieten, aber eben nicht allen. Zurückweisung und Rückführung sind die unbequeme Kehrseite sowohl des Rechts auf Asyl als auch der gesetzlich sanktionierten legalen Zuwanderung.

Der Grenzschutz Europas muss deshalb wirksam und kompromisslos erfolgen. Denn angesichts der genannten Zahlen von bis zu 400 Millionen Migranten aus unserem Nachbarkontinent Afrika in den kommenden Jahrzehnten, dürfen unsere Signale nicht missverständlich sein. Wer Schutz braucht, kann ihn in Europa erhalten.

Wer die Einwanderungskriterien erfüllt, hat die Chance, legal zu uns zu kommen. Wer es aber über Menschenhändler versucht, der investiert sein weniges Geld in einen hoffnungslosen Versuch, denn wir werden ihn wieder zurückschicken müssen. An dieser unbequemen Konsequenz dürfen wir keine Zweifel aufkommen lassen. Denn auch dies ist ein notwendiges Signal an diejenigen, die ansonsten ihre Habseligkeiten packen, um sich nach Europa aufzumachen.

Konsequent handeln heißt aber auch, dass unsere Verfahren schneller ablaufen müssen als heute. 400000 unerledigte Verwaltungsgerichtsverfahren über abgelehnte Asyl- und Aufenthaltsanträge sprechen Bände, wie schwer es in unserem Rechtsstaat ist, einen Menschen wieder in sein Heimatland zurückzuschicken, wenn er erst einmal hier ist. Der Begriff der »Anti-Abschiebe-Industrie«, den Alexander Dobrindt, der Chef der CSU-Landesgruppe im Bundestag geprägt hat, ist provokant und auch so gemeint. Wahr ist allerdings, dass es sehr viele Menschen in Deutschland gibt, die aus Gründen großer Menschlichkeit und großem Mitgefühl versuchen, jede staatliche Entscheidung für eine Abschiebung zu verhindern oder doch zeitlich hinauszuzögern. Längst gibt es eine spezialisierte Gruppe von Rechtsanwälten, die daraus auch ein Geschäftsmodell gemacht hat. Das ist in einem Rechtsstaat gar nicht zu kritisieren. Wir werden aber dieses Dilemma zwischen dem staatlichen Auftrag zur Verhinderung illegaler Zuwanderung und dem Anspruch auf individuellen Rechtsschutz nicht auflösen können. Vielleicht würde es helfen, mehr Entscheidungen des Bundesverwaltungsgerichts zu solchen Fällen zu bekommen, damit die nachgeordneten Verwaltungsgerichte in Deutschland nicht so unsicher und unterschiedlich entscheiden. Und dazu werden wir sicher mehr Richterinnen und Richter an unseren Verwaltungsgerichten brauchen.

Prinzipiell aber muss es darum gehen, eine sich verfestigende Einwanderung bereits frühzeitig zu verhindern. Das kann nur gelingen, wenn an den europäischen Außengrenzen bereits solche Verfahren nach einem möglichst einheitlichen europäischen Standard entschieden werden. Davon sind wir heute noch sehr weit entfernt, so dass wir übergangsweise mit Hilfskonstruktionen arbeiten müssen. Die im Koalitionsvertrag von CDU, CSU und SPD vereinbarten sogenannten »Ankerzentren«, die einer schnellen Prüfung von Asylrechts- und Aufenthaltsansprüchen dienen sollen, sind eine durchaus sinnvolle Übergangskonstruktion, wenn sie denn administrativ angemessen und rechtsstaatlich einwandfrei arbeiten. Die Einrichtung solcher »Ankerzentren« setzt allerdings voraus, dass innerhalb Europas eine Verständigung darüber existiert, was mit denjenigen geschieht, die offensichtlich keine Chance auf Aufenthalt haben, weil sie aus sicheren Herkunftsländern kommen. Offen ist auch, wie mit denen umzugehen ist, die gute Aussichten auf einen befristeten oder dauerhaften Verbleib in Europa haben. Natürlich ist das derzeitige »Dublin-Format« mehr als ungerecht: Wenn nämlich die Verfahren immer in dem europäischen Mitgliedsstaat erfolgen soll, in das ein Flüchtling zuerst eingereist ist, ist das angenehm für Deutschland, bleibt aber eine dauerhafte Überforderung für Italien und Griechenland. Wer zuerst an seiner innereuropäischen Binnengrenze zurückweist, organisiert einen Dominoeffekt, an dessen Ende immer Länder wie Italien oder Griechenland die Zeche zu zahlen haben. Ein klassisches Geschäft zulasten Dritter.

Die Folge wären im Übrigen Flüchtlingsgruppen, die entlang der innereuropäischen Grenzen hin und her vagabundieren. An einer europäischen Lösung führt also gesamtpolitisch kein Weg herbei. Das heißt letztlich, dass diejenigen, die an dieser Lösung mitwirken, auch finanziell dafür belohnt werden müssen. Andere hingegen, die das nicht tun, sollten ebenfalls finanzielle Konsequenzen spüren müssen. Für unser Land kann dieser Anreiz sogar modifiziert werden: Kommunen, die Flüchtlinge aufnehmen, sollten nicht nur die finanziellen Mittel erhalten, die sie zur Aufnahme und Integration benötigen, sondern den gleichen Betrag noch einmal für ihre eigenen Einwohner. Solidarität darf sich durchaus auch für die lohnen, die sie erbringen.

Nationale Sonderwege werden bei dieser gewaltigen Herausforderung die Europäische Union, wie wir sie kennengelernt haben, zerstören. Sie droht schon jetzt daran zu zerbrechen. Deshalb gibt es keine wirklich brauchbare politische Alternative als die europäische Zusammenarbeit in dieser elementaren Frage.

Deutschland muss robuster und eigenständiger werden

Der Konflikt zwischen einem Rückzug in einen nationalen Alleingang und der Bereitschaft zu mehr gemeinsamer europäischer Verantwortung in der Welt unter aktiver Teilnahme Deutschlands wurde fast schon exemplarisch in der ersten Debatte im neu gewählten Bundestag am 12. Dezember 2017 deutlich. Es ging um die Verlängerung von Auslandseinsätzen der Bundeswehr in verschiedenen Regionen der Welt, darunter Afghanistan, Irak und Mali. Unabhängig davon, dass alle Einsätze auf der Grundlage internationaler völkerrechtlich klarer Mandate durchgeführt wurden und ein Rückzug Deutschlands die Vereinten Nationen ebenso wie unsere Partner in diesen Einsätzen vor massive Probleme gestellt hätte, plädierten in dieser Debatte die Redner der Linkspartei ebenso wie die Rechtspopulisten der sogenannten Alternative für Deutschland mit aller Verve dafür, dass diese Auslandseinsätze der Bundeswehr zu beenden seien. Die meisten Redner von CDU/CSU, SPD und Bündnis 90/Die Grünen befürworteten dagegen mit unterschiedlichen Akzenten die Fortsetzung der Einsätze.

So sehr sich die Linkspartei und die AfD auch bemühten, nicht in einen Topf geworfen zu werden, so sehr einte sie die Überzeugung, Deutschland könne und müsse sich aus der Weltpolitik heraushalten. Ein Redner der AfD zitierte noch das feierliche Gelöbnis jedes Soldaten: »Ich gelobe feierlich, das Recht und die Freiheit des deutschen Volkes tapfer zu verteidigen.« Nicht des afghanischen, nicht des malischen, nicht des irakischen. Ausgerechnet die AfD plädierte für ein Verhalten, bei dem wir Deutsche Kriegen und Bürgerkriegen wie der berühmte deutsche »Ohne-mich-Michel« auch dann tatenlos zusehen, wenn uns die Weltgemeinschaft um Hilfe bittet. Um anschließend mit der gleichen Kälte gegen die Flüchtlinge vorzugehen, die wegen dieser ungebremsten Kriege und Bürgerkriege nach Europa und Deutschland drängen. Letzteres ist bei der Linkspartei nicht der Fall, aber auch sie will sich aus den unangenehmen Konflikten der Welt heraushalten. »Germany first« kann man von links und von rechts predigen. Dahinter versteckt sich immer nationaler Egoismus – auch dann, wenn er sich pazifistischer Ausreden bedient, wie es die Linkspartei tut.

Der amerikanischen Exzeptionalismus sah lange vor, dass die Vereinigten Staaten als verantwortungsbewusstes Land Demokratie, Freiheit und Menschenrechte nicht nur bei sich vertreten, sondern sich auch für berechtigt halten, dies in anderen Regionen der Welt zu tun und notfalls mit politischen oder auch militärischen Mitteln durchzusetzen. Die europäische Variante, die besonders in Deutschland populär ist, sieht vor, die westlichen Werte nur moralisch zu vertreten, sich aber ansonsten herauszuhalten aus der Welt. Doch diese Zeiten sind vorbei. Europa muss lauter werden. Und damit das gelingt, muss auch Deutschland mitziehen. In der Finanzkrise forderte Polens damaliger Außenminister Radoslaw Sikorski die Deutschen auf, eine Führungsrolle bei den Reformen in Europa zu übernehmen: »Ich habe weniger Angst vor deutscher Macht«, bekannte Sikorski im November 2011, »als … vor deutscher Inaktivität.« Ein bemerkenswerter Satz, der längst nicht nur auf die finanziellen und wirtschaftlichen Herausforderungen Europas zutrifft.

In den letzten Jahren wuchs außerhalb Deutschlands der Wunsch nach politischer und ökonomischer Führung. Neue globale Herausforderungen, aber vor allem Europas Schwäche und Deutschlands Stärke steigerten die Erwartungen unserer Partner, Verbündeten und Nachbarn. Auch wenn diese mitunter mehr von uns verlangen als wir glauben schultern zu können, kann und darf sich unser Land diesen Führungsaufgaben nicht entziehen. Wir stehen vor einem Dilemma: Was können wir bewahren und was müssen wir aktiv verändern, damit das Bewährte auch wirklich erhalten werden kann?

Die jetzt anstehenden Entscheidungen über unseren Weg reißen uns jäh aus der politischen Routine. Unsere zentrale Lage inmitten neun europäischer Partnerländer, die hohe Bevölkerungszahl, unsere wirtschaftliche Kraft und globale Bedeutung machen Deutschland zum Dreh- und Angelpunkt der Entwicklung Europas. Um uns herum ändert sich alles. Bei uns kann nicht alles so bleiben, wie es ist. Wir werden deshalb unser Selbstverständnis so formulieren müssen, dass es den Veränderungen in der Welt gerecht wird. Deutschland soll ein westliches Land bleiben, aber niemand kann derzeit sagen, was der Westen noch ist und ob er zu zerbrechen droht.

Die Bedingungen für die Demokratie haben sich verändert. Was passiert da gerade auf der Welt, in Europa und bei uns in Deutschland? Welche Interessen haben wir, welchen Wertvorstellungen bleiben wir verbunden und wie verbinden wir sie mit unseren europäischen Nachbarn?

In seiner Studie über den Dreißigjährigen Krieg geht Herfried Münkler scharf mit der außenpolitischen Klasse in Deutschland ins Gericht. Er beklagt eine deutsche »Fixierung auf das Recht als Bewältigungsform politischer Herausforderungen«, die fast einer Realitätsverweigerung gleichkomme. Man traue sich nicht, schonungslos zu analysieren, was wirklich passiere. Stattdessen schweife der Blick stets zum »Horizont moralischer Normen und Imperative«. Was fehle, so Münkler, sei »politisch-strategisches Denken«.[49] Münkler legt hier den Finger in die Wunde.

Wir brauchen einen klaren und realistischen Blick auf die Welt, wie sie ist. Und nicht nur eine Vision, wie sie eigentlich sein sollte.

Die aktuellen Entwicklungen verlangen von uns Deutschen, unsere Interessen klar zu formulieren und eine neue Leidenschaft für Europa zu entwickeln. Wir können nicht an der Seitenlinie stehen oder uns in der Rolle eines »Weltmeisters im Trittbrettfahren« gefallen, wie es Wolfgang Ischinger, der Vorsitzende der Münchner Sicherheitskonferenz formuliert. Wir brauchen eine strategische außenpolitische Kultur, die zugleich eine europäische ist. Auf dieser Basis und mit einem klaren Wertekompass sollten wir beherzt für das kämpfen, was wir bewahren und was wir erreichen wollen. Und zwar ohne überdimensionierte moralische oder normative Scheuklappen, sondern mit der Bereitschaft zur, wie Münkler fordert, »strategischen Kompromissbildung«. Unsere Welt der Finanz- und Währungskrisen, der asymmetrischen Kriege und humanitären Interventionen, der Cyber-Attacken und *Fake News* und anderer globaler Verwerfungen, bleibt eine permanente Herausforderung für die Außen- und Sicherheitspolitik.

Dazu gehört es, ein strategisches Verhältnis Europas zu den USA zu finden. Die Selbstverständlichkeit, mit der wir Deutschen die amerikanische Rolle – trotz gelegentlichen Zwistes – als behütend gesehen haben, gibt es nicht mehr. Dennoch werden die Vereinigten Staaten unsere wichtigsten globalen Partner bleiben, und deshalb werden wir trotz aller Widrigkeiten in diese Partnerschaft investieren müssen.

Denn schon vor Trump konnten wir den Rückzug der weltgrößten Militärmacht und die neue Ausrichtung der amerikanischen Außen- und Sicherheitspolitik beobachten. Die Debatte um die imperiale Überdehnung und die Forderung nach einer gerechteren Lastenverteilung im westlichen Bündnis ist nicht nur die Erfindung des jetzigen US-Präsidenten. Diese Lage zwingt Deutschland und seine europäischen Partner, kühler zu analysieren, wo immer wir plötzlich mit den USA über Kreuz liegen und einen neuen strategischen Anker zu definieren.

Ein besonderes Ärgernis bilden dabei jene vom amerikanischen Kongress im Sommer 2017 erlassenen Sanktionen, die selbst bereits existierende deutsche Pipelines betreffen. Die extraterritoriale Wirkung dieser amerikanischen Maßnahmen ist nicht nur völkerrechtswidrig, sie gefährdet auch nachhaltig unser deutsches Interesse an einer sicheren Energieversorgung. Wir dürfen uns von den USA nicht vorschreiben lassen, welche Energieversorgungspolitik wir betreiben sollen. Wir müssen unseren amerikanischen Partner klar machen, wo die Grenzen unserer Solidarität erreicht sind. Kaum jemand wird sich übrigens erinnern, dass die Idee zum Bau dieser Pipeline vom ehemaligen britischen Premierminister David Cameron ausging. Der hatte in Sorge um die Gasversorgung bei Putin vorgesprochen und auf das absehbare Versiegen des britischen Nordsee-Gases verwiesen. Dass einige besorgte osteuropäische Staaten von den USA in ihrem Widerstand gegen Nordstream 2 so massiv unterstützt wurden, ist in Wahrheit dem Umstand geschuldet, dass die Amerikaner ihr Flüssiggas nach Europa verkaufen und Russland vom Energiemarkt verdrängen wollen. Trumps Kritik an Deutschland, das an dem internationalen Firmenkonsortium beteiligt ist, war also reichlich vordergründig.

Es ist also wichtig, einen kühlen Kopf zu bewahren. Ebenso darf es beim Angriff des US-Präsidenten auf die Regeln des globalen Welthandels zwischen der EU und den USA keinen Schönheitswettbewerb geben. Wir Europäer müssen mit einer Stimme für eine regelbasierte und faire Welthandelsordnung eintreten. Gleiches trifft auf unsere Position bei den einseitigen US-Sanktionen gegen Iran nach dem Bruch des Nuklearabkommens oder für unseren Umgang mit China zu. Wir müssen, wie Macron zu Recht sagt, auf der »ökonomische Souveränität Europas« bestehen. Wenn wir Europa zu einem eigenständigen Akteur in dieser unordentlichen Welt machen wollen, müssen wir strategischer denken und handeln. Gelegentlich wird das bedeuten, dass wir Inkonsistenzen zur Kenntnis nehmen und Widersprüche aushalten müssen.

In Deutschland fällt uns das oft besonders schwer. Aber Außenpolitik ist nur in sehr seltenen Fällen die Umsetzung einer idealen Lösung. Fast immer müssen Kompromisse gesucht werden, die einem Management von Dilemmata gleichkommen. Häufig müssen wir nach dem besten Zwischenweg aus Zielen suchen, die miteinander eigentlich nicht vereinbar sind. Die internationale Ausrichtung unserer Wirtschaft hat Deutschland zu einem der großen Gewinner der Globalisierung gemacht. Sie offenbart aber gleichzeitig unsere verletzliche Flanke: Störungen der Weltwirtschaft gefährden die deutsche Wirtschaft und damit unseren Wohlstand. Daher brauchen wir mehr denn je eine intelligente und auch stärker wirtschaftsorientierte Außenpolitik, die mit einem klaren Blick auf die Realität und mit einem ebenso klaren Wertekompass unsere Interessen definiert.

Vor 50 Jahren hat Willy Brandt einmal deutsches »erwachsenes Handeln« als »Mündigkeit in der Welt« definiert, »ohne dass man sich dabei übernimmt.« Brandt plädierte für eine »vernünftige Interpretation der eigenen Interessen und ihre Durchsetzung allein oder mit anderen, so gut das geht.« Dieses mündige Handeln im deutschen Interesse können wir heutzutage nur im Verbund mit unseren Partnern, allen voran mit unseren europäischen Freunden verwirklichen. Es bleibt für uns gleichwohl schwierig, ein strategisches Verhältnis zur Außenpolitik zu finden. Bislang haben wir im Wesentlichen ein moralisches. Dieses Wertegerüst darf man auch nicht verlassen. Aber nur mit Verweis auf die Moral werden wir in einer Welt, in der andere staatliche Akteure ausschließlich ihre eigenen materiellen Interessen durchzusetzen versuchen, nicht klarkommen. Deutschlands Außenpolitik muss sich an den universellen Werten orientieren. Denn angesichts der Neuvermessung der Welt erleben wir nicht nur Interessengegensätze, sondern auch konkurrierende Werte und Ordnungsvorstellungen. Etliche Staaten – wie China oder Russland – erklären den westlichen Wertekanon für obsolet und wittern hinter den »westlichen Werten«, nicht immer ganz zu Unrecht, doppelte Standards und verborgene Interessen. Diese Haltung müssen wir durch unsere eigene Politik glaubhaft widerlegen.

Die »westlichen Werte« sind nicht geografisch zu verorten, auch in anderen Teilen der Erde stehen sie für Freiheit und Demokratie. Wir Deutsche sollten die Universalität unserer Werte hochhalten, sie aber auch keinem aufzwingen – schon gar nicht aus moralischer, oberlehrerhafter Selbstüberheblichkeit. Kleinreden sollten wir dabei nichts. Im Gegenteil: Wir müssen Farbe bekennen, wenn etwa in Polen oder Ungarn die Gewaltenteilung aus der Balance gerät. Nur wenn wir in Europa für die Einhaltung der Menschenrechte, die Rechtsstaatlichkeit und die individuellen Freiheitsrechte eintreten, können wir auch nach außen stark auftreten.

Ich gebe zu, dass wir unter dem Zwang zum Handeln bewusst ein Risiko eingehen, auch das Risiko zu scheitern. Aber wir dürfen nicht zusehen, wie sich neue Räume entwickeln, auf die wir keinen Einfluss ausüben, weil wir es uns weiter am Spielfeldrand bequem machen wollen. Wir müssen deshalb auch als Deutsche robuster werden. In der Vergangenheit haben wir das Handeln anderen überlassen, vor allem den USA. Und wenn es schief ging, hatten wir jemanden, auf den wir mit dem Finger zeigen konnten. Diese Zeiten sind endgültig vorbei.

Es liegt schließlich auch im deutschen Interesse, jene Institutionen zu stärken, die in der internationalen Politik dafür stehen, dass nicht das Recht des Stärkeren ausschlaggebend ist, sondern das gleiche Recht für alle. Das sind vor allem die Vereinten Nationen. Als viertgrößter Beitragszahler der UNO sollten wir Deutsche nicht nur finanzielle Lasten tragen, sondern auch mit konkreten Projekten mehr weltpolitische Mitverantwortung übernehmen. Mit unserer aktuellen Bewerbung um einen nicht ständigen Sitz im Weltsicherheitsrat 2019/2020 unterstreichen wir die Bereitschaft zu mehr Verantwortung. Sie gehört zu einer modernen Friedenspolitik. Zur Wahrheit gehört aber auch, dass Friedenspolitik mitunter den von der UNO mandatierten Einsatz militärischer Mittel erfordert. Nur so können in manchen Fällen Gewaltexzesse verhindert und kriegerische Konflikte eingedämmt werden. Mit einer »Militarisierung« unserer Außenpolitik hat dies nichts zu tun.

Deutschland muss mehr Außenpolitik wagen

Deutschland ist auf eine verstärkte weltpolitische Rolle weder mental noch strukturell vorbereitet. Die neue Rolle erfordert eine Art Kulturwandel. Unser Land hat viele Stiftungen, politische wie private, die viel mehr leisten könnten, wenn sich ihr Umfeld veränderte. Ihre Experten sollten die Möglichkeit bekommen, in die Politik und die öffentliche Verwaltung einzutreten, versehen mit einem Rückkehrrecht. Auch die Erfahrung von ausgeschiedenen politischen Persönlichkeiten sollte und könnte sowohl in der Thinktank-Gemeinschaft als auch in der Wirtschaft stärker genutzt werden. Dazu müsste auch die Wirtschaft ihren – unter anderem finanziellen – Beitrag leisten.

Nur mit einem solchen Kulturwandel kann man im Übrigen die Akzeptanz gewinnen, die für eine ehrgeizige Außen- und Sicherheitspolitik notwendig ist. Es muss mit der Tradition gebrochen werden, die als Konsequenz der deutschen Geschichte stets nur die besondere Pflicht zur Zurückhaltung sieht. Vielmehr beinhaltet gerade die deutsche Geschichte die Verpflichtung zum Engagement in der Welt. Gleichgültigkeit dem Schicksal anderer Gegenüber kann auch im Gewand der geopolitischen Abstinenz und Moral daherkommen.

Sicherheit, deren Garant bisher die Vereinigten Staaten waren, ist eine unabdingbare Voraussetzung für den freien Handel, von dem wiederum gerade Deutschland lebt. Amerika jedoch ist immer weniger dazu bereit, diese Aufgabe zu übernehmen. Deutschland wird in diesem Zusammenhang gewiss keine klassische Großmacht wie einst Großbritannien oder die USA werden. Nicht nur wegen der deutschen Geschichte. Vor allem weil wir damit völlig überfordert wären. Das in 70 Jahren erreichte innereuropäische Gleichgewicht würde mit dieser Rolle so sehr stören, dass die Konfrontation zwischen Zentrum und Peripherie Europas erneut ausbrechen würde. Aber die Bundesrepublik kann durchaus mehr leisten als sie bisher zu tun bereit ist. Die Voraussetzung dafür sind weniger finanzielle Ressourcen als die mentale Klarheit, dass die bequeme Welt des 20. Jahrhunderts nicht zurückkehren wird.

Was Außenpolitik heute bedeutet, habe ich auf einem freien Feld bei Bashika erlebt. Die irakische Kleinstadt, wenige Kilometer vor dem heiß umkämpften Mosul, war ein paar Monate zuvor von den Terroristen des sogenannten Islamischen Staats befreit worden. Jetzt versuchten internationale Helfer gemeinsam mit den zurückgekehrten Einheimischen, Bashika wieder bewohnbar zu machen. Auf dem freien Feld vor der Stadt wimmelte es von kleinen Fähnchen, die allesamt Minen und Sprengfallen markierten, eine tödliche Hinterlassenschaft der Terroristen auf ihrem Rückzug. Die Minen zu finden und zu entschärfen, ist die Voraussetzung für den Neuanfang. Das Fähnchenmeer vor mir ließ meine Hoffnung sinken. Am Tag zuvor war einer der Helfer auf eine Mine getreten und tödlich verletzt worden. Ratlos fragte ich den Sprengmeister, was wir tun könnten. Wir brauchen mehr Profis, um die Minen zu entschärfen, sagte er, Geld und guter Wille reichen nicht.

Das war im Frühjahr 2017. Meine Delegation musste rasch weiter, aus Sicherheitsgründen. Bashiqa aber bleibt in meinem Hinterkopf, wenn ich über unsere deutsche Rolle in der Welt nachdenke. Und was genau das eigentlich ist, Außenpolitik. Damals konnten wir wenigstens unsere finanzielle Hilfe schnell erhöhen.

»Arbeit am Menschenfleisch« hat Otto von Bismarck Außenpolitik einmal genannt. Das klingt nicht gerade anheimelnd, und als Sozialdemokrat bin ich weiß Gott kein Freund des im Übermaß heroisierten Eisernen Kanzlers. Dennoch muss ich sagen: An dieser Beschreibung ist was dran. Außenpolitik, wie ich sie verstehe, will für die Menschen in anderen Ländern vor Ort etwas verändern, sie von Not, Unterdrückung und Krieg befreien.

In diesem Sinne habe ich Außenpolitik schon vor meiner kurzen Zeit im Auswärtigen Amt als ziemlich konkret erlebt, nicht nur auf dem Minenfeld in Bashika. Ich habe keinen Diplomaten wohlbefrackt mit einem Sektglas in der Hand gesehen, dafür viele mit kugelsicherer Weste dort, wo es knallt und gelegentlich auch stinkt, bei der Beobachtungsmission der OSZE in der Ukraine, in Flüchtlingslagern, auf Baustellen und in Slums. Unsere deutschen Vertretungen in Kabul und Masar-i-Sharif wurden von Terroristen teilweise zerstört, unser Botschafter in Libyen sucht seinen Arbeitsplatz in Tripolis unter massivem Polizeischutz auf, wenn er von Tunis einfliegt.

Unsere Welt befindet sich im Umbruch, wir durchleben gerade eine ungeahnte Phase der Unsicherheit: Die alte Ordnung löst sich auf und eine neue Ordnung bildet sich heraus. Diese in unserem Sinne zu gestalten, bedeutet eine enorme Anforderung auch an die deutsche Außenpolitik. Weil die Zahl der internationalen Konflikte, die auch Deutschland und Europa berühren, ansteigt, müssen wir unsere Fähigkeiten massiv ausbauen, um Krisen zu erkennen und zu bearbeiten. Die tektonischen Verschiebungen der Weltordnung, ausgelöst durch den Aufstieg Chinas und den Rückzug der USA, bringen uns in Zugzwang. Wir müssen die Handlungsfähigkeit Europas erhöhen, dürfen aber auch unsere nationalen Kapazitäten nicht vernachlässigen. Deutschland muss die Grundlagen seiner Stärke sichern und an seinen Schwächen arbeiten.

Unser wirtschaftlicher Erfolg ist die vielleicht wichtigste Grundlage von Deutschlands Stärke und Ansehen in der Welt. Eine Exportnation wie Deutschland muss global präsent und aktiv sein, um diese Grundlage zu sichern. Das ist mir auf meinen Reisen nach Peking und Washington besonders deutlich geworden, den Hauptstädten unserer wichtigsten Handelspartner. Auf ihrem Weg zu einer robusteren, an engen nationalen Interessen orientierten Wirtschafts- und Handelspolitik, sind die USA längst in Konflikte auch mit ihren engsten Partnern geraten und werden dies auf absehbare Zeit auch weiterhin tun. Wir müssen darauf anders reagieren, als immer wieder darauf zu hoffen, man werde die Ideologen des Weißen Hauses schon noch irgendwie umstimmen können. Die USA, die seit dem Zweiten Weltkrieg die Spielregeln der Welt maßgeblich definiert und garantiert haben, ziehen sich derzeit auf merkwürdige Weise zurück auf die Rolle eines normalen Staats wie jeder andere, der in einer Nullsummenlogik um seine blanken Vorteile in einer globalen Arena ringt.

Die Chinesen dagegen scheinen sich auf den Weg in die entgegengesetzte Richtung zu machen. Mit der Seidenstraßeninitiative greifen sie weit in die Welt hinaus, bis nach Europa, Afrika und sogar Lateinamerika. Sie kaufen, bauen, handeln und begreifen diese Strategie als einen Ansatz, der sowohl Chinas Wirtschaft als auch der der anderer dient – ob das so funktioniert und glaubwürdig ist, steht auf einem anderen Blatt. Auch in meinen Gesprächen in den betroffenen Regionen sieht man das chinesische Engagement durchaus mit gemischten Gefühlen. Wir sehen aber: Die USA investieren in den USA, China in der halben Welt.

Wie wir Deutsche und Europäer mit den neuen Ansätzen Chinas und der USA zurechtkommen, liegt zum großen Teil an uns. Außenwirtschaftspolitik ist in diesen Zeiten nicht mehr nur die Betreuung von Unternehmen in fernen Ländern, sondern umfasst ein immer komplexeres Paket an Interessen: vom Aushandeln von Handels- und Steuerabkommen über die Analyse der wirtschaftlichen Strategien der anderen Staaten und ihrer Schlüsselbranchen bis zum Schutz deutscher Investitionen im In- und Ausland. Anders formuliert: Wenn China und die USA ihre Arbeitsplätze auf unterschiedliche Weise in und notfalls gegen Europa sichern stellt das auch neue Anforderungen an unsere Außenpolitik.

Wir müssen uns dabei nicht klein machen und auch nicht verzagen: Zwar hängt Deutschlands Wohlstand zum guten Teil an unserem globalen Export und dem Schutz unserer Wettbewerbsfähigkeit. Aber wir haben auch etwas zu bieten: als größte und erfolgreichste Volkswirtschaft sind wir gefragte Partner in vielen Teilen der Welt. Und nicht wenige dieser Länder beobachten auch aus ihrer Sicht die Entstehung einer neuen G2-Ordnung mit Skepsis, in denen die USA und China entweder im Konflikt oder im Konsens den Rest der Welt vor sich hertreibt. Sie sind unsere natürlichen Bündnispartner.

Was eine moderne Außenpolitik leisten muss, habe ich auch in Libyen gesehen. Dort habe ich ein Lager besucht, in dem illegale Migranten unter schlimmsten Bedingungen eingepfercht wurden, die in Europa eine bessere Zukunft suchen wollten. In Somalia war ich in einem Flüchtlingslager bei Baidoa, wo Zehntausende im Schlamm hausten; sie sind vor Hunger und Gewalt in anderen Landesteilen geflohen. Warum war ich dort als Außenminister und nicht der Bundesinnenminister zusammen mit dem Entwicklungsminister? Der eine, weil er die Flüchtlingsströme der Menschen bewältigen muss, die solchen katastrophalen Lebensbedingungen zu entkommen versuchen, der andere, weil er mit seinen europäischen Kollegen gemeinsam wirtschaftliche Alternativen zum Menschenhandel in den Küstenregionen Nordafrikas schaffen muss.

Der Grund, warum nach Libyen die Außenminister reisen, ist allerdings ganz einfach: Dies sind Länder in akuten Krisen, deren »Entwicklung« eben völlig aus der Spur geraten ist und deshalb Maßnahmen der klassischen Entwicklungszusammenarbeit nicht greifen. Und von diesen fragilen Staaten gibt es leider immer mehr. Moderne Außenpolitik ist daher zu einem guten Teil Krisenbearbeitung. Unsere Diplomaten in den Botschaften und in der Zentrale versuchen Krisen früh zu erkennen. Sie setzen Mediatoren ein, um Konflikte möglichst zu schlichten. Wenn bewaffnete Konflikte dennoch ausbrechen und Menschen vor der Gewalt fliehen, organisieren sie die humanitäre Nothilfe, mit Wasser, Zelten, Nahrung. Und sie versuchen, gemeinsam mit anderen Staaten einen politischen Ausweg aus der Krise zu suchen. Vor allem aus Gründen der Verantwortung für Menschen, aus humanitären Gründen. Durchaus aber auch, weil alles, was misslingt, noch mehr Menschen auf die Fluchtwege nach Europa bringen wird.

Um diesen Ausweg politisch zu flankieren, ergreifen sie sogenannte Stabilisierungsmaßnahmen, oft sofort nach Beginn der Waffenruhe. Dazu gehört das Räumen von Minen, der Wiederaufbau von Häusern und Schulen und die Ausbildung von Polizisten und

Verwaltungsleuten, damit das Land eben wieder zurück in die Spur finden und die Entwicklung weitergehen kann. Das geschieht am besten in Zusammenarbeit mit der jeweiligen Regierung des Landes, wie im Fall Iraks oder in Mali. Aber was, wenn diese zu schwach ist, oder es keine gibt – oder sogar zwei? Dann muss der Außenminister entscheiden, mit wem wir zusammenarbeiten und wie weit wir gehen.

Diese Art der Außenpolitik ist neu, sie zieht die Lehren aus einigen Jahrzehnten Aufbauarbeit auf dem Balkan, in Afghanistan und im Nahen Osten. Sie ist hochpolitisch, und zugleich kostet sie viel Geld. Geld, das bislang der deutschen Außenpolitik bei weitem nicht in ausreichender Größenordnung zur Verfügung gestellt wird. Und doch werden wir diese finanziellen Mittel aufbringen müssen, wenn wir eine Rolle spielen bei der Lösung der Krisen der Welt und nicht nur die Folgen bewältigen wollen.

Diese kostspieligen Investitionen sind um ein Vielfaches günstiger als der Versuch, Konflikte mit Waffengewalt einzudämmen oder ein zerstörtes Land von Grund auf neu aufbauen zu müssen. Auch für Diplomaten ist diese Form der Außenpolitik übrigens in gewisser Weise neu. Verhandlungen und Verträge sind das klassische Instrumentarium des Diplomaten, weniger der Bauplan oder der Projektantrag.

Doch nicht nur in fernen Krisengebieten ist Außenpolitik gefragt wie lange nicht. Auch die Sicherung von Frieden und Freiheit auf unserem eigenen Kontinent erfordert neue Anstrengungen. Immer wieder habe ich auch Einheiten der deutschen Bundeswehr besucht, in Deutschland, aber auch im Irak, in Mali, im Südsudan und auch in Europa, in Litauen. Gemeinsam mit ihren Kameradinnen und Kameraden aus mehreren NATO-Staaten sind es im Baltikum 400 Deutsche, die dort stationiert sind – als unzweideutiges sicherheitspolitisches Signal. Die NATO-Partner senden mit ihrer Präsenz eine klare Botschaft an Moskau, dass sie zusammen einstehen für die Sicherheit aller Menschen auf dem Boden unserer Allianz.

Mit den Soldaten dort habe ich über den Wert von kluger Sicherheitspolitik diskutiert. In den späten 1970er-Jahren habe ich selbst unweit meiner Heimat im Harz beim Heer gedient. Damals habe ich mich nicht wirklich unsicher gefühlt, obwohl die sowjetischen Panzer praktisch hinterm Brocken standen. Denn ich wusste, dass wir Deutsche uns auf die Hilfe unserer Verbündeten verlassen konnten.

Diese Abschreckung war aber nur auf Dauer erfolgreich, weil sie mit der Bereitschaft zur Verständigung gepaart war. Und diese Gleichung gilt noch heute, wenn wir die Sicherheitsordnung in Europa gegen ihre Herausforderer verteidigen. Das erfordert kreative, aber auch entschlossene Diplomatie. Es geht darum, Vertrauen aufzubauen – aber bei Vertrauensverstößen auch entsprechend zu reagieren. Deutschland hat einen guten Ruf in der internationalen Diplomatenszene, wenn es um Abrüstung und Rüstungskontrolle geht; darauf müssen wir aufbauen. Sicherheit im umfassenden Sinne schaffen wir nur, wenn wir Konzepte gegen das ganze Spektrum von Bedrohungen schaffen und verzahnen, von klassischen militärischen über terroristische bis zu neuen, hybriden Angriffen etwa über unsere Internetverbindungen.

Ich habe die drei Beispiele Außenwirtschaft, Stabilisierung und Sicherheit herausgegriffen, um einen Eindruck meiner Lernerfahrung mit der Komplexität moderner Außenpolitik zu geben. Für diese Außenpolitik müssen wir mehr Aufwand betreiben. Es ist ja vernünftig, dass wir unsere Bundeswehr auf neue Bedrohungen hin ausbauen und modernisieren. Dass wir die Entwicklungshilfe erhöhen, gehört ohne Frage dazu. Aber wir sollten nicht vergessen, dass Entwicklungs- und Verteidigungspolitik schnell an ihre Grenzen stoßen, wenn sie nicht durch eine vorausschauende, aktive und strategisch angelegte Außenpolitik koordiniert werden. Erst wenn wir den Primat der Außenpolitik verstehen und in allen Bereichen durchdeklinieren, ergeben die verschiedenen Ansätze einen wirklichen, weil nachhaltigen Sinn.

Nur mit Ideen, Konzepten und Leidenschaft ist das nicht zu schaffen. Es ist höchste Zeit für mehr Investitionen in Außenpolitik. Für den Aufbruch in eine moderne Friedensdiplomatie brauchen wir Experten, Geld, Strukturen. Als Faustregel sollten wir daher für jeden zusätzlichen Euro, den wir in die Verteidigung stecken, 1,50 Euro extra für unsere Außen- und Entwicklungspolitik bereitstellen.

Es gibt nämlich genug dringende Aufgaben, für die wir diese Mittel einsetzen sollten. Wir müssen unsere Präsenz in den europäischen Hauptstädten ausbauen, um den Zusammenhalt und die Schlagkraft der EU nach dem Brexit zu organisieren. Im weltweiten Meinungskampf um Werte und Wahrheiten müssen wir uns gegen Trolle, Bots und Propaganda behaupten. Auf Dauer werden wir der wachsenden Bedeutung Afrikas für Deutschlands Wohlstand und Sicherheit nicht gerecht, wenn wir in den meisten afrikanischen Staaten nur Kleinstvertretungen mit einer Handvoll Mitarbeitern unterhalten.

Und nicht zuletzt müssen wir uns der akuten Frage stellen, was wir als Deutschland für die Sicherheit unserer Botschaften auszugeben bereit sind. Die Anschläge auf unsere Vertretungen in Afghanistan sollten uns eine Warnung sein. Wenn deutsche Außenpolitik im eigenen Interesse das Los der Menschen im irakischen Bashika und im somalischen Baidoa bessern soll, müssen wir diesen Gefahren ins Auge sehen. Botschaften zu schließen, weil das Land zu gefährlich ist, spart Geld, nötigt uns aber zu Untätigkeit. Wir aber müssen die Welt gestalten wollen, sonst gestalten andere die Welt ohne uns.

Friedensdiplomatie und kritischer Patriotismus

Unsere deutsche Friedensdiplomatie ist andererseits ein klares Bekenntnis zum Primat des Politischen, zum nicht militärischen, zivilen, präventiven Eingreifen. Unser Grundgesetz erteilt uns den Auftrag, unsere Außenpolitik nicht auf das Militärische zu stützen, uns nicht auf Angriffskriege einzulassen, sondern auf Ausgleich und ziviles Engagement zu setzen. Aus der Erfahrung unserer Soldatinnen und Soldaten in zahlreichen Auslandseinsätzen wissen wir, dass nur diese Kombination am Ende Stabilität und nachhaltigen Frieden bringen kann.

Nationale Interessen offen zu proklamieren, heißt in Deutschland – vor dem Hintergrund unserer historischen Last – sich auf dünnes Eis zu begeben. Das war Willy Brandt bewusst, als er 1970 in seinem »Bericht zu Lage der Nation« die Rechtmäßigkeit deutscher Interessen begründete: »Patriotismus verlangt die Erkenntnis dessen, was ist, und den Versuch, immer wieder herauszufinden, was möglich ist. Er verlangt den Mut zum Erkennen der Wirklichkeit. Dies ist nicht gleichbedeutend damit, dass man Visionen nachhängt, oder dass man auf die Hoffnung verzichtet, diese Wirklichkeit ließe sich im Laufe längerer Zeiträume ändern. Die Aufrichtigkeit, ohne die keine Politik auf Dauer geführt werden kann, verpflichtet uns, keine Forderungen zu erheben, deren Erfüllung in den Bereich der illusionären Wunschvorstellungen gehört.«[50]

Mein Plädoyer für einen »kritischen Patriotismus« geht vom Status Deutschlands aus. Dazu gehören die Geburt einer »verspäteten« Nation, die Gräueltaten der Nationalsozialisten, die nicht relativiert werden dürfen, sowie der unterschätzte Einfluss der Teilung und Einheit Deutschlands 28 Jahre später, die jüdische Tradition, unsere Erinnerungskultur, die Aufklärung und das westlich geprägte Menschenbild. In der deutschen Geschichte sind Licht und Schatten, Recht und Unrecht untrennbar miteinander verbunden. Nur wer dies anerkennt, kann aufgeklärt patriotisch sein und Deutschlands Rolle in der Welt mit dem Anspruch verbinden, die eignen Interessen im Rahmen einer strategischen Außenpolitik zu artikulieren. Dazu braucht Deutschland eine verlässliche Weltordnung.

9.

Ausblick: Die europäische Antwort

Es ist sehr wahrscheinlich, dass das Jahr 2018 rückblickend als Beginn einer Zeitenwende in Europa und darüber hinaus angesehen wird. Wenn ich mit Bürgerinnen und Bürgern über die Welt und das, was gerade geschieht, diskutiere, spüre ich ihr Unbehagen, ihre Unsicherheit, aber auch ihren Wunsch, Erklärungen dafür zu bekommen, und wohin die Reise geht. Professionelle Beobachter des politischen, medialen und wissenschaftlichen Betriebs sind nicht wesentlich schlauer im Blick auf mögliche Prognosen. Sie sind aber in der Beschreibung der Oberflächenphänomene durchaus geschult und versiert, wenn es um die Analyse der vielen Veränderungsstränge in der Welt geht, die ihre alte Ordnung hinter sich lässt.

Deutschland ist in den letzten Jahren ein Sehnsuchtsort geworden für Menschen aus aller Herren Länder, das ist immer noch zutreffend. Aus Europa und seinen Mitgliedsstaaten sowieso, aber auch aus den Staaten Afrikas, des Nahen und Fernen Ostens wie auch denen Süd- und Nordamerikas. Vielleicht zum ersten Mal in der Geschichte dieses Landes ist die Welt in Deutschland nicht bei einem sportlichen Event und auch nicht erzwungenermaßen beziehungsweise mit Gewalt, sondern freiwillig zu Gast – wobei viele auch für lange Zeit oder auch für immer bei uns in Deutschland leben wollen. Das sollte uns zuerst einmal freuen – angesichts einer Geschichte, die diesen Glücksfall, Sehnsuchtsort für Millionen Menschen zu sein, nicht geplant hatte.

Natürlich hat diese Entwicklung ihre Ursachen. Sie liegen in einer historisch beispiellosen Offenheit und Liberalität von Staat und Gesellschaft, aber eben auch in einer anhaltenden wirtschaftlichen Prosperität, die in Europa ihresgleichen sucht. Und ohne eine falsche nationale Idylle zu predigen: Wer auch mehr als nur Touristenhochburgen im europäischen, aber auch außereuropäischen Ausland erlebt hat, der weiß, was man an Deutschland hat, an seiner regionalen Vielfalt, seinen Küsten, seinen Mittelgebirgen, seinen Wäldern, Seen, seinen Naturschutzflächen und Parks, seinen Baudenkmälern, Kirchen, fast makellosen Industrie- und Gewerbeflächen, seiner Infrastruktur, seinen Verkehrswegen, Krankenhäusern, der Verwaltungseffizienz, seinen Hochschulen, Schulen und sonstigen Bildungseinrichtungen. Gewiss, unser Land ist weit davon entfernt perfekt zu sein, aber im globalen Maßstab und im Vergleich mit anderen Ländern ist Deutschland in einem gedachten multiplen Ranking ganz weit oben.

Die Grundlagen für diesen aktuellen Zustand haben natürlich die unglaublichen Organisations- und Anstrengungsleistungen von Millionen Menschen über vielen Generationen hinweg geschaffen, die hier in Deutschland lebten, lernten, forschten, Unternehmen gründeten und hart arbeiteten. Es ist also eine Gesamtleistung, auch von Zuwanderern. Denn unser Wohlstands- und Geschäftsmodell gründet auf der weltweiten Arbeitsteilung und dem globalen Austausch von Waren und Dienstleistungen. Kein Land auf der Erde kann diese Tradition der Integration in den globalen Welthandel über die letzten 150 Jahre so nachweisen und ist zugleich in seinem Wohlstand so abhängig von ihr wie eben Deutschland.

Wenn sich die globalen Rahmenbedingungen für ein solches Wohlstands- und Geschäftsmodell grundlegend ändern, steht mehr auf dem Spiel als nur ein paar Zehntel beim jährlichen Wirtschaftswachstum. Wir beobachten seit geraumer Zeit eine Fülle von Entwicklungen und Indizien, die auf eine Änderung der Dinge weisen. Nicht abrupt, aber absehbar. Die wichtigsten Entwicklungen habe ich versucht zu beschreiben: Sie haben mit globaler Politik und ihren Akteuren und Ambitionen zu tun, mit den Machtverschiebungen auf dem Globus, dem Anwachsen von unsicheren Räumen und Krisenlandschaften, die von keiner Staatlichkeit mehr wirksam kontrolliert werden bzw. werden können, ferner der Digitalisierung, die sich nach langsamen Start in den 1990er-Jahren nun rasant in alle Wirtschafts-, Arbeits- und Lebensbereiche hineinfrisst; weiterhin der unausweichlichen demografischen Entwicklung, die alle entwickelte Industriegesellschaften gleichermaßen trifft; und schließlich einem teilweise verzweifelten Versuch von Millionen Menschen, sich in dieser sich rasant verändernden Welt einen gerechten Anteil am globalen Wohlstand zu sichern. Das betrifft Migranten ebenso wie die jeweiligen Inländer, die zu Teilen Adressaten von allerlei populistischen Kampagnen werden. Das können wir weltweit beobachten, aber vor allem in Europa.

Wir in Deutschland spüren das inzwischen auch. Die letzte Bundestagswahl hat gezeigt, dass Deutschland auf seine Weise so einzigartig ist wie jedes andere Land. Im politischen Sinne aber sind wir nichts Besonderes mehr. Auch bei uns hat sich mit der AfD eine rechtspopulistische Partei im Bundestag und in fast allen Landtagen eingenistet, die ganz unverhohlen die Systemfrage stellt, weil sich in den Köpfen der Menschen etwas festgesetzt hat. Das hat etwas mit Konkurrenzdenken zu tun und mit Rechtsansprüchen von Menschen, die hier seit geraumer Zeit arbeiten und leben und mit denen, die gerade zu uns gekommen sind oder noch zu uns kommen werden.

Als Demokraten auf dem Boden des Grundgesetzes müssen wir klarmachen, dass jeder Mensch in einem Rechtsstaat die gleichen Rechte hat. Wenn wir dies politisch infrage stellen, legen wir die Axt an unser Gemeinwesen. Dies kann nicht oft genug betont werden, weil es Demokraten von Populisten unmittelbar unterscheidet.

Dennoch müssen wir feststellen, dass der Populismus inzwischen die offene Gesellschaft und ihre Debatten bestimmt. Dem müssen Demokraten entschieden entgegenwirken. Streitbar, mutig und leidenschaftlich, denn es betrifft unsere demokratische Kultur.

Die Zeiten sind ernster, als sie es bisher waren, weil sich die inneren und äußeren Rahmenbedingungen gleichzeitig in rasantem Tempo ändern. Unser Geschäftsmodell gerät durch weltweiten Protektionismus, globale Migration und sich ausbreitende Krisenlandschaften gewaltig unter Druck. Hinzu kommen die anhaltenden Bürger- und Regionalkriege und eine beschleunigte Digitalisierung, die mit niedrigen Skalierungskosten neue Wettbewerber in aller Welt disruptiv stärkt, zugleich aber unsere Wertschöpfungssysteme zu enormen Anpassungen zwingt. Wir sind mit einer Überalterung unserer Gesellschaft konfrontiert, die für unsere Arbeitsgesellschaft und unsere sozialen Sicherungssysteme erhebliche Herausforderungen mit sich bringen wird.

Kurzum: Wir haben es in Deutschland und in Europa in den nächsten Jahren mit einer gigantischen Integrationsleistung und zugleich einer notwendigen Fokussierung zu tun, die Politik, Wirtschaft und Gesellschaft gleichermaßen in einem Dauerstresstest versetzt. Selbst Deutschland wird auf dem Gebiet der komparativen Wertschöpfung Mühe haben, seinen bisherigen Vorsprung zu behaupten. Viele andere Wettbewerber haben aufgeholt. Einige unserer Leitindustrien wie der Automobilbau befinden sich in einem offenkundigen Transformationsstau (Stichwort: Elektromobilität), und in der digitalen Champions-League mit den Big Five (Apple, Amazon, Facebook, Google, Microsoft) spielen Europa und auch Deutschland keine Rolle.

Diese Zustandsbeschreibung findet zu einem Zeitpunkt statt, da in Deutschland die Wirtschaft im fünften Jahr hintereinander spürbar wächst, die Beschäftigtenzahl auf dem höchsten Stand seit der Wiedervereinigung ist und die Zahl der Arbeitslosen auf dem niedrigsten. In manchen Regionen haben wir bereits Vollbeschäftigung.

Deshalb will ich mit meiner Beschreibung auch weder Alarmismus verbreiten noch eine Dystopie prophezeien. Ich will klarmachen, dass wir uns trotz guter wirtschaftlicher Fundamentaldaten auf dünnem Eis bewegen und den Veränderungsdruck erkennen müssen.

Vieles, was in den nächsten Jahren auf uns zukommen wird, ist erst in Umrissen erkennbar, am ehesten das Handeln von ökonomischen Akteuren und Unternehmen. Bei den politischen Großmächten sind die Aktionen Chinas und Russlands eher voraussehbar als die der USA. Das ist ein Problem, weil wir Europäer uns seit dem Zweiten Weltkrieg auf Amerika und seinen Schutz verlassen konnten. Dieses multilaterale Konstrukt wankt derzeit deutlich, weil Trump-Amerika seine jahrzehntelang anhaltende Phase der Selbstfesselung und Selbstbeschränkung aufgibt. Ob die transatlantischen Verwerfungen nun eine Dauerkrise sind oder zu Kollateralschäden beim Übergang in eine multipolare Welt führen, ist an eine offene Frage. Beides, das neue rein interessenbezogene Agieren politischer und wirtschaftlicher Großmächte, sollte für Europa und Deutschland ein Weckruf sein, sich auf einen härteren globalen Wettbewerb vorzubereiten. Zu erwarten haben wir überdies Auseinandersetzungen und die Übernahme von internationaler Verantwortung in den geografischen Räumen, in denen europäische Interessen langfristig gesichert werden müssen.

Eine solche Umorientierung Europa bedeutet, sich darüber klar zu werden, dass wir tiefgreifende Umbrüche im globalen politischen und ökonomischen Gefüge erleben. Deshalb geht es in den nächsten Jahren um die Selbstbehauptung Europas. Dabei sollte die Europäische Union ihre durchaus mächtigen Kräfte und Fähigkeiten bündeln statt sich um weitere Integrationsschritte oder Erweiterungsprozesse zu kümmern. Für mich heißt das: So bedeutend Harmonisierungsbemühungen in allen Teilpolitikbereichen auch sind, ab jetzt muss es eher darum gehen, die vorhandenen Gemeinsamkeiten der EU-Mitgliedsstaaten herauszuarbeiten und sie zu einer kraftvollen Strategie zu bewegen, damit Europas Einfluss und Stimme weiterhin Gewicht hat. Das beginnt bei der Außen- und Sicherheitspolitik, geht über eine gemeinsame Asyl- und Flüchtlingspolitik und hört bei einer europäischen Bildungsinvestitionspolitik noch nicht auf. Wir müssen den Bürgerinnen und Bürgern Europas den praktischen Mehrwert, Europäer zu sein und hier zu leben, Tag für Tag erfahrbar machen. Dabei dürfen wir jene EU-Mitglieder nicht überfordern, die aufgrund ihrer historischen Erfahrung eine andere nationale Identität leben als wir Deutsche, die das in ihrer übergroßen Mehrheit nicht können oder wollen. Auch ich fühle mich seit jeher als ein Verfassungspatriot, der das Grundgesetz in seinen ersten 20 Artikeln als bestes und wirkungsvollstes Gesetz empfindet, das auf deutschem Boden seine Wirkung entfaltet hat.

Wir Deutsche müssen an dieser notwendigen Umorientierung Europas ein elementares Interesse haben, denn ohne Währungsunion und ohne gemeinsame Währung wäre unser seit 2014 anhaltender wirtschaftlicher Aufschwung nicht möglich gewesen. Unsere Unternehmen haben massiv von dieser Konstellation und dem Euro als harter Niedrigwährung gegenüber den übrigen wettbewerbsschwächeren EU-Nachbarn profitiert. Deshalb müssen wir in den kommenden Jahren stärker zur Solidarität bereit sein als wir bisher waren. Und wenn diese Solidarität »nur« Geld kostet, dann sollten wir nicht jammern wie die Krämer, sondern handeln wie Investoren in ein politisch einzigartiges Erfolgsprojekt. Dies ist nämlich auch eine Versicherung für den weiteren Aufschwung der deutschen Wirtschaft, weil nur ökonomisch aufholende EU-Mitgliedsstaaten Waren und Dienstleistungen deutscher Unternehmen kaufen können. Und nur eine möglichst verflochtene europäische Wirtschaft stärkt Europa als Ganzes.

Daneben werden wir unsere Gefühle gegenüber unseren Partnern außerhalb Europas dimmen müssen. Es macht keinen Sinn, ständig von den Trump-Tweets genervt oder gar enttäuscht zu sein. Diesen Präsidenten müssen wir so nehmen, wie er ist. Wir werden ihn nicht ändern, wenn wir verbal auf ihn reagieren. Wir werden sein Verhalten nur beeinflussen, wenn wir kraftvolle, geeinte und geschlossene Antworten geben, indem wir in Europa gemeinsam handeln. Wir brauchen daher eine neue Nüchternheit in der internationalen Politik. Denn gute und weniger gute Gefühle haben wir genug. Europas Ambition muss sein, zu einem globalen Akteur über seine bisherigen Fähigkeiten und Kompetenzen hinaus, etwa beim Klimaschutz, zu werden. Dazu gehört, gerade in Deutschland nicht mehr selbstquälerisch auf die Fehler bei den Integrationsprozessen innerhalb der Europäischen Union zurückzuschauen, sondern den Blick nach vorn auf eine neue globale Ökonomie zu richten, die von der Digitalisierung getrieben ist.

Die Bereiche, in denen Europa in den kommenden Jahren stärker zusammenarbeiten muss, habe ich genannt: Außen- und Sicherheitspolitik, Asyl- und Flüchtlingspolitik, Bildung, Forschung, Steuerpolitik und Innovation. Dabei müssen alle politischen Akteure, die es gut mit ihrem Land meinen, endlich die »richtige« Europa-Erzählung verbreiten. Mit diesem Narrativ sollten wir in Deutschland sofort beginnen, weil niemand mehr von Europa profitiert als wir Deutschen. Wir sind der »Nettogewinner«, wirtschaftlich Jahr für Jahr, aber auch politisch, wenn wir einen Blick zurück ins 20. Jahrhundert werfen. Dieses Wissen muss uns heute nicht mehr in der Kategorie der Schuld belasten, aber in der Kategorie Verantwortung und Zuversicht allemal. Wir dürfen Europa nicht länger schlecht reden, weil dies nur Rechtspopulisten und damit den Gegnern der Demokratie hilft.

Wenn Europa weiterhin eine zivile Großmacht bleiben will, muss es sich im wahrsten Sinne des Wortes zusammenraufen. Das ist eine Organisations- und Haltungsfrage: Warum sollte man einen EU-Gipfel über mehrere Tage nicht auch mal für einen strategischen Neustart Europas nutzen? Um uns klar zu werden, dass die kleinen und die größeren Staaten Europas nur gemeinsam Gewicht haben? Wir werden als Deutsche mit *allen* Partnerländern eng zusammenarbeiten müssen, auch mit denen, die unsere Werte nicht lückenlos vertreten, die aber gemeinsame Interessen an einem anhaltenden Wohlstand innerhalb Europas haben. Dass dies zu neuen Erfahrungen im politischen Austausch mit Frauen und Männern führt, deren Ansichten wir nicht teilen, gehört zum politischen Geschäft. Aber mir muss jemand mal erklären, warum ich mit Abgeordneten der AfD im Deutschen Bundestag in einem Ausschuss sitze und rede, dies aber Ministern der Regierung eines EU-Mitgliedsstaates verwehre, wenn sie einer populistischen Partei in ihrem Land angehören.

Ja, wir werden notwendigerweise zu einem Europa der unterschiedlichen Geschwindigkeiten kommen. Wir werden das Migrationsthema entweder gemeinsam in Europa lösen, oder Europa wird als politische Institution und Einheit daran zerbrechen. Wir werden in Europa mehr in in die digitalen Zukunftstechnologien und Jobs für junge Leute investieren müssen, um wirtschaftlich kraftvoll zu bleiben und den Rechtspopulisten das Wasser abzugraben. Wir werden uns in Europa auf die großen Fragen konzentrieren müssen. Eine davon lautet: Wie schaffen wir es, dass alle Europäer ihren Kontinent als ihren Schutz- und Gestaltungsraum begreifen? Viele scheinbar kleinere Fragen sollten wir dagegen nach dem Prinzip der Subsidiarität den Ländern und Kommunen überlassen. Und natürlich müssen wir bedürftigen EU-Mitgliedsstaaten weitere Schuldenerleichterungen einräumen, wenn sie glaubwürdig Strukturreformen in Angriff nehmen. Das alles werden wir in den nächsten Jahren miteinander auf eine Agenda zur nachhaltigen Stärkung Europas setzen müssen. Die Bürger müssen die Folgen des europäischen Handelns auch rasch spüren können. Es wäre sinnvoll, wenn neue Programme und Investitionen noch vor der Wahl zum Europäischen Parlament im Mai 2019 auf einem Sonder-EU-Gipfel in einem Masterdokument verhandelt würde. Wir Deutsche sollten das vorantreiben.

Gegen die vorgebliche Attraktivität des Autoritären helfen keine Worte allein, sondern nur entschlossenes und solidarisches Handeln. Und gegen die globale Macht des autoritären Modells helfen nur interessengeleitete Allianzen von Demokraten gleich welcher Partei, die ihren Auftrag wieder ernst nehmen, die Lebensverhältnisse von Menschen zu verbessern. Für uns Deutsche und für alle diejenigen, die hierzulande leben und arbeiten und dieses Land als ihre Heimat begreifen, müssen wir bereit sein, unsere politische und wirtschaftliche Stärke auf die Lösung von Problemen in Deutschland und Europa zu fokussieren. Dazu gehört auch, dass wir bereit sein müssen, unseren Wohlstand zu teilen, damit wir denen Chancen einräumen, die sonst an Europa und seinen demokratischen Institutionen zu verzweifeln drohen. Und es gehört dazu, denen auf dem afrikanischen Kontinent zu helfen, die sich bislang auf lebensgefährliche Fluchtwege begeben, um ein besseres Leben zu finden. Das schließt die Bereitschaft zu einer gemeinsamer Kraftanstrengung ein, in humanitären Notsituationen auch künftig Flüchtlinge aufzunehmen, ohne uns und unsere Bevölkerung zu überfordern. Das Prinzip heißt schlicht Solidarität.

Die nächsten Jahre werden darüber entscheiden, welchen Weg Europas Mitgliedsstaaten bereit sind gemeinsam zu beschreiten. In Deutschland wird es darum gehen, ob ein starker Staat vor allem für die sozial Schwächeren da ist. Es wird entscheidend sein, dass die Anhänger dieser starken Sozialstaatsidee den Staatsverächtern, den ökoliberalen Teil-Staatsanhängern, denen das Soziale weniger wichtig ist als das Ökologische, und den neoliberalen Protagonisten des Nachtwächterstaates entschlossen entgegenzutreten. Ein starker Sozialstaat muss funktionieren und handlungsfähig sein. Dieses Staatsvertrauen ist in den letzten Jahren bei vielen Menschen erschüttert worden, weil sich Einkommen und Vermögen auch in Deutschland unanständig auseinanderentwickelt haben. Also muss es wiederhergestellt werden, aber nicht nur im Bereich der inneren Sicherheit, sondern vor allem im Bereich der sozialen Sicherheit, die für einen gelungenen sozialen Zusammenhalt ausschlaggebend ist.

Die Integrationsaufgabe für Europa ist weitaus größer, weil es darum gehen wird, die Interessen von 27 Mitgliedsstaaten zu bündeln, um sie kraftvoll gegenüber alten und neu auftrumpfenden, aber nicht unbekannten Großmachtakteuren zu positionieren. Ich bin überzeugt, dass Europas Chancen dabei gar nicht so schlecht sind, wenn wir sie auf europäischer Ebene bündeln. Es wird dann darum gehen, das G20-Format zu einem multilateralen Nukleus zu formieren, in dem die Debatten über Zukunftsthemen auf Augenhöhe mit den beteiligten Ländern geführt werden, damit die Interessen von drei globalen Akteuren nicht allein die Weltläufte bestimmen oder gar beherrschen. In einer Welt mit 194 Staaten sollte dieses Ziel Ansporn für Europa sein. Und die Erfolgschancen, so bedeuteten mir immer viele Ex-Kollegen aus den betroffenen über 150 Staaten außerhalb Europas, stünden gar nicht so schlecht, wenn wir Europäer diese Herausforderung entschlossen und ernsthaft in Angriff nähmen.

Die kommenden Jahre werden für uns Deutsche und Europäer also Weichenstellungen erfordern, wie sie vermutlich nur alle paar hundert Jahre zu entscheiden sind. Ein weiter Blick zurück soll zeigen, was ich damit meine: Zu Beginn des 15. Jahrhunderts entsandte der portugiesische Fürst Heinrich der Seefahrer seine Schiffe, um entlang der Küsten Westafrikas den Seeweg nach Indien zu erkunden. Abenteuerlust, sicher auch Gier, aber vor allem Risikobereitschaft waren die Gründe, warum Seeleute diese gefährliche Reise ins Unbekannte auf sich nahmen. Es war der Beginn des europäischen Aufstiegs in der Welt. Über Jahrhunderte dominierten die Ideen Europas die Weltgeschichte.

Etwa zeitgleich zur Mitte des 15. Jahrhunderts fiel in China eine entgegengesetzte Entscheidung. Der chinesische Kaiser der Ming-Dynastie Yongle ließ seine bis dahin seit mehr als 300 Jahren dominierende Flotte seetüchtiger Langschiffe einmotten. Zu viele Probleme waren im eigenen Land zu bewältigen, Wohlstand und Sicherheit schienen im Reich der Mitte mit seinen Nachbarn ausreichend vorhanden. Das war der Beginn des Abschieds Chinas aus der Geschichte für die folgenden 600 Jahre.

Wie also werden die Historiker in 600 Jahren unsere Zeit beschreiben? Als den Beginn einer neuen chinesischen Ära und den selbst verschuldeten Ausstieg Europas aus der Weltgeschichte? Oder finden sie in den Dokumenten eine Erklärung, dass Europa erneut bereit war, sich in einer risikoreichen und gefahrvollen Welt zu engagieren, um mit anderen im fairen Wettbewerb und mit Respekt die Interessen des »alten Kontinents« in der Weltpolitik zu behaupten?

Die Antworten werden wir mit unserem Handeln in den kommenden Jahren liefern. Und auf die Antworten von uns Deutschen wird es dabei insbesondere ankommen.

Dank

Es ist nahezu unmöglich all diejenigen aufzuführen, die zum Entstehen dieses Buches beigetragen haben. Wenig aber wäre gelungen ohne meine jahrelangen Wegbegleiter: die beiden leidenschaftlichen Sozialdemokraten Rainer Sontowski und Matthias Machnig. Und dass ich nicht in allzu großen sozialdemokratisch motivierten Idealismus verfalle, sondern mich der harten außenpolitischen Realität stelle, habe ich den unzähligen Gesprächen mit den beiden früheren Botschaftern Polens und Israels in Deutschland, Janusz Reiter und Shimon Stein zu verdanken.

Von unschätzbarem Wert waren die Gespräche mit den vielen klugen und welterfahrenen Mitarbeiterinnen und Mitarbeitern des Bundeswirtschaftsministeriums, des Auswärtigen Amtes und der Stiftung für Wissenschaft und Politik. Stellvertretend seien hier nur Rainer Baake, Ricklef Beutin, Regine Grienberger, Thorsten Herdan, Andreas Michaelis, Volker Perthes, Urban Rid, Martin Schäfer, Philipp Steinberg und vor allem Ralf Beste genannt, dessen Widerspruchsgeist nie intellektuelle Langeweile aufkommen lässt.

Allen voran aber habe ich Richard Kiessler zu danken, der über Monate hinweg nicht aufgegeben hat, mir die Erkenntnis Kurt Tucholskys nahe zu bringen, nach der »eine Rede eine Rede ist und eine Schreibe eine Schreibe«. Ihm und der engagierten Lektorin des Herder Verlags, Katrin Pommer, bin ich zu besonderem Dank verpflichtet.

Anmerkungen

1 www.economist.com/leaders/2018/04/14/germany-is-becoming-more-open-and-diverse (zuletzt abgerufen am 10.08.2018)

2 www.spiegel.de/plus/historiker-deutschland-hat-den-ernst-der-stunde-nicht-begriffen-a-00000000-0002-0001-0000-000158383058 (zuletzt abgerufen am 10.08.2018)

3 www.willy-brandt.de/fileadmin/brandt/Downloads/Regierungserklaerung_Willy_Brandt_1969.pdf (zuletzt abgerufen am 10.08.2018)

4 Ivan Krastev: Europadämmerung, Berlin 2017, S. 25.

5 www.spiegel.de/kultur/gesellschaft/fluechtlinge-politikwissenschaftler-im-interview-migration-ist-die-neue-revolution-a-1162957.html

6 Ivan Krastev: Europadämmerung, Berlin 2017, S. 46.

7 www.nzz.ch/meinung/in-der-weltpolitik-findet-eine-zeitenwende-statt-ld.1388459 (zuletzt abgerufen am 10.08.2018)

8 www.swp-berlin.org/fileadmin/contents/products/studien/2017S01_ild.pdf (zuletzt abgerufen am 10.08.2018)

9 www.wiwo.de/politik/europa/oekonomie-fairness-first-/19964796.html (zuletzt abgerufen am 10.08.2018)

10 Branko Milanovic: Die ungleiche Welt. Migration, das Eine Prozent und die Zukunft der Mittelschicht, Berlin 2016, S. 20.

11 Interview mit Timothy Garton Ash in: Der Spiegel 29/2018.

12 Ian Bremmer: Machtvakuum. Gewinner und Verlierer in einer Welt ohne Führung, München 2013.

13 Ebd., S. 74.

14 www.deutschlandfunknova.de/beitrag/herfried-muenkler-ueber-den-dreissigjaehrigen-krieg (zuletzt abgerufen am 10.08.2018)

15 www.nytimes.com/2018/03/20/opinion/donald-trump-vladimir-putin-turkey.html (zuletzt abgerufen am 10.08.2018)

16 Heinrich August Winkler: Zerbricht der Westen? Über die gegenwärtige Krise in Europa und Amerika, München 2017.

17 Kurt Riezler, Tagebücher, Aufsätze, Dokumente: Ausgabe 25, eingel. u. hg. Karl Dietrich Erdmann, Göttingen 1972, S. 191.

18 Washington Post vom 15. Juni 2018.

19 Ebd.

20 Ebd.

21 Ebd.

22 https://presseportal.zdf.de/pressemitteilung/mitteilung/zdf-politbarometer-mai-2018/seite/6/ (zuletzt abgerufen am 10.08.2018)

23 www.blaetter.de/archiv/jahrgaenge/2018/juni/tribut-fuer-china-die-neue-eurasische-weltordnung (zuletzt abgerufen am 10.08.2018)

24 Ebd.

25 www.swp-berlin.org/kurz-gesagt/2018/us-strafmassnahmen-gegen-china-gefaehrden-die-globale-handelsordnung (zuletzt abgerufen am 10.08.2018)

26 Ebd.

27 www.handelsblatt.com/politik/international/atomabkommen-diese-12-forderungen-stellen-die-usa-an-den-iran/22586536.html?ticket=ST-4900187-tLDwil3bGFOnErSEHIeo-ap4 (zuletzt abgerufen am 10.08.2018)

28 www.vorwaerts.de/artikel/spd-erkennen-putin-will-revision-grenzen-europa (zuletzt abgerufen am 10.08.2018)

29 www.spiegel.de/politik/ausland/ukraine-krise-obama-verspottet-russland-als-regionalmacht-a-960715.html (zuletzt abgerufen am 10.08.2018)

30 Katja Gloger: Putins Welt. Das neue Russland, die Ukraine und der Westen, Berlin 2015, S. 165.

31 www.ipg-journal.de/kommentar/artikel/krimkrise-die-schlafwandler-des-21-jahrhunderts-295/ (zuletzt abgerufen am 10.08.2018)

32 www.vorwaerts.de/artikel/spd-erkennen-putin-will-revision-grenzen-europa (zuletzt abgerufen am 17.8.2018)

33 www.faz.net/aktuell/feuilleton/debatten/globalisierung-wo-bleibt-die-china-kompetenz-15666576.html (zuletzt abgerufen am 10.08.2018)

34 Ebd.

35 Ebd.

36 www.blaetter.de/archiv/jahrgaenge/2018/juni/tribut-fuer-china-die-neue-eurasische-weltordnung (zuletzt abgerufen am 10.08.2018)

37 Henry Kissinger: China: Zwischen Tradition und Herausforderung, München 2012, S. 517.

38 Dambisa Moyo: Winner Take All: China's Race for Resources and What It Means for the World, New York 2012.

39 www.welt.de/print-welt/article541856/Europa-hat-keine-Gestaltungsmacht.html (zuletzt abgerufen am 10.08.2018)

40 Francis Fukuyama: The Origins of Political Order. From Prehuman Times to the French Revolution, New York 2011, S. 7.

41 www.sipri.org/sites/default/files/2017-11/yb_17_summary_de.pdf, S. 1 (zuletzt abgerufen am 10.08.2018)

42 Thea Dorn: Deutsch, nicht dumpf. Ein Leitfaden für aufgeklärte Patrioten, München 2018.

43 Die Unterscheidung von *»somewheres«* and *»anywheres«* nach David Goodhart: Road to Somewhere. The Populist Revolt and the Future of Politics. London 2017.

44 Ernst-Wolfgang Böckenförde: Staat, Gesellschaft, Freiheit, Frankfurt a. Main 1976, S. 60.

45 https://de.ambafrance.org/Staatsprasident-Macron-auf-der-Frankfurter-Buchmesse (zuletzt abgerufen am 10.08.2018)

46 www.nytimes.com/1992/04/26/us/the-1992-campaign-clinton-s-standard-campaign-speech-a-call-for-responsibility.html (zuletzt abgerufen am 10.08.2018)

47 www.zeit.de/wirtschaft/2018-07/altersarmut-deutschland-rente-die-linke (zuletzt abgerufen am 10.08.2018)

48 www.welt.de/politik/deutschland/article113387555/Richter-nennt-Kindergeld-Rueckgabe-von-Diebesgut.html (zuletzt abgerufen am 10.08.2018).

49 Herfried Münkler: Der Dreißigjährige Krieg. Europäische Katastrophe, deutsches Trauma 1618–1648, Reinbek bei Hamburg 2017, S. 38.

50 www.cvce.eu/content/publication/2003/3/12/3b8968f5-adf7-4ed7-b093-592871e144ef/publishable_de.pdf, S. 5 (zuletzt abgerufen am 10.08.2018)

Personenregister